U0456023

JINDAI TIANJIN HAIGUAN ZHIDU YANJIU

近代天津海关制度研究

高潮 著

天津社会科学院出版社

图书在版编目（CIP）数据

近代天津海关制度研究 / 高潮著. -- 天津 : 天津社会科学院出版社, 2021.2（2022.7重印）
ISBN 978-7-5563-0692-3

Ⅰ. ①近… Ⅱ. ①高… Ⅲ. ①海关—经济史—研究—天津—近代 Ⅳ. ①F752.821

中国版本图书馆CIP数据核字(2020)第251863号

近代天津海关制度研究
JINDAI TIANJIN HAIGUAN ZHIDU YANJIU

出版发行：天津社会科学院出版社
地　　址：天津市南开区迎水道7号
邮　　编：300191
电话/传真：（022）23360165（总编室）
（022）23075307（发行科）
网　　址：www.tass-tj.org.cn
印　　刷：北京盛通印刷有限公司

开　　本：787×1092　毫米　1/16
印　　张：21.5
字　　数：280千字
版　　次：2021年2月第1版　2022年7月第2次印刷
定　　价：67.00元

目　录

引　言

一、中国海关溯源

何为“海关”？维基百科上的解释是：海关是根据相关法律规定对进出口货物进行管理和征收关税的政府机构……所有经过授权的港口都是公认的海关区域。[①] 对出入国境或边境的一切商品和物品进行监督检查、照章征收关税并执行缉私任务的国家行政管理机关。[②]

海关，中华人民共和国海关是国家的进出关境（以下简称进出境）的监督管理机关。海关依照本法和其他有关法律、行政法规，监管进出境的运输工具、货物、行李物品、邮递物品和其他物品（以下简称进出境运输工具、货物、物品），征收关税和其他税、费，查缉走私，并编制海关统计和办理其他海关业务。[③]

由上解释可知，海关是与国际贸易相关联，对其进行管理的国家机构。

---

① https://en.wikipedia.org/wiki/Customs

② 中国社会科学院语言研究所词典编辑室编：《现代汉语词典》（第7版），商务印书馆，2016，第507页。

③ 《中华人民共和国海关法》http://www.gov.cn/banshi/2005-08/31/content_27749.htm

中国何时建立的海关？关于中国“海关”建立的确切时间学术界目前还是众说纷纭，没有权威定论。西周时期就已经有了“关”的设置，“周礼有司关举货之法，经制所定，在昔为然，秦汉以来征榷愈密”[①]。榷关——“榷”据前人研究，最早的记载见于《汉书·武帝纪》——“三年春二月，御史大夫王卿有罪，自杀。初榷酒酤”[②]。汉武帝执掌朝政后，为巩固统治，需要对外用兵，开疆拓土，但是秦末农民起义、连年的战争使当时的国库贫瘠，朝廷无法提供充盈的军费，为了筹集军饷，便在其统治范围内实行酒的专卖制度，这样就可以额外收取税金，充实国库。后“榷”由此引申，形成“榷关”，就是当时的政府设立关卡用于收税的机构。《宋史·食货志》言，“互市舶法始于汉初与南粤通关市是也，故首载之。”[③]随着经济社会的发展和对外贸易的繁荣，由之前主要通过陆路进行贸易的方式逐渐发展成为海上贸易的往来。“在陆路者曰‘互市’，在海道者即曰‘市舶’，其设官也，肇于唐，其立制也，备于宋。”[④]至唐宋时期就已经建立了市舶司、市舶提具司制度。唐始置市舶使，以岭南帅臣监领之。[⑤] 宋时期的市舶司的职责就是管理朝贡贸易的征税事宜，即“掌市易……大抵海舶至十，先征其一，其价值酌番货

---

① 梁廷枏等纂：《粤海关志》卷一至卷七，《近代中国史料丛刊续编》第十九辑，中国台湾文海出版社，1975，第17页。

② ［汉］班固撰：《汉书·武帝纪》，［唐］颜师古注，中华书局，2000，第145页。

③ 梁廷枏等纂：《粤海关志》卷一至卷七，《近代中国史料丛刊续编》第十九辑，中国台湾文海出版社，1975，第62页。

④ 梁廷枏等纂：《粤海关志》卷一至卷七，《近代中国史料丛刊续编》第十九辑，中国台湾文海出版社，1975，第60页。

⑤ 梁廷枏等纂：《粤海关志》卷一至卷七，《近代中国史料丛刊续编》第十九辑，中国台湾文海出版社，1975，第70页。

轻重而差给之"[①]。宋代的市舶司同时兼具了"抽解"和"博买"两个功能,即征税和收购,但主要是"助国用"[②],即由政府派人将收购后的舶来品销往国内,所得收入缴入政府。那个时候市舶司已经兼具了一定的海关管理功能。元典章有舶商舶牙[③],"宋朝之后,元朝为了把江南的物资运到首都大都也是用海路,所以大海依然掌握着元朝的命运"[④]。"世祖定,江南凡邻海诸郡与番国往返互易舶货者,其货以十分取一,粗者以十五分取一,以市舶官主之。"[⑤]明初厉行海禁,海上贸易多为走私。明朝亦有市舶,但"明中叶又时通时罢者……明之市舶主于总货宝,有所利而为之,势必有委屈以事弥缝,侵渔以快垄断者求其万全,岂可得乎"[⑥]。清初期,郑成功占据台湾,欲反清复明,清朝统治者因为害怕郑的势力会壮大而威胁到清廷的政局稳定,便实行海禁。直至康熙二十三年(1684),"准福建、广东载五百石以下之船出海贸易……"[⑦]许倬云在其著作《从历史看组织》中写道:明清两代,中国经历了长期经济上升的时期,其中原因很多,主要因素,当是国际贸易发达,国外的白银流入换

---

① [清]徐松辑:《职官四四之一》,载《宋会要辑稿》,中华书局,1957,第3364页。

② 梁廷枏等纂:《粤海关志》卷一至卷七,《近代中国史料丛刊续编》第十九辑,中国台湾文海出版社,1975,第60页。

③ 梁廷枏等纂:《粤海关志》卷一至卷七,《近代中国史料丛刊续编》第十九辑,文海出版社,1975,第7页。

④ [日]上田信:《序言》,载《海与帝国:明清时代》,高莹莹译,广西师范大学出版社,2014,"序言"第2页。

⑤ 梁廷枏等纂:《粤海关志》卷一至卷七,《近代中国史料丛刊续编》第十九辑,中国台湾文海出版社,1975,第151页。

⑥ 梁廷枏等纂:《粤海关志》卷一至卷七,《近代中国史料丛刊续编》第十九辑,中国台湾文海出版社,1975,第60页。

⑦ 《道光·船政略·厦门志》卷五,转引自连心豪:《中国海关与对外贸易》,岳麓书社,2004,第45页。

取中国的货物，中国的商品销往东南亚与日本，甚至销售到欧洲……明朝后半叶与清朝前半叶，中国积累的财富相当多……东南沿海城镇增加相当迅速，许多小城镇变为商业都市或工业生产中心。①

二、选题源起

“historian”意为调查和倾力构建一种知识立场。希罗多德曾提出用这种知识立场来代替受缪斯启发的知识。那么如何看见？看见什么？如何转述所见？希罗多德使用了动词“historian”(意为调查)，将历史学家的工作称为“historian”或“logoi”(记叙)。② 对于历史学研究者来讲，探寻历史的事实是初心。对于社会学家来说探寻的是社会真相本。那么什么是事实？又何为真相？对于历史的评价，有着三种偏见：一是历史性偏见；二是学术场域偏见；三是学者偏见。③ 历史是曾经发生的事情，无论你知道与否它一直存在，还有一个历史是人们看到的、传说的、记录的。前者是存在一定时间、空间的事实；后者是人们对历史的表达。历史研究者发现历史，认为历史是“有文字记载的人的重要活动”。学者们挖掘探索的就是历史事实，这些事实被隐藏在各种各样的文献中。而研究者要做的就是将散落的碎片化的文献拼起来，形成一幅完美的

① 许倬云：《从历史看组织》，上海人民出版社，2017，第 206 页。

② ［法］弗朗索瓦·阿赫托戈：《灯塔工的值班室》，赵飒译，中信出版集团，2019，第 86、88 页。

③ 王明珂：《反思史学与史学反思：文本与表征分析》，上海人民出版社，2019，第 7 页。

拼图，还原历史事实。另一种历史事实，是与社会科学相结合的研究。历史研究不再仅仅局限于线性历史的描画。这时的历史事实描述的是当时的特定时间段、特定空间中人与人、人与社会之间的经济、文化、宗教等的相互关系及它们之间的互动，如某种制度的社会功能，制度和活动所反映的社会更深层次的结构。

罗威廉在《哈佛中国史·清朝》这一卷中把全球史视角引入晚期帝制中国研究的"新清史"，对于清朝历史书写，罗威廉列举出近年清史研究的三个转向，除了"社会史转向"之外，"内亚转向"和"欧亚转向"占了两个，而这两个转向，都使得中国/大清历史不得不突破以汉族中国为中心的写法，扩大历史书写的空间视野。① 正如罗威廉引用孔飞力(Philip Kuhn)的话所说的，"一旦我们更适切地以清朝的观点来理解清史时，历史学家或能在新清史中重新把西方带回来"，在这种全球史视野中，欧美学者"不再将中国描写成(帝国主义的)受害者或一个特例，而是(把清帝国看成)众多在大致上相同时期之欧亚大陆兴起的数个近代早期帝国之一"。② 孔飞力在其《中国现代国家的起源》中开篇就提道：从本质上来看，中国现代国家的特性却是由其内部的历史演变所决定的。③

中国近代海关是随着晚清中外不平等条约订立而设立的，性质特殊且意义重大，涉及中国近代政治、经济、社会、外交、军事等各个领域。通过海关，西方给中国带来了巨大影响，正如贡德在《19 世纪大转型》中引用的，奥斯特哈默(Osterhammel)在《中国与

---

① ［美］罗威廉：《推荐序》，载《最后的中华帝国：大清》，李仁渊，张远译，中信出版集团，2016，"推荐序"第 5 页。

② ［美］罗威廉：《推荐序》，载《最后的中华帝国：大清》，李仁渊，张远译，中信出版集团，2016，"推荐序"第 5 页。

③ ［美］孔飞力：《中国现代国家的起源》，陈兼、陈之宏译，生活·读书·新知出版社，2013，第 1 页。

全球社会》一书中总结的:第一,中国采用了西方的外交模式;第二,东亚地区中国主导的朝贡体系受到侵蚀,不过在19世纪的大部分时间中还是延续的;第三,西方通过不平等条约和掌握海关,对它实现了经济、政治控制,这种控制是以军事威胁为后盾的;第四,西方商业利益在中国沿海地区的运作,以及一些中国企业和经济部门被纳入了世界经济体系。①

清咸丰十年(1860),清政府与英法签订了《北京条约》,开辟天津为通商口岸。清咸丰十一年(1861)津海关税务司公署设立,称为津海新关,简称津海关,隶属于海关总税务司署,由此成为中国现代海关体系的一部分。对于中国海关制度,国内已有诸多研究成果。但这些研究基本上是基于粤海关、江海关的,有关津海关制度则少有学者专门述及。中国海关体系由英国人李泰国最初设计建立,经赫德系统完善。理论上中国海关总体上应遵循一致的制度。但由于缺乏对天津海关制度的实证研究,中国海关制度在天津关的具体运作和特征尚不明确。这令有关天津海关制度的研究变得十分必要。此外,关于天津开关过程中也鲜明体现了当时清政府对于近代国家外交的态度、立场和方法,以及海关税收在民国时期对于政府财政收入的重要性,这些都值得深入研究。

天津海关是最早建立的近代海关之一,其制度建设应是中国海关制度的典型例证。对此的研究有利于全面呈现中国海关制度的具体实施细节。

天津是北方最大的通商口岸,这一经济地位使天津海关对北方经济的重要性尤为突出。由于中国市场的供求关系是一种以手工业为基础,在城市与农村之间短距离且相对固定地展开有限的

---

① [德]贡德·弗兰克著,[美]罗伯特·A.德内马克编:《19世纪大转型》,吴延民译,中信出版集团,2019,第325页。

交换关系，所以从通商港口输入的外国商品扩散的过程是极其缓慢的。① 但是天津海关的运作与周边包括腹地经济的关系不可忽视，专门研究很有必要。天津作为我国北方重要的通商口岸，其重要地位不亚于上海、广州等早期的开埠城市，且天津曾有九国租界，数量之多在国内可以说是首屈一指，这也就带来了西方现代化的影响，天津形成了自己独特的经济社会的发展脉络。津海关作为航运税务的管理机构，在洋人的把持下，开埠早期是英国人霸占了税务司的位置，1937 年之后基本上是日本人把持了天津海关，其业务管辖范围不仅仅局限于税务的管理，城市规划、近代教育、近代邮政无不与之有着千丝万缕的联系。津海关的建立，不仅是机构的变化，还成为各种政治力量和文化权力竞逐的角斗场。对于天津海关的研究，前人大都集中于天津对外贸易、津海关道、天津近代海关的贸易年报以及津海关税务司的人物研究，这些具体的史实、专题的研究固然直观，成为列强侵略我们强有力的证据，但是对于近代天津海关的制度沿革的系统呈现则从另一个方面还原了历史的轨迹。

本书对天津海关制度的探究，就是希望将社会史和制度史融合在一起，以一种全新的学术理念来呈现历史的经验和脉络，进而能够对话语权进行省思，解构和诠释历史意义。在本书的论述中，亦是要呈现制度制定背后政治力量的博弈，以及相关权力之间的关系在近代中国现代化过程中的历史经验。

首先，一直以来历史学研究者尽力通过在中国近世社会自身变迁的脉络中考察海关制度的转型，来解释中国社会变迁中自有的“现代性”，而不是完全以西方的模式作为现代化的唯一标准。

① ［日］增井经夫：《大清帝国》，程文明译，社会科学文献出版社，2017，第220 页。

一种制度的产生,“是出之于公的,在公的用心下形成的一些度量分寸是制度……而且一个制度之成立,也当然有许多复杂关系,总不免夹带有当时一些私意的。”[①]公也好私也罢,新的制度生根发芽,梳理制度的过程就是挖掘其产生的深层次原因的过程。

其次,通过钩沉一些档案,甚至一些深藏于国外档案馆中不起眼的资料,呈现清末至民国时期近代以来变迁过程中的复杂途径,进而省思中国现代化过程中存在的主要矛盾。“纵观中国现代变革的全过程,鸦片战争以后,中国的传统发展轨道已被打破,开始被纳入现代世界发展的大潮之中,因此,中国的半边缘化与革命化,实质上都是中国现代化总进程中旧体制向新体制转变的特殊形式。”[②]“资产阶级社会的真实人物是建立世界市场(至少是一个轮廓)和以这种市场为基础的生产。因为地球是圆的,所以随着加利福尼亚和澳大利亚的殖民化,随着中国和日本的门户开放,这个过程看来已经完成了。”[③]西方的冲击带来了中国的回应,当西方文明和东方文明产生冲突的时候,各国有了不同的选择,也走上了不同的道路。这种选择既取决于外来挑战的性质、特征和强度,更要取决于被挑战的主体本身内在结构的牢固性、发展水平和应付外来挑战的手段与能力,等等。[④] 马克思也曾论述:“这首先取决于这些生产方式的坚固性和内部结构。并且,这个解体过程会导向何处,换句话说,什么样的新生产方式会代替旧生产方式,这不取决

① 钱穆:《中国历代政治得失》,九州出版社,2012,第138页。

② 罗荣渠:《现代化新论:世界与中国的现代化进程》,商务印书馆,2004,第257页。

③ 马克思、恩格斯:《马克思致恩格斯(1858年10月8日)》,载《马克思恩格斯全集》第29卷,人民出版社,2009,第348页。

④ 罗荣渠:《现代化新论:世界与中国的现代化进程》,商务印书馆,2004,第259页。

于商业，而是取决于旧生产方式本身的性质。”①

最后，需要通过梳理分析众多“洋人”的相关论述，以及国人对这些论述的既痛心又认同的心态，来揭示众多“现代性”论述的政治和文化霸权以及权力的关系。随着鸦片战争结束，中国被迫打开国门，西方现代文明由“洋人”带入中国，他们也对中国有了全新的认识，但是他们大都是抱着文化优越的心态来评论这个国家。“洋人”的有色眼镜不但影响了其他外国人对中国的评价，同时也强烈影响着中国国人如何看待自己的想法。

希望通过此研究，发掘新的历史文献资源，为进一步的相关研究提供支持。新资源如海外档案等。同时，对于天津海关乃至近代中国海关的研究还缺乏相应国外原始档案的利用。本文在前人研究的基础上，充分利用天津海关档案，结合英国国民档案馆（The National Archives）馆藏的部分英文档案和英国已经公开出版的相关研究著作，将其作为对国内已存档案的补充，对天津近代新海关制度的沿革做了梳理，力图厘清其发展脉络。就海关史的研究来说，是建立在相关的历史经验和演变的全方位呈现的基础之上的。研究秉承地域史的研究概念，将笔墨集中于天津海关这个特定区域内的演变脉络和特征的揭示，目的是抛砖引玉进而为其他研究提供支持，具有一定的现实性和合理性。

三、研究路径

一直以来，学术界将近代海关作为颠覆传统、带来西方文官制

---

① 马克思：《资本论》第3卷，人民出版社，1975，第371页。

度作为研究的重点。当然近代天津的社会秩序的重建不可避免地打上西方的印记,而津海关就成了这一印记的来源。本文梳理天津近代海关的制度,旨在找出中国传统与现代的接榫。津海关建立之初就采用了西方的文官制度,之所以能够被当时的清政府接受,除了西方各国的要求胁迫,还有传统本身,也就是说传统并非停滞僵化,它也在吸收新的思想、新的事物,即使是被迫的,这是制度适应性调整的结果。有学者认为:从本质上来看,中国现代国家的特性却是由其内部的历史演变所决定的。[①] 另有一些研究中国近代历史的西方学者,尤以美国学者为代表。战后美国对中国近代史研究的主流在七十年代前受费正清(John K. Fairbank)和列文森(Joseph R. Levenson)等人的影响,认为中国社会长期以来基本上处于停滞状态,循环往复,缺乏内部动力突破传统框架,只有经过 19 世纪中叶西方冲击之后,才发生剧变,向近代社会演变。[②] 关于中国走向现代国家的因由一直争论不休,早在二十年以前美国史学家爱德华·萨维斯(Edward Saveth)就曾问道:“对微观单位的了解在多大程度上构成对更广阔领域的研究的线索?”“目前盛行的对微观单位的强调是否就是通向知识的道路?”[③]区域作为个别国家和世界之间的中级范畴,具备其自身的历史动力,也必须(如同其研究者所言)从区域中心的观点加以检视。持此观点的代表学者,例如滨下武志,希望我们“将东亚视为由历史过程构建的区域,具备其自身的霸权结构”。“它并不是因为欧洲列强到来才进

① [美]孔飞力:《中国现代国家的起源》,陈兼、陈之宏译,生活·读书·新知三联书店,2013,第 1 页。

② [美]柯文:《在中国发现历史:中国中心观在美国的兴起》,林同奇译,社科文献出版社,2017,第 14 页。

③ [美]柯文:《在中国发现历史:中国中心观在美国的兴起》,林同奇译,社科文献出版社,2017,第 23 页。

入现代,而是由于传统中华朝贡体系的背部动力。”[①]根据滨下的研究,亚洲区域体系的另一个关键特质是经济。一个多层次的贸易关系网络在东亚和东南亚地区拓展,和朝贡体系共同运作。

本书则是从以下路径展开对津海关制度史的探究,来推动和深化这一研究。

首先,就是梳理相关海内外现存的一些档案、方志、著述等资料。尽可能多地梳理出天津海关各种制度的演变,近代所有海关不都是相同的一个制度框架下不变的管理体制,这解释了不同政治力量和不同社会变迁下的海关的发展路线有其自身的特征,同时影响了社会的现代性转变。

其次,避免使用单一的线形叙述方式,通过立体的历史经验的关照,呈现近代经济社会的复杂变迁。同时,通过交叉学科的不同的方法论应用到制度史的研究,阐释唯物史观下的宏观研究与微观史学之间是相辅相成,而不是两条平行线。

最后,经济史、制度史、社会史相关研究的方法论的交叉使用,力求的是为宏观理论研究提供实证支持,而宏观史学理论的发展也指导了微观史学的研究方向。

经济与社会,经济具有“社会嵌入性”。经济行为是根植于或是嵌入社会关系中的。探究制度背后的政治力量,探究政治力量中的精英之间的联合、博弈。当我们寻找类似实践或制度是否存在时,实际上寻找的是“结构性”要素,结构分析将历史事实放在了优先的地位。

---

① [美]柯文:《在中国发现历史:中国中心观在美国的兴起》,林同奇译,社科文献出版社,2017,第55-56页。

四、学术史回顾

有关近代中国海关的研究在中国新式海关建立之初已经有人进行了探讨,近代海关内的洋员通过自己的日记、书信[①]对于中国近代的时局变动进行了评价。近百年来,中国近代海关的研究硕果累累,前人对这一领域的诸多探究为我们提供了良好的基础。

(一)图书著作

1. 中文书籍

(1)档案类

天津档案馆编《天津海关档案》2013 年由天津古籍出版社出版。本书选取了天津档案馆现存的全宗海关档案中的中文档案里的三万页精华部分编纂而成。本书采用原始档案的影印方式出版,内容涵盖机构沿革、人员管理、法规制度、通告通令、业务往来、贸易报告、海关税收、外交活动、近代军事、近代教育、海河工事局、中国邮政、九国租界、调查统计十四部分内容,从这些档案的影印版中可以窥探出天津近代海关的发展脉络,城市发展的历史进程,以及对近代中国现代化发展的巨大影响。

天津市档案馆编《三口通商大臣致津海关税务司札文选编》,

---

① Robert Hart, *These from the land Sinim. Essay on the China Question*, London: Chapman and Hall, 1901.

1992 年由天津人民出版社出版。本书所选札文均成文于咸丰十一年(1861)至同治九年(1870)间。本书全面介绍了天津开埠初期税章法则、筹措军火、外轮横行津沽、海关人员任职等内容。

吴弘明编译《津海关贸易年报 1865—1946》,此书作为档案资料汇编成为研究天津对外贸易、经济乃至中国海关历史的重要数据来源。该书属于海关贸易报告的汇编。当时的海关年报科学统计方式有别于传统的农业统计方法,除了对数值的变化列于表中外,针对某一时期的社会变化给予了统计分析。从中可以探寻出天津近代工业城市的发展线索。

天津市档案局、天津海关编译的《津海关秘档解译——天津近代历史记录》,2006 年由中国海关出版社出版。本书选取了 1861 年至 1928 年间的密函,按照海关事务分类整理,配有插图,原有密函档案大多为英文,书中函件为翻译版本。记录了天津海关与清政府官员、社会名流、外国官员、商人的往来。当时,书中的信函和图片多为首次公开出版。

天津市档案馆编《清末天津海关邮政档案选编》,1988 年由中国集邮出版社出版。这本书选取的海关邮政档案史料,一共分成了两个部分,按照时间轴划分了 1877 年为海关邮政的筹备期部分;1878—1881 年为海关邮政的试办期部分。

以上是天津海关档案的汇编,还有一部分其他档案涉及了天津海关的概况。如 2014 年由广西师范大学出版社出版的《美国哈佛大学图书馆藏未刊中国旧海关史料(1860—1949)》,是对藏于美国哈佛大学图书馆的旧海关出版物进行了分类后影印出版,涉及海关贸易报告、统计、文件、书籍等出版物。

美国哈佛大学的旧海关史料大概 600 余册。2001 年国内出版了 170 册,2014 年吴松弟主持汇编的《美国哈佛大学图书馆未刊中国旧海关史料(1860—1949)》出版了270册,还有160册待寻找。史学界对于海关的档案史料分为“旧海关史料”“海关报告”“海关贸易报告”等。吴松弟认为海关的文献和资料应包含所有的海关档案和出版的全部文献,海关报告则是海关运行过程中形成的各种报告,而贸易报告则是海关业务、各关口的进出口税收等贸易状况的总结,有时候也泛指海关的各种报告。[①] 关于旧海关的内部出版物,吴松弟将其分为七大类:第一类为统计系列(Statistical series);第二类为特种系列(Special series)45个编号;第三类为杂项系列(Miscellaneous series)54个编号;第四类为关务系列(Service series)75个编号 ;第五类为官署系列(Office series)132个编号;第六类为总署系列(Inspectorate series)10个编号;第七类为邮政系列(Postal series)。在这七个系列之外还有些编辑出版的资料未列入任何系列,大概有73种。[②] 吴松弟总结此套档案汇总具有系统性、科学性,内容庞杂涵盖面广、记录详实、细节丰富,具有很高的参考价值。1934年,郑友揆指出:因其内容精确,所占地域广大,已成为研究我国经济之唯一可靠而系统的资料。[③] 此类资料中还整理出60余幅地图,这些地图采用数学要素绘制而成——经纬度、比例尺;用现代方法绘制的地图,其中涉及了天津1924年重要水灾区域

① 吴松弟:《美国哈佛大学图书馆藏未刊中国旧海关史料 1860—1949 前言》,载《美国哈佛大学图书馆藏未刊中国旧海关史料 1860—1949》,广西师范大学出版社,2014,“前言”第2页。

② 吴松弟:《美国哈佛大学图书馆藏未刊中国旧海关史料 1860—1949 前言》,载《美国哈佛大学图书馆藏未刊中国旧海关史料 1860—1949》,广西师范大学出版社,2014,“前言”第3页。

③ 郑友揆:《我国海关贸易统计编制方法及其内容之沿革考》,《社会科学杂志》,1934年第3期,转引自吴松弟:《美国哈佛大学图书馆藏未刊中国旧海关史料 1860—1949 前言》,载《美国哈佛大学图书馆藏未刊中国旧海关史料 1860—1949》,广西师范大学出版社,2014,“前言”第8页。

图。这些地图就有重要的经济社会史的研究价值。

中国第二档案馆、中国海关总署办公厅编的《中国旧海关史料(1859—1948)》,2001 年由京华出版社出版,汇总了各中外条约口岸贸易报告、贸易统计,同时涵盖了伪满洲国的贸易统计年报,贸易统计内容涉及各关的税收、贸易情况、金融活动等,这些都为贸易史、金融史提供了史料。贸易报告则涉及中国近代的政治、经济、交通、宗教、社会状况等,这些原始档案为近代史的研究提供了数据性资料。

吴大明,黄宇乾,池廷熹编《近代中国史料丛刊》的第 720 辑,《中国贸易年鉴》民国卅七年(1948) 1-2,其中有部分内容涉及了天津海关的对外贸易状况,本书由中国台湾的文海出版社于 1971 年出版。

(2)地方史志书类

《天津通志 · 港口志》[①]《天津通志 · 附志 · 租借志》[②]《天津通志 · 邮电志》[③]《天津通志 · 财税志》[④]《天津市滨海新区志》[⑤]等均涉及天津近代海关的沿革,包括对近代相关机构的设立、演变做了简单介绍。对于天津海关的具体制度并无提及,而且部分志书中的引用文献存在错误没有校正,如关于河西务的迁移时间和相关

① 天津地方志编修委员会编纂:《天津通志 · 港口志》,天津社会科学院出版社,1999。

② 天津地方志编修委员会编纂:《天津通志 · 附志 · 租界志》,天津社会科学院出版社,1999。

③ 天津地方志编修委员会编纂:《天津通志 · 邮电志》,天津社会科学院出版社,2002。

④ 天津地方志编修委员会编纂:《天津通志 · 财税志》,天津社会科学院出版社,1996。

⑤ 滨海新区地方志编修委员会编纂:《天津市滨海新区志》,天津社会科学院出版社,2018。

文献校勘后发现有误。

（3）专题史研究类

近代的对外贸易史研究和海关史研究是分不开的，中国近代海关史的研究已经非常成熟，国内外许多史学工作者都做了不少相关研究，海关是管理进出口贸易的机构，而贸易问题一直都是学术界关注的重要内容。

具有代表性的著作是姚洪卓主编，于1993年出版的《近代天津对外贸易1861—1948》一书。全书分为六章，前三章以时间轴为线索将天津外贸的发展分为了三个阶段：①近代天津对外贸易的兴起阶段（1861—1899）。②天津外贸的发展阶段（1900—1937）。③天津对外贸易的衰退阶段（1937—1948）。本书的后三章则是横向分析了天津近代对外贸易发展：①近代天津外贸商品的结构。②对外贸易发展对天津城市经济发展的影响。③西方国家对近代天津外贸的控制方式、方法以及影响。前三章作者基于天津近代海关年报，列出不同时间段近代天津的外贸总体情况，而后三章从史学角度分析了在西方强迫开埠状态下，天津外贸经济的畸形发展。作为连接华北地区经济发展的腹地，天津外贸发展有着特殊的演进脉络。

张利民、周俊旗，许檀等在《近代环渤海地区经济与社会研究》一书中用一个章节的内容梳理了天津作为早期设置海关的城市，其外贸发展的情况，本书中将天津、烟台、营口三个城市并列对比进行了分析。“天津近邻首都，腹地广阔，交通便利，开埠以后成为西方列强在中国北方最主要的登陆场，极力通过天津扩大市场……”①

① 张利民、周俊旗、许檀等：《近代环渤海地区经济与社会研究》，天津社会科学院出版社，2011。

徐永志的《开埠通商与津冀社会变迁》[①]的主要内容:作者对天津开埠通商对津冀社会变迁的作用及其相互关系和多元因素做了深入系统的综合考察,并具体而深入地探讨了天津开埠对津冀社会发展趋向的影响,进而通过对津冀政治中心的迁移、城乡通商贸易和早期工业化运动等重要环节的具体分析,深刻揭示了津冀社会在近代工业文明发展的带动下向现代社会转型的积极因素和特点,颇有说服力。本书中较全面地论述了天津的通商贸易,包括天津与中国内地、中外之间的贸易,以及这些贸易为津冀带来的变化。

(4)其他

关于中国近代海关史的研究,一直以来就是研究中国现代化进程的重要领域,其中的研究成果多有涉及天津近代海关,但是总体上还是从全中国整体的角度出发。

民国时期,杨德森[②]的《中国海关制度沿革》,系统介绍了当时中国新式海关的机构设置、人事管理、制度变化等内容,同时涉及海关关税的总体收支情况。

日本学者滨下武志的《中国近代经济史研究:清末海关财政与通商口岸市场圈》[③],全书是由论文篇和资料篇两部分组成,对近代海关进行了研究,本书作者以清末海关财政与通商口岸市场圈为

① 徐永志:《开埠通商与津冀社会变迁》,中央民族大学出版社,2000。

② 杨德森:1884—不详,江苏省苏州府长洲县人,宣统二年(1910)内阁奉上谕给予商科进士,曾经留学比利时学校。宣统三年(1911)授职翰林院庶吉士;1913年派币制委员会兼任员;1925年派财政善后委员会委员;曾任天津交通银行行长、北京大学商科教员。(资料来源于维基百科)

③ [日]滨下武志:《中国近代经济史研究:清末海关财政与通商口岸市场圈》(上、下),高淑娟、孙彬译,江苏人民出版社,2008。

切入点，通过清末财政与海关、马士[①]与中国海关、海关与贸易统计和通商口岸与地域市场等问题，系统对清朝经济史进行了论述。作者认为“这一时代的中国经济状况，既将外国事物有机地纳入自身逻辑体系中并发挥作用，又与亚洲地域内部密切联系，尤其是那些主张洋务和自强的官僚、知识分子、新兴实业家，作为充满活力且不断增大的社会阶层，使世纪之交的清朝充满‘活力’”[②]。

陈诗启的《中国近代海关史》(晚清卷、民国卷)对中国近代海关进行了系统的剖析，既反对过高估计海关在中国现代化进程中的作用，也反对全盘否定海关所带来的变革，对于近代中国海关给予了中肯的评价。同时对近代海关制度的起源、外籍税务司的确立、各机构的沿革等都做了详细的阐述。此著作可以说是改革开放后关于近代海关研究的扛鼎之作。1987 年陈诗启先生出版著作《中国近代海关史问题初探》，对近代海关机构、雇佣洋人以及海务各部门的设立等中国近代海关史上的重大问题做了非常深入的探讨；同时阐述了英国凭借自身优势霸占海关管辖权的细节；清政府海关监督与近代中国海关总税务司的畸形关系。

吴松弟搜集近代海关出版物，他先后撰文对近代海关贸易统计以及近代经济问题进行了探讨。一方面他与其团队对《中国旧海关史料》以及哈佛大学所藏的海关出版物进行比较分析，并介绍了哈佛大学所藏的旧海关出版物的价值，同时对各时期海关出版物的构成、名称、内容和格式的流变进行了探讨。另一方面，他与

---

① 马士的《中华帝国对外关系史》一直是西方研究清末历史的重要文献，其书阐述了 1834 年至 1911 年中国近代海关的发展和变迁。

② 高淑娟：《中国近代经济史研究：清末海关财政与通商口岸市场圈·译者的话》，[日]滨下武志：《中国近代经济史研究：清末海关财政与通商口岸市场圈》(上、下)，高淑娟、孙彬译，江苏人民出版社，2008，第 1 页。

其团队根据海关出版物对早期博览会、近代港口贸易网络等方面进行了研究,并对海关贸易原始统计数据的错误以及对海关数据摘编和研究的错误进行了探讨。吴松弟对旧海关出版物的搜集及推介,并根据海关贸易数据进行研究,确实将海关史研究向前大大推进。吴松弟2018年出版的《海关文献与近代中国研究学术论文集》对“港口-腹地”的经济模式进行了深入的阐述论证。

戴一峰,《近代中国海关与中国财政》①,从关税、财政的角度论证了近代海关与财税改革,并对常关、厘金进行了梳理。作者认为近代的中国海关行政范围广泛,职责庞杂,触角伸向了中国政治、经济、社会的各个方面,全书除了阐述中国近代海关的发展变化,重点梳理了税制沿革的过程和结果。进而表明巨大的财政权利是支撑西方各国特别是英国控制中国的基础,其对中国经济社会的发展产生了深远的影响。

2. 英文书籍

(1)文献档案

美国的哈佛大学图书馆、英国伦敦大学高级研究院——亚非研究院馆藏档案、英国国家档案馆馆藏档案,海外档案馆中藏有大量有关近代中国海关的原始档案,是研究近代海关的珍贵资料。大量珍贵的原始资料都尘封于库中,有待研究者能够有机会挖掘整理,并做进一步的研究,还原历史本来的面目。

(2)书信日记

费正清编纂的《北京的总税务司:赫德书信集》(The I. G. in Peking: Letters of Robert Hart Chinese Maritime Customs 1868—1907),由哈佛大学出版社出版,收录了赫德在中国担任总税务司

① 戴一峰:《近代中国海关与中国财政》,厦门大学出版社,1993。

时期与他人的往来书信。记录了当时赫德作为总税务司如何处理海关业务,如何调节错综复杂的各国关系。

《赫德与中国海关》(Hart And The Chinese Customs)①,作者魏尔特②,本书通过不同的历史事件和时间线索,生动描绘了赫德与清廷、海关的联系,以及赫德在海关管理中起到的作用。作者提到中国的海关自古已有,只是从赫德担任总税务司开始才建立起近代海关官僚体制,赫德一生有五十几年都呆在中国,这使他成为近代中国海关洋员的典型代表人物。这本著作所带的附加值就是书中选取了历史文献作为佐证,包括海关文件、历史照片,因为作者自己就曾经在中国海关任职,这些都为后来的海关研究提供了借鉴。此外该作者对于中国的关税沿革③的历史、海关税收④的分配都有专门的著述。

(3)专题研究

曼彻斯特大学出版社出版的《帝国职业:为中国海关服务1854—1949》(Empire careers: Working for the Chinese Customs Service 1854—1949)⑤,记录了近代中国海关洋员的工作和生活情况。

方万德的《潮来潮去:海关与中国现代性的全球起源》⑥(Hans

---

① Stanly F. Wright, *Hart and The Chinese Customs*, WM. MULLAN &SON (Publisher) LTD, 1950.

② 生活·读书·新知三联书店1958年出版的《中国关税沿革史》将作者S. F. Wright译为莱特,近年学术著作多译为魏尔特,本书采用魏尔特的译法。

③ [英]莱特(S. F. Wright):《中国关税沿革史》,姚曾廙译,生活·读书·新知三联书店,1958。

④ Stanly F. Wright, *China's Struggle for Tariff Autonomy*: *1843 – 1938*. Shanghai: Kelly and Walsh.

⑤ Catherine Ladds, *Empire Careers*: *Working for the Chinese Customs Service*, Manchester University Press, 2013.

⑥ 方万德:《潮来潮去:海关与中国现代性的全球起源》,姚永超等译,山西人民出版社,2017。

Van De Ven Breaking with the past: the Maritime Customs Service and the global origins of modernity in China),作者认为海关之所以至关重要,是因为近代海关的建立加速了中国同其他国家的联系,同时也加速了当时的社会变革。近代海关使当时的清政府卷入了近代世界经济体系中,原有的朝贡体系土崩瓦解。

此外,由中国海关史研究中心译,邝兆江校,厦门大学出版社 1991 年出版了葛松的《李泰国与中英关系》[①](Horatio Nelson Lay and Sino-British Relation,1854—1864.)系统论述了李泰国在中国履职期间,同清政府的关系,以及他对中国近代海关的管理所建立的一系列规章制度的过程,包括这些制度对之后海关管理的影响。

(二)论文

1. 文献综述性论文

郑成林、赵海涛的《近代中国海关史百年研究回顾与反思》[②],对中国百余年来的海关研究进行了综述性的阐释。作者认为对近代中国海关的研究发轫于民国时期,在改革开放后得到了全面而深入的发展,实现了由"点"到"面"的拓展。特别是近些年来新史料、新理论的应用,研究维度进一步增加,扩大了研究空间。同时也指出在研究方法、史料挖掘和理论建设上应有进一步的提高。[③]

戴一峰对近代中国海关历史研究的成果进行梳理,于 1996 年

① 葛松:《李泰国和中英关系,1854—1864》,中国海关史研究中心译,邝兆江校,厦门大学出版社,1991。

② 郑成林、赵海涛:《近代中国海关史百年研究回顾与反思》,载《近代史学刊》,社会科学文献出版社,2018,第 219 页。

③ 郑成林、赵海涛:《近代中国海关史百年研究回顾与反思》,载《近代史学刊》,社会科学文献出版社,2018,第 219 页。

发表了《中国近代海关史研究述评》。佳宏伟发表了《近20年来近代中国海关史研究述评》。这两篇文章基本上全面总结了2005年以前中国近代海关史的研究成果,对于学术界着重关注的近代中国海关研究成果的广度和深度都做了详细的介绍和解析。傅亮的《近十年来中国近代海关史研究综述》,从2006年开始进行总结梳理,进入21世纪,海关史研究又有了新的突破。近十年的研究范围围绕税收、对外贸易、档案影印汇总展开,文中提及要在海关史研究内容、档案资料等方面有创新,打破各种限制,学术界要充分展开对话。此外,对于国外学者最新的相关研究状况也做了介绍和分析。①

2. 近代天津海关专题研究论文

关文斌,刘海岩的《描绘腹地:近代中国通商口岸和区域分析》,被1997年的《城市史研究》收录,描绘了天津作为中国腹地贸易的转口城市所处的重要地位,构建了天津树形的贸易体系。郭锦超,郭凤辉的《近代华北对外贸易特征浅析》,2003年发表于《国际经贸探索》第5期,文章论述了华北地区的对外贸易从无到有、从小到大的过程,华北地区的贸易逐渐在中国对外贸易中举足轻重,但是在外国列强的控制下,总体上是无法健康发展的。唐巧天的《中国近代外贸埠际转运史上的上海与天津(1866—1919)》发表于《史林》2006年第1期,文章论述了天津与上海的贸易关系,天津最初大部分贸易都是从上海来的转口贸易,天津港口进入的货物大部分要转运至中国内陆地区,随着天津的城市发展,以及贸易的逐渐扩展,天津直接进出口贸易增加,成为华北地区重要的贸易

① 傅亮:《近十年来中国近代海关史研究综述》,《海关与经贸研究》2015年第2期。

港。这几篇文章分别从不同角度分析了近代中国外贸发展历史中天津所占据的重要地位。

陈元清的《近代天津对外贸易发展及其结构的演进分析(1861—1936)》,论述了天津开始作为近代华北腹地最大对外贸易中心,其对外贸易发展及其结构的调整对其腹地经济产生了深远的影响,且两者之间逐渐形成了密切互动关系。1861—1936年间,天津进出口贸易发展大体经历了三个阶段:1861—1894、1895—1911、1912—1936,在不同历史时期,天津口岸的进出口商品结构与贸易对象和市场出现了相应调整与变化。

华中师范大学博士论文《晚清津海关道研究》,作者谭春玲。本文以“天津教案”作为源头,论述了天津如何独立设置津海关道这一机构,并突破了原已存在的天津道的管辖范围,形成了直隶总督与海关道共同处理涉外事务的两级体制,成为全国的一个特例。文章认为津海关道与天津海关税务司共同管理海关事务,属于责权互补的同僚,且海关道在管理事务中居于主要地位,是真正的领导机构,李鸿章通过这个政府机构创办了洋务事业,推动了天津近代化事业的发展,比如天津机器局的创建,新式学堂的建立。作者认为天津海关道是近代中国新式官僚的先驱。文章没有对海关道与由洋人把持的海关之间的关系做更多的论述。民国时期,海关道改为津海关监督署。

中国台湾的梁元升发表在台北《近代史研究所集刊》上的《清末的天津道与津海关道》①。文章阐述了天津道与海关道的区别,通过对海关道人事管理的变化阐明了地方权力与中央权力的关系,文章认为津海关道虽然是监督海关的运行,但实际上是不能参

① 梁元升:《清末的天津道与津海关道》,《近代史研究集刊》1996年,第25页。

与海关的实际管理过程,要受海关洋税务司的辖制。

张畅的著作《李鸿章的洋顾问:德璀琳与汉纳根》在中国台湾出版。《津海关税务司德璀琳与近代天津城市发展》一文发表于2011年的《城市史研究》,文章阐明了德璀琳作为李鸿章的顾问,对李鸿章乃至清政府的外交决策都产生重要影响。近代天津的发展也与德璀琳有着不可避免的关系。同时他为了维护英国人在津利益,对于当时天津的英租界的经营可谓不遗余力。

从上述资料可以看出国内学者大多是从海关年报资料出发对中国近代海关进行分析论述,进而对近代中国贸易、以及局部问题如海关道、邮政等方面进行了相关研究,而已有研究也是根据海关年报进行了阐述,但同时对于西方国家对于天津外贸的投资和相应的海关管理并没有进行过多论述。大多学者的研究集中于天津外贸的畸形发展,西方列强对于天津海关的控制,尤其以英、日最为突出。近年来对于近代中国海关史的研究,国外也有不少著作问世,但鲜有人应用于天津海关管理制度的深入探讨,尤其是应用原始档案进行分析,现有文章或著作皆是间接使用相关材料、数据、档案,各国使馆的领事报告笔者认为应该进行搜集整理并梳理脉络。

3. 其他

国内各研究机构、高校对于中国近代海关的研究基本上是集中于整体海关制度、关税制度、人员的薪金等方面,阐释角度也是随着研究的深入更为多元化——近代海关带来了近代卫生的观念、近代的教育体系,以及政府对公共事务的管理。学者不仅仅是应用历史学研究方法,还采用了法学、地理学等多学科的理论。医疗史、法制史、环境史都为海关研究打开了新的一扇窗。如姚永超的《中国就海关海图的时空特征研究》[①]《中国近代海关的航海知识生产及其谱系研究》[②]。

《19 世纪大转型》中称“此时，中国政府在（尤其是来自英国的）帝国主义的军事和财政压力之下，变得衰弱无力，无法在最需要它出手干预的时候有所作为。两次鸦片战争的开销，使得中国政府无力再发挥其兴修水利的一贯职能，也无力再在各地储存粮食以平抑干旱或洪涝时的粮价”。“中国北方内陆地区水利设施的失修，也许就是帝国主义对清政府压力日增所导致的影响最为深远的事情。在那里，防洪、疏浚运河与地方水利设施的维护，三者是分不开的”，但在那时都深受其害。可灌溉农田的规模从 1820 年的 2200 万公顷（占全部耕地的 29%），下降到 1852 年的 2000 万公顷（占全部耕地的 28%）此外，中国人口此时也出现了大量增长。这些使中国的农业生产率出现了严重的下降，也使中国农业变得更加容易受到旱涝灾害的侵袭，两者合在一起致使饥荒屡屡出现。中国不少地区的运输系统也陷入了瘫痪，其中就包括京杭大运河，根据《纽约时报》当时的报道，它有长达数百千米的河道在那段时间被淤塞。[③]

奥斯特哈（Osterham）总结了西方在那时给中国带来的主要影响：（1）中国采用了西方的外交模式；（2）东亚地区中国主导的朝贡体系受到侵蚀，不过它在 19 世纪的大部分时间里还是得以延续；（3）西方通过不平等条约和掌握海关，对它实现了经济、政治控制，这种控制是以军事威胁为后盾的；（4）西方商业利益在中国沿海地

---

① 姚永超：《中国海关海图的时空特征研究》，《历史地理》2014 年第 2 期。

② 姚永超：《中国近代海关的航海知识生产及其谱系研究》，《国家航海》2016 年第 3 期。

③ ［德］贡德·弗兰克著，［美］罗伯特·A. 德内马克编：《19 世纪大转型》，吴延民译，中信出版集团，2019，第 266 页。

区的运作,以及一些中国企业和经济部门被纳入了世界经济,然而,这并不新奇。

这些研究成果从各方面阐述了中国海关在近代中国历史中的地位。

五、全书结构及内容

全书对天津近代海关制度沿革展开论述,遵循了以下路径,力图厘清其制度演化的脉络。

一是通过方志、馆藏档案(包括国内以及国外未被利用过的档案)、日记、书信集等原始资料,从碎片化的材料中搜寻可用资料。同时,结合已有的专题研究,能更清楚地理解近代海关制度变迁的内在因素和外在的影响,以及阻碍其发展的制约条件。

二是本书通过捋清天津近代海关制度的变化,在近代化或者说是现代性上,近代中国在冲击-回应中,是怎样的情景?法国的弗朗索瓦在《灯塔工的值班室》中,将历史学者比作灯塔工,在值班室中每天记录日志,把观察到的一切信息都记录在案,日积月累形成了知识的沉淀。历史学者就是将一连串的档案拼凑在一起,我们就会看到一些历史的真相。本书是围绕天津近代海关制度进行阐述。全书分为了六个部分:

引言部分概括性地论述了写作目的、路径和方法论的问题。介绍了前辈们对于天津近代海关的论述成果,其主要观点和存在的问题。阐明了此课题研究借鉴的档案、书籍等依据。

第一章,简明扼要地阐述了天津地理位置,行政区划的演变。

天津素有“九河下稍”之称,海河水系的大清河、子牙河、南运河、北运河、永定河在此汇合,奠定了天津独有的航运便利的地理优势,也促使天津发展为城镇,进而成为北方重要的经济中心和中国腹地的转运中心。自明代开始,天津设关口,天津是运河漕运的重要中转地,商贸的繁华使此地成为北方重畿,税收也成为政府财政的重要来源。根据英国国民档案馆的资料,阐述了天津开埠之前,清政府的外交政策和外交手段,直接影响了天津开埠的进程。英使普鲁斯(Bruce)向清政府表达了设立中国海关并聘英人进行管理的必要性和理由:一是海关的收入可以解决清政府财政拮据的问题;二是清政府能够从海关得到稳定的收入,就能保证偿付英国以及他国所要求的赔偿金;三是基于清廷当时的管理现状,只有任用李泰国才能保证达到上述目标,对此恭亲王等清廷代表也表示同意。当时,中外在国际关系理念上的差异也导致了清政府被迫同意天津开埠。关于天津海关成立时间,学界也有不同的说法,从国内档案来看,使用的是 1861 年 3 月 23 日;英国国民档案馆的档案中,英领事普鲁斯写给罗素勋爵的信件中也是记载了相应的内容,开关时间略有不同——天津海关于 1861 年 5 月开关。另外,天津海关跟上海等海关一样都是由洋人把持,也呈现出权力丧失、管理垂直化的特点。

第二章,论述了津海关人事制度的管理与改革。中国海关的成立受到其他各国的欢迎,列强认为这样各方利益均能够得到保证。西方的官僚制度应用在中国海关,这个组织保证了规则、制度、秩序。海关作为独立的机构存在,税收是各方利益的来源。近代天津海关的建立名义上是属于清政府,但是从一开始就跟其他开埠口岸的海关一样被牢牢掌握在外国人的手中,他们交替担任海关税务司,目的就是控制海关来保护其所代表国家的利益。

第三章，作为海关两大职能之一的航务管理，海关对于船只进行备案注册管理。开放口岸，外国商船可以说在各口岸畅通无阻，晚清时期，作为最早开放的口岸之一，近代天津海关在制定规范外国商人在华贸易管理等相关制度上产生了巨大变化。晚清政府缺乏对于进口船只的管理经验，也无心对此进行尽心尽力，更意识不到主权问题。海关制定的这些制度总体上为外商提供了一个十分宽松的贸易环境，对中国近代的对外贸易和海关管理上产生了十分广泛的影响。

第四章，天津近代海关船只专务管理的制度情况，包括了沉船打捞制度、口岸理船制度、引水制度。从三个方面可以看出外籍势力渗透至深，沉船打捞属于专业技术事物，天津海关将这些都委托给英国的一家公司。船只管理从天津海关的几个案例中可以看到中国的舢板船属于小型船，在航道中与大船相比一直处于劣势，通常是受损的一方，在海关处理事故过程中也经常属于弱势群体。但是从20世纪20年代的案例中可以看出，中国人的现代国家的民族意识产生并逐渐增强。引水权事关主权、国防安全，但是晚清政府对于此根本无任何意识，民众对于此更是处于懵懂状态，直至国民政府收回引水权。但是华人引水人才的缺乏一直持续到新中国建立。

第五章，论述了津海关的税务制度。晚清关税根据与列强的不平等条约一直执行协定关税，即税率为值百抽五，这一状况持续了80年左右，中国政府为争取国家主权，一直在争取国定关税。直到1931年，才完全实现国定关税，同时废除厘金，增加进口货物征收“二五”附加税，以弥补厘金裁撤之税收减少的部分。当时的政府通过津海关发行“二五”国库券，以津海关“二五”税收作为抵押，筹措资金的目的是补充国库。天津作为近代辐射华北地区的贸易港口,此时的经济发展已经较其他华北地区更为发达,海关税收额必然十分可观,才能作为支付国库券本息的来源。津海关的“二五”库券提前偿清,也说明当时天津的对外贸易的体量巨大。

第六章,津海关防疫制度。海关承担起了近代卫生服务的功能,为防止传染性疾病的流行,对于发现疫病的船只进行传染性疾病的控制和隔离管理。西方现代卫生观念是随着开埠传入并被民众接受。海关对于卫生体系建立的贡献就是防疫制度和措施。从晚清到国民政府,防疫制度措施随着当时医疗的发展而完善。

第七章天津海关如何推进近代贸易,成为中国开始参加世界博览会的推手。中国早期参与世界博览会,海关的作用是关键性的。天津海关无疑成为较早参与这一活动的机构,而且给这些活动起了一个很好听的名字——万国赛会。本章根据原始档案记录,介绍了天津参加的几次世博会情况。天津海关是近代中国参与国际博览会较早的积极推动者,参与博览会也是反映了中国参与国际事务的历史。

第一章

近代津海关的建立

天津，又称津沽、津门，原本此地是一片海洋，后经过地质变化，以及河水的泥沙冲积下形成了平原。隋炀帝于公元605年开凿大运河，公元608年开永济渠，全长1400公里的大运河贯通南北，海河沟通了与黄河、淮河、长江的联系。在唐朝时期出现了“三会海口”的称谓，即杜佑的《通典》卷一八七载：“渔阳郡东至北平郡三百里，南至三会海口一百八十里。”[①]江南的大量军饷漕运至天津地区转运，天津开始成为港口。明永乐二年(1404)天津设卫，是军事建置，同年设左右两卫，被赐名“天津”。清雍正三年(1725)天津卫改为天津州，九月改为直隶州，至此天津从军事建置变为行政建置。雍正九年(1731)，天津地位进一步提升，直隶总督唐执玉上奏朝廷：“天津直隶州系水陆通衢，五方杂处，事务繁多，办理不易，请升州为府……附廓置天津县……此新设一县同该州原辖之青县、静海二县及沧州、南皮、盐山、庆云一州三县，统归新设之府管辖”[②]。雍正九年(1731)二月二十三日，奏议获准，天津州升为天津府，附设天津县。天津的地理位置使其政治、经济地位突出，一是通过海河入海，天津为广阔的生产区域提供了最近的出海口；二是天津是距离行政中心——北京最近的海港；三是北方的重要水道，

① 罗澍伟：《一座筑有城垣的无城垣城市——天津城市成长的历史透视》，载刘志强、张利民主编：《天津史研究论文选辑》，天津古籍出版社，2009，第819页。

② 天津市地方志编修委员会办公室：《天津市志 · 地理志》，天津社会科学院出版社，2016，第191页。

除了黄河以外，大运河、海河都在天津境内。这些都是为何英法等国强迫清政府将天津开放口岸的原因。

第一节　天津税关历史沿革

鸦片战争前，中国的对外贸易在经济发展中并不占据重要地位，由于中国是自给自足的小农经济，几乎所有吃喝的应用之物都能够自产自销。甚至，赫德曾说："中国既不需要进口，也不需要出口，可以不与外域发生联系。土壤肥沃，能生产各种食物；气候宜于各类果实生长；几千年来人民将农业置于所有其他产业之上，是这种生产提供吃穿。中国之所有尚不止于此。外国商人仅能指望分销一定比例的商品，且仅限于他们引入的新嗜好、他们创造的新需要，以及他们根据实际需求去供应所喜好的。"①其实，赫德这种偏颇的说法也是代表了当时西方各国的想法。鸦片战争前，中国一直维持着外邦对中国的朝贡关系。"朝贡贸易"制度让番邦可以进行有限的贸易。但在明清海禁时期，朝贡贸易也会暂停。清朝顺治年间，已经对随贡贸易进行征税，顺治十六年(1659)，暹罗国给清廷进贡，船运来的贡品需要就地交易，"其抽丈船货税银清册，移送户部察核"②。鸦片战争失败后，朝贡体系不复存在，清政府被迫开埠，近代海关逐渐在历史舞台上崭露头角，毋庸置疑，它对中

---

① Robert Hart, *These from the Land of Sinim*, London: Chapman & Hall, 1901, p. 60.

② 《乾隆·清会典》"钦定大清会典则例一"卷九十四，"礼部""主客清吏司""朝贡下"。中国第一历史档案馆电子档案。

国近代经济、社会发展都起到了重要的推动作用。拉德斯认为当时的中国海关通过管理海外贸易，见证了中国融入全球贸易网络的过程。[①] 从世界经济互动的角度来看，现代海关的形成的确起到了这种作用。

天津近代海关是天津口岸进行进出口管理的行政机构，关区不断迁移变化，不仅仅覆盖天津地区。由于天津是直隶地区的要地，天津海关还肩负管理直隶区域内的其他关口。从关口到海关，天津的口岸管理也有着自己的历史沿革。

一、漷县税关

辽太平年间（1026 年前后）潞县、武清县各划出一部分成立了一个位于古泽中的新县——漷阴县。辽、金、元历代统治者到此处避暑、游玩、练兵。在当时，此处漕运繁忙，充满了商机。元代至元十三年（1276）朝廷将此地由县升州，兼领香河、武清二县。但是由于元代水患不断，此地地形发生了巨大的变化，至明代更是由于淤浅而出现大片荒地。税源发生变化使此地经济地位下降，洪武五年（1372），此地由州降为县。

明宣德四年（1429），明政府在漷县、临清、济宁、徐州、淮安、扬州、上新河、九江设置钞关，即负责商品流通中管理船舶商货的课税。后因为“漷滨运河，地半沙卤”[②]，耕地条件变差，贫瘠的土地产量骤减。即使有肥沃的土地也会被当时的权贵霸占，造成民不聊

---

① Catherine Ladds, *Empire Careers: Working for the Chinese Customs Service 1854–1949*, Manchester and New York: Manchester University Press, 2013, p. 7.

② 李胜良：《税收地理札记：行者眼中的财税风物》，中国税务出版社，2014，第 64 页。

生,很多平民流离失所,变为流民,由此缴税减少。1446 年,兵部尚书于谦则提议“悉罢”那些“岁办课税不及三万贯”[①]的税课司局。漷县税关也由此移至河西务。

二、从钞关到常关

(一)钞关的建制沿革

钞关,是明代对流通的商品进行征税的专门机构。“凡舟船受雇计料纳钞,‘钞关’之名始此。”[②]1446 年,由于朝廷取消各地纳税额较少的税课司局,漷县钞关迁移到河西务,“令河西务收钞委官及各处钞关,凡经过官民粮米剥船俱免纳钱钞”[③]。明朝设立了七座钞关:临清、河西务、淮安、扬州、苏州、杭州、九江。从地理位置来看,这七座钞关设立在当时的运河与长江两条水系的要冲之处。明朝时期的商品交换流通,主要还是以粮食为主。明代中前期,钞关对来往的运送粮米的船只征船料,对粮食本身并不进行课税。而且,一旦遇到灾荒的年景,钞关经常是征粮米用于赈济灾民,同时朝廷也时常会放宽、甚至取消对粮船的榷征,目的是鼓励商人能够运粮济荒。[④] 天津地区的粮米年转运量从金的 170 万石到元代

---

① 李胜良:《税收地理札记:行者眼中的财税风物》,中国税务出版社,2014,第 65 页。

② 天津市档案馆编:《天津海关档案》,天津古籍出版社,2013,第 197 页。

③ [明]申时行等奉敕重修,李东阳等 敕撰:《大明会典 2》卷三五,“户部”二十二,“课程四”“钞关”,江苏广陵古籍刻印社,1989,第 643 页。

④ 林葳:《明代钞关税收的变化与商品流通》,《中国社会科学院研究生院学报》,1990,第 3 期。

的300多万石，至明、清时期已达400多万石。[①] 三岔河口繁忙的漕运使天津成为河海同兴的港口地区，商品流通加速的同时，也使天津地区成为北方运输的枢纽，形成以港口为中心的商业区域。“临河筑港，依港兴城”[②]的格局在明朝初期逐渐形成。天津作为各地商品的集散地，运输至此的粮、物卸载之后，会改船剥运到通州，供给京畿，另有商品就地发卖。

清康熙元年（1662）河西务钞关迁移至天津城的北门外，由于天津设有户关、工关、海关，其中户关无论从规模还是税收收入上都是最大、最多的，户关则又被称为“大关”，因此该地得名“北大关”。历史学界亦有学者认为是由于天津钞关是全国最大的关，所以坐落的地方被称为“北大关”。第二次鸦片战争后，《天津条约》的签订，以及后来签订的《北京条约》，将天津郡城海口作为通商之埠。清咸丰十一年二月十二日（1861年3月23日）津海新关开关，钞关此后称为常关。光绪二十八年（1902）根据《辛丑条约》的条款，天津50里内的常关均划归为津海关管辖，直到1931年国民政府实行“裁厘加税”，天津50里内的常关被全部裁撤。[③] 天津的常关总局、分局、分卡和验单口遍布天津城乡。天津的常关有正关1处，下设22处分关或分卡，计有正西门、小西门、西北门、南门外、东站、东车站、西车站、红桥西河、红桥北河、宜兴埠、王串场、霍家嘴、陈塘庄、杨柳青、大沽、葛沽、北塘、秦皇岛，以及西北门支局和龙王

---

① 天津市地方志编修委员会：《天津通志·港口志》，天津社会科学院出版社，1999，第5页。

② 天津市地方志编修委员会：《天津通志·港口志》，天津社会科学院出版社，1999，第5页。

③ 滨海新区地方志编修委员会：《天津市滨海新区志》，天津社会科学院出版社，2018，第53页。

庙稽查船捐处等。[①] 光绪二十八年(1902)六月,常关划归海关总税务司、天津海关监督和津海关税务司三方管辖,直到1931年随着常关的裁撤才结束了相应的隶属关系。

(二)钞关的主要业务

明清两朝期间,天津钞关主要职责是对来往于天津的商品货物进行查验征税。到了清咸丰十一年二月十二日(1861年3月23日)设置津海新关,开关后钞关自此被称为常关,以示与津海关的区别。至于常关的职能,理论上其管理职责是对天津以及运往中国腹地的土货、洋货进行课税,同时对来往船只进行管理。天津常关税入主要是:入境内地税(内运税)、出境内地税(外运税)、外运子口税、船捐(船照费)、旗费、征费、免照费(港口费)和罚没收入。清宣统二年(1910),天津常关接管天津地区各工关后,始征收工关税和杂费。清末,天津常关税收年收入白银100余万两,其中12%汇缴朝廷,其余由天津常关处置。[②]

三、清代关税

(一)关税

清代先河(漕)后海(漕),清朝康熙元年(1662)河西务钞关迁移至天津城的北门外。《清史稿》记载:康熙元年,移设河西务于天

① 天津市地方志编修委员会:《天津通志·外贸志》,天津社会科学院出版社,2001,第140-141页。

② 滨海新区地方志编修委员会:《天津市滨海新区志》,天津社会科学院出版社,2018,第754页。

津,更名天津关。[1] 由于天津户关的规模大、税收总额高,由此得名"大关"。康熙五年(1666),天津关划归天津道管辖。[2] "凡往来商货正税,各按出产地道计数科税,照部颁现行条例征收,船税按梁头,六尺,征银六钱二分……"[3]康熙八年(1669)清廷规定河西务额税银[4] 35847 两 2 钱[5],择部院满汉官员差遣征收。顺治十三年(1656)减 4947 两 2 钱,康熙元年(1662)移驻天津关,征天津道税 4180 两,康熙二十五年(1686)增 5384 两,康熙六十年(1721)增 35000 两,雍正元年裁。[6] 明中期之后,随着朝廷迁都北京,运河的运输作用愈加重要,商品流通也因此逐渐加快,雍正年间天津关税在 70000~80000 余两。[7] 而后清乾隆、嘉庆时期除了短暂的税收下降以外,基本上是增长的趋势。可见,天津地区的税收相当可观。

(二)海税

明代的时候,朝廷曾经在浙江、福建、广东三省分设市舶司,从明中叶开始征"水饷""陆饷"。"水饷"按照船只的宽窄来征收船钞;"陆饷"是按照货物种类征收税额。彼时,天津的水路运输包括

---

① [清]赵尔巽:《清史稿》卷一二五,《食货志·六》,中华书局,2008,第 3674 页。

② [清]赵尔巽:《清史稿》卷一二五,《食货志·六》,中华书局,2008,第 3674 页。

③ 《嘉庆·钦定大清会典事例二》卷一八七,《户部·关税·天津关》,中国第一历史档案馆电子档案,第 1 页。

④ 正额银,是清政府为了避免地方官员贪腐税银而规定的税关上解的最低限额的税银。直至雍正时期,为了解决政府财政拮据的局面,改为尽征尽解。

⑤ 《雍正·大清会典二》卷五十二,《户部·关税》,中国第一历史档案馆电子档案,第 3 页。

⑥ 《雍正·大清会典二》卷五十二,《户部·关税》,中国第一历史档案馆电子档案,第 3 页。

⑦ 许檀、高福美:《乾隆至道光年间天津的关税与海税》,《中国史研究》2011 年第 2 期,第 182 页。

运河和海运。海禁开放之前，运河是交通命脉，大量的漕、米、茶、糖等南货从南方运往天津再转运至中国腹地各省，一个主要原因是南北运河比较容易治理。据《明史》记载，“杨村以北，势若建瓴，底多淤沙。夏秋水涨苦潦，冬春水微苦涩。冲溃徙改颇与黄河同。耍儿渡者，在武清、通州间，尤其要害处也。自永乐至成化初年，凡八决，辄发民夫筑堤……万历三十一年从工部议，挑通州至天津白河，深四尺五寸，所挑沙土即筑堤两岸，著为令”①。清代，“天津府南为南运河，天津府北为北运河”，南运河的水源主要来自卫河、浊漳、清漳，“自临清州至天津府，计十二站，俗称卫河”，因为借助卫河运行，也称为“卫漕”。“卫河发源于河南辉县苏门山百门泉，至临清与汶河流济运，北至天津入海。”②“所谓卫漕也，其河流浊势盛，运道得之，始无浅涩虞。然自德州下渐与海近，卑窄易冲溃。”③由上文记载可知此段河流含沙量很大。而天津至通州的河段，康熙年的《运河全图》绘制了沿岸州县，其中包括了天津卫、武清县、静海县。“自天津府至通州坝，计四站，俗称白河”，亦叫作白漕。④“自白河与富河在通州北石坝处合流四十里许，至张家湾，而通惠、桑乾诸河入焉。南流至天津出海，所谓潞河也，亦称白河。自通石坝起，至天津卫界止，计程三百四十二里。”⑤此外，“白河，自石塘岭

① [清]张廷玉等撰：《明史》卷八六，《河渠四·运河下·海运》“志六十二”，中华书局，2000，第1407页。

② 《清代京杭运河全图》之图说。转引自王耀：《水道画卷：清代京杭大运河舆图研究》，中国社会科学出版社，2016，第92页。

③ 《明史》卷八七，《河渠五·卫河条》“志六十三”，中华书局，2000，第1421页。

④ 《清代京杭运河全图》之图说。转引自王耀：《水道画卷：清代京杭大运河舆图研究》，中国社会科学出版社，2016，第93页。

⑤ [清]唐执玉、李卫监修，田易等纂，《畿辅通志》卷二一，第14页，收录于《文渊阁四库全书》，第424页。

白马关入,故曰白河。赴通州北关湿余河,合即运粮河。性悍多沙,迁徙无常,俗称自在河”[①]。由此可见,“白漕、卫漕仅从事疏淤塞决”[②]即可。清代亦无须大兴工程,徇旧例就行。但是随着运河疏浚工程滞后,再加上季节性的干旱,运河水浅,造成运输能力不能满足商品流通的加速,运河的船只来天津的数量渐趋减少,天津关的税收受到影响。康熙中期海禁开放,海运复逐渐兴盛。康熙二十三年(1684)清政府平定台湾后开海禁,“向令开海贸易,谓于闽粤边海民生有益。若此二省民用充阜,财货流通,各省俱有裨益。且出海非贫民所能,富商大贾懋迁有无。薄征其税,不致累民,……并将各关征税则例,给发监督,酌量增减定例”[③]。清政府设立海关,基本上也是沿袭了明制,船钞与货税并重。事实上,鸦片战争之前,货税征收,迄无一定税则,除了正税外,另征各项规银及附加。正税是较轻的,但外加部分有时候竟数倍于正税。以“津邑濒海,粮储不足,半资奉省米豆,准由商民运船往来,因征海税”[④]。雍正六年(1728)“奏准天津大沽口,贩卖杂粮商船,饬令天津县察明取结,一例给与(予)照票,其海口税务即交与知县管理……按额征税尽收尽解”[⑤]。当时的海税作为杂税由地方进行管理。

1860年第二次鸦片战争后,《天津条约》的签订,天津郡城海口

---

① 《清史稿》卷一二七,《河渠二·运河》,中华书局,1976,第3789页。

② 《清史稿》卷一二七,《河渠二·运河》,中华书局,1976,第3770页。

③ 《皇朝政典类纂》,“征榷”“关税”,载彭雨新:《清代关税制度》,湖北人民出版社,1956,第7页。

④ 《光绪·重修天津府志》卷三三,“榷税”,载《天津通志·旧志点校卷》(上),南开大学出版社,1999,第1108页。

⑤ 《乾隆·清会典》“钦定大清会典则例一”卷五十,“户部·杂赋”下,中国第一历史档案馆电子档案,第11页。

作为通商之埠对洋人开放。新海关建立,清政府实际上并无管理权限,开埠后的海关均由洋人担任税务司,直至新中国成立后,才完全收回主权。其间,海关的税收成为从清廷到国民政府重要的财政来源。

(三)厘金局

清咸丰三年(1853),清廷为了镇压太平天国起义军,“当时军需孔亟,筹款维艰,厘金虽自四年奏准,实则三年已先举行,兹谕权舆也。是年春金陵失陷,饷源枯竭,太常寺卿雷以諴治军扬州,始于仙女庙倡办厘捐”[①],亦被称作“厘捐”或“厘金税”,因为税率是值百抽一,而百分之一为一厘,所以称此税捐为“厘金”。厘金通常被分为三类,即生产地厘金、通过地厘金、销售地厘金。

咸丰八年(1858),天津地区设立义馆,选派绅董办理征收厘金事宜,义馆制定了《天津劝办厘捐章程》。不同种类的物品和不同行业制定不同税率:按照货物征厘的价值来值百抽0.5~1;按照不同行业征厘,大多是以商铺的租金为依据,按照一个月的房租来征,每年缴纳12个月。商铺所有者按期每月10日前缴清,逾期3日,罚款3成,逾期10日,加倍罚款,不服者送官究办。清代的厘金征收有两种制度:一是官征(政府设卡,按照既定税率征收),清政府为了杜绝商人在天津城区绕道逃税,还在北塘、芦台等海口设卡,商船装运货物途经此地需照章纳税;二是商人包缴(由同业商人或非同业商人承总认定或承包诸业捐额,负责缴纳)。[②] 天津地区最初使用商人包缴法,纳税商需将厘金逐项按照认定的数额,按

① 刘锦藻:《清朝续文献通考》(一),《征榷考二十一·厘金》,商务印书馆,1936,第8037页。

② 天津市地方志编修委员会:《天津通志·财税志》,天津社会科学院出版社,1996,第145页。

期缴送义馆,经董事查明核收,同时编号登簿发放税照。义馆再按月将收缴的厘金报政府核收。同治十年(1871),李鸿章接办天津厘金,裁撤了绅董义馆,成立天津厘金局,设分卡于河东、河西、河南、海河四处,委派专员办理厘金征收,税率改为值百抽1.25。光绪二十三年(1897)改为天津厘捐总局,下设老车站、新车站、南河、陈塘、北塘、西北河、西北门、东河、海河、芥园等11个分局、卡,对民船所装运的杂货征收百货厘金,税率按照钞关(常关)估货价征收1.25%。全年征收无定额,除了费用支出外,尽数解缴海防支应局,①作为军饷之用。光绪二十年(1894)之后,清政府由于财政拮据,就开始增加厘捐。除了原有的百货厘金之外,还剥离出和新增了一些厘金项目,主要内容:一是茶糖厘金,原属于百货厘金,税率按照1.25%征收。光绪二十年(1894)加征2成。光绪二十八年(1902)改为统加5成,由原每百两征厘金1.25两,增为1.875两。二是烟酒厘金(原也属于百货厘金)。光绪二十二年(1896)单独列出烟酒厘金,税率按照百货厘金加征4成。光绪二十六年(1900)改为加征6成。光绪二十八年(1902),又改为加征13成,税率一下子变成了每百两征厘金2.875两。三是煤厘。光绪二十九年(1903)和光绪三十一年(1905)先后在开平和临城两矿设局征收煤厘。煤厘从量征收,每吨征制钱84文,出矿时缴纳,收缴后解天津厘金总局。四是火车货捐。光绪三十年(1904)在安阳火车站设直豫捐局,由河北、河南两省派员会办,专门征收沿途各火车站装运的货物厘金,课征药材、糖果、杂货、衣帽、纸张、烟酒、茶叶、花木竹

---

① 为建设北洋海军筹措经费,光绪元年(1875)李鸿章命周馥与长芦运司如冠九、津海关道黎兆棠、天津道刘秉琳办海防支应局,每年各省协饷三百万两。由于各省多有拖欠,海防支应局每年实际上仅收到数十万银两,远远不能满足购置军舰及武器装备的需要。

货等15类厘金，税率按2.5%从价征收，有的货物从量征收，每百斤65文钱。已经在火车站课税的货物，如果卸货转运再经其他厘金局、卡，仍须再次纳税。征收的厘金由直豫两省均分，直隶省部分按季将征银解缴天津厘捐总局。五是邮政包裹厘捐。光绪三十三年（1907）清政府规定凡是商民邮寄的货物一律征厘金。由北京邮政总局征收再移交天津厘金总局。天津地区的厘金收入，同治七年（1868）以前，年收入2万两。同治十年（1871）设厘金局，至光绪四年（1878）底，收入51.89万两银，平均年收入6.48万两。光绪二十六年（1900）十一月，八国联军在天津设立都统衙门，苛捐杂税增多。光绪二十八年（1902）收捐银276万两，平均每年近140万两白银。[①]

民国初期，旧制未改，政府继续征收厘捐，厘金各地混乱，直至1931年天津地区才停止征收厘金，改为营业税、统税。

厘金产生后就成了与海关子口税之间相互较量的矛盾点，随着中国关税地位的提高，裁厘加税和关税自主成为近代国民政府独立自主和列强加强控制之间的政治力量互相博弈的舞台。中外经济政治利益的冲突在关税、厘金上凸显。厘金由清中央政府下令设立，但征税权却掌握在地方官吏手中，地方利益与中央利益之间既联系又独立，制度的变化必然引起地方利益群体的反对，裁厘几经波折才得以实现。

随着天津不但发展为河港城市还发展成为海港城市，海关税收也逐渐成为政府财政的来源，并在清后期逐渐占据财政的重要地位。

---

① 天津市地方志编修委员会:《天津通志 · 财税志》，天津社会科学院出版社，1996，第146页。

第二节　近代外交与天津开埠

16世纪之前,没有人能预料到西方会主宰世界。因为中国、印度等国的财富、实力一直是超越西方国家的。欧洲的航海大发现成为西方的转机,之前的平衡被打破,到了18世纪,欧洲各国凭借工业革命带来的先进技术,殖民者在世界开疆拓土。列强的到来引发了亚洲各国的重大转变,包括清政府在观念、制度和实践均受到了来自西方的冲击。

一、外交、观念冲突与天津开埠

中国开始现代意义上的进入世界体系应从鸦片战争开始。朝贡体系的长期延续,帝国的皇帝自认为不需要也无从知晓如何平等地与他国进行外交活动。“天下”国家的概念根植于皇帝心中,“中国”与“四夷”乃是统一之“天下”的有机构成。“九州之外,谓之藩国”①,“九夷、八狄、七戎、六蛮,谓之四海”②,九州小于四海,但是与王朝有着相同的政治文化制度,四海中生活着夷人,中国自古以来对于人类世界的想法可以从这些文献中得到印证。“天下”模型及概念大都是汉唐之间发展起来的……《尚书·尧典》中有“肇十有二州”,即上古的圣君舜将华夏分为十二个大区。之后的《禹贡》又将天下分为九州……九州或十二州成为后人理解帝国分

---

① 崔高维校点:《周礼·秋官·司寇》,辽宁教育出版社,2000,第86页。

② ［晋］郭璞注:《尔雅·释地》,浙江古籍出版社,2011,第42页。

野的基本方式。[①] “天下”的思想使中国历朝历代都将周边的民族视为“天下”不可或缺的组成部分,欢迎来朝贡并承认其统治。直到1770年前后,清帝国仍然是一个外交上的强国。它无须担心来自异域的进犯,无论是远邦,还是周边的附属国或朝贡国。[②] 所以当19世纪,率先成为民族国家的西方列强侵入中国的时候,清朝的皇帝,不知如何处理近代国家建设,更不知如何维持与那些民族国家的关系。

皇帝更熟悉的是沿用家长制的朝贡体系。朝贡国派来的使者在清官员的陪同下,按照规定的路线进奉特产,然后带走皇帝赐予的远远高于贡品价值的物品,再按照严格规定的路线回国。这个体系并不是建立在主权国家间平等的基础上,这个体系的基础更像是父子。就像徐中约在其著作《中国进入国际大家庭》中阐述的,中国皇帝因此可以说更像是亚里士多德所说的“政治动物”(political creatures)[③]而非“经纪人”。[④] 因为,朝贡关系是礼节性的,从经济学的角度来讲,朝贡对于中国是得不偿失的。皇帝和清廷得到的主要是表面的声望和唯我独尊心态的满足,至于成本收益和国民福祉皆不在考虑之中。

---

① [瑞士]谭凯:《肇造区夏:宋代中国与东南亚国际秩序》,殷守甫译,社会科学文献出版社,2020,第164-165页。

② [德]于尔根·奥斯特哈默:《中国革命:1925年5月30日,上海》,强朝晖译,社会科学文献出版社,2017,第49页。

③ “人是天生的政治动物”是亚里士多德对人的本质的看法之一,主要说明人的社会属性;这同样也是亚里士多德政治哲学中的重要命题,对以自然人性为政治学说奠定形而上学基础和寻求逻辑起点的西方政治思想具有深刻影响。转引自[美]包华石:《西中有东:前工业化时代的中英政治与视觉》,清华大学国学研究院主编,上海人民出版社,第5页。

④ [美]徐中约:《中国进入国际大家庭》,屈文生译,商务印书馆,2018,第11页。

清廷没有外交部门,因为只有平等与其他国家建立关系的政府才设立这样的机构。西方列强前来贸易,清廷皇帝认为只能作为朝贡国使者才能进京。《天津条约》谈判期间,李泰国作为英方代表,就驻京公使、开放新口岸等问题,表现出了坚决的态度。但是,根深蒂固的远离夷人的想法仍在持续发挥着影响,熟悉洋务的恭亲王尽管不具备赶走在京外国人的军事实力或法理依据,可他梦想着能设计出一种能让外国人主动离开北京的办法。他建议朝廷在天津设立通商大臣,将对外事务从北京移开,如此一来在京的外国人会因生活空虚落寞而想着离开北京。他上奏称"如天津办理得宜,则虽有夷酋驻京,无事可办,久必废然思返,是天津通商大臣最关紧要。"[①]朝廷批准了这一妙计……朝廷还下令各省自行处理外国案件,毋庸全部转咨总理衙门,以使外国人在京居住的可能性降到最低。互派使节、驻跸首都是现代国家外交的惯常做法,但此时对清政府来说,却如同痈疽在背,难以接受。究其根本,缘于清政府并无对等国家和外交观念。对于已步入现代国家体制的西方列强,清廷仍以旧思维中天朝蛮夷关系相待。这与西方人的国家关系理念存在很大差距。蒋廷黻所云:"中国自大的心理完全与鸦片战争以前相同。……中国的拒绝与应许大与国家的实在利益不符。"[②]可算是实在的写照。与洋人做生意,在清朝皇帝和诸多官员看来是一种对他们的恩典。1858 年 4 月,直隶总督谭廷襄对英国代表的话就能代表这种心态:

---

① ［美］徐中约:《中国进入国际大家庭》,屈文生译,商务印书馆,2018,第 166–167 页。

② 蒋廷黻编著:《引论》,载《近代中国外交史料辑要》,湖南教育出版社,2008,"引论"第 207 页。

> 咸丰五年，尔国到天津，我国大臣奏请减免上海关税，为数不少，此乃大皇帝厚恩，何不知感？①

《南京条约》签订后，英国人希望清政府开放更多的口岸来从事贸易，并试图修改条约，但遭到清政府多次拒绝。1856 年 10 月，英国人借广州的“亚罗号”事件挑起事端。中英两国再度陷入战事。1858 年，英军 1 月攻陷广州，5 月攻陷大沽口，6 月清政府被迫与英法两国分别签订《天津条约》，应允开放更多口岸等。咸丰皇帝似乎并不介意巨额的战争赔款，而对英国人使节进京的要求感到如鲠在喉。此后，中英双方曾就此事反复交涉。从 1859 年农历五月桂良等的奏章中可见，清朝官员把换约等事宜看得比签约还重要：

> 臣等因近来各夷照会内，均有进京换约，并面圣递国书之语。当即饬令县司薛焕及护苏松太道吴煦，向李泰国探访，据该夷口称，果有欲见大皇帝，只肯跪一髅之语。该臬司等复以向递国书，皆系派人接递，不能允行。……并设法挽其在沪换约……探闻该夷酋普鲁斯接到照会，怒形于色，谓天津条约内，载明一年在京内互换。②

---

① 《军机大臣拟答俄美法英四条 · 上廷寄附件》，咸丰八年三月辛卯十五日（1858 年 4 月 28 日），中华书局编辑部整理：《筹办夷务始末 · 咸丰朝》卷二十，中华书局，1979，第 722 页。

② 《钦差大臣大学士桂吏部尚书花沙纳、两江总督何桂清五品卿衔刑部员外郎段承实奏英使不听劝阻决意北行进京换约折》，咸丰九年五月十八日（1859 年 6 月 18 日），中华书局编辑部整理：《筹办夷务始末 · 咸丰朝》卷三十八，中华书局，1979，第 1418 页。

跪与不跪,在双方看来都是要紧的礼仪。在皇帝看来,自己本是天下的核心,臣民觐见都要下跪,不跪就是忤逆犯上。接见外邦使节就是恩赐,承恩者哪有不跪的道理。此乃基本的礼节。而洋人则不然,他们认为两国交往基于平等,哪怕是战胜国与战败国之间,两国也是对等关系。一国使节觐见另一国君主,代表的是本国的君主,本国不能低于他国一等。这在欧洲本无可厚非,是外交常识,没有争论的必要。但到了中国,此一点竟成了大碍。英国自然一时很难理解。英国公使普鲁斯曾抱怨这类交往道:

我认为对我们不重要的事情,但在他们眼里却很重要。①

而其实,《天津条约》中有一些是现代国家通常都不能接受的条款,而清政府却漠然处之,不以为紧要。后来的总税务司赫德对此倒说得明白:

在和约中最令人震惊的是那些标为治外法权的条款。这使外国人摆脱了中国人的控制,而置于在中国的他们自己国家官员的管理之下。②

在国都驻使,本是欧洲国家交往的平常。在中国竟成了莫大的难事,即使是写进了条约也难以实现。双方反复为此交涉未果。费正清曾说:“与任何其他成熟的非西方国家相比,中国似乎更不适应现代生活的条件。……中国社会结构和政治制度已非常成熟

① PRO 30/22/49, The National Archives.

② Robert Hart, *These from the Land of Sinim*, London: Chapman & Hall, 1901, pp. 65-66.

和稳定,或许这造成了障碍。……中国社会不得不进入熔炉,其人民不得不接受革命,正如接受现代世界的定律。因为,现代化的过程包含了所有社会生活与实践水平上的激烈且迅速的变化。"①这些变化和障碍在中西方冲突和海关的建立上都可见到。

1860年7月,英法联军自海上北上。8月,英法联军再度攻陷大沽,占领天津。清军僧格林沁部不敌英法联军,致北京危及,咸丰皇帝出逃热河。10月,英法联军占领北京。这种情况下,恭亲王奕䜣主持议和,不仅在北京交换《天津条约》,还签订了《北京条约》。

天津海关是第二次鸦片战争后《北京条约》的产物,确定天津开埠,进行对外贸易。《北京条约》之前,清政府最初一直努力提出各种条件,力图说服英法不让天津开埠。各级官员提到了天津开埠的种种不利影响,并力陈要求皇帝决策,以牛庄、登州作为交换条件,保持天津现状。

二、清廷反对天津开埠

清政府反对天津开埠,部分原因与整体不愿对外国开放贸易的想法一致。朝廷认为,开埠交易利于洋人,不利于天朝经济,会损耗国力民财。1858年8月,两江总督何桂清在奏折中谈道:

又据李国泰等,钞呈天津所议条约,经薛焕督同候补知府吴煦,详加查复。就字面观之,惟驻京入江一条,最堪发指。

① John King Fairbank, *Trade and Diplomacy on the China Coast: The Opening of the Treaty Ports*, 1842–1854, Vol. 1, Cambridge: Harvard University Press, 1953, pp. 4–5.

而其处心积虑，则在垄断专利。多方误我，竟欲将我内地货物，由此口运往彼口销售，侵夺内地商贩之利。一堕其术，则数年以后，我民穷财尽，彼之富强更甚，事不可为矣。其欲多添马头，意殆在于此国计民生，大有关系。……迨上海通商后，并不经由三关，税务短绌。是以饬令内地商人，即在上海补完三关税银，方准与夷商交易，以补缺额。今准该夷自赴内地买货，则三关丝税，恐其藉口不完。均应设法妥议，庶关税不至顿形短绌。①

上述中重要一点又在于，会使“税务短绌”，也就是令清政府收入减少。其实民穷与否倒没有那么重要，关键是朝廷会有失财源。接下来何桂清说得就更清楚了，他将开埠天津的不利之处一一列陈，并以上海为例，说明了开埠后中央政府税收锐减明显，并担忧出口货物会侵害清政府利益。他认为此举涉及国计民生，对于清政府的税收会产生重要的负面影响，并进一步提出自己的意见：

倘能就我范围，只准将外夷货物贩至各口，各口货物贩往外夷。不准将内地货物，即在内地各口往来运销。则小民衣食有资，大局尚可维持。至夷税以丝茶为大宗，而茶多于丝。故道光年间所定税则，茶税独重。其中具有深意。若照现定章程科税则，茶税应减，丝税应增。抵减比较原定税则，短征甚巨。再丝斤一项，产于湖州，从前丝历北新、赣州、太平三关而至广州销售。……若夫入江通商节，其害有不忍言者。而

---

① 《两江总督何桂清奏薛焕等据天津条约复议就税则补救之法折》，咸丰八年七月初十（1858 年 8 月 18 日），中华书局编辑部整理：《筹办夷务始末 · 咸丰朝》卷三十，中华书局，1979，第 1100 页。

> 事已至此，臣既不敢卤莽灭裂，痛哭攘臂，姑且一试。亦不敢诿为已成之局，坐视依违。惟有俟桂良等到时，和衷熟商。但能补救一分，即少一分后患。然夷性偏急，必当乘此驯顺之时，迅速筹办，或可挽回万。若桂良等行程迟缓，窃虑更难着手也。①

所以，对于开埠做生意的要求，能否定就否定，能拖延就拖延。说得冠冕堂皇一些就是，“但能补救一分，即少一分后患”。不仅对天津开埠态度如此，对所有口岸的态度都是一般。当通商、外交冲突升级为战争时，咸丰皇帝认为既然洋人是为利而来，干脆断了交往，便能击中其要害。1858 年 5 月 7 日，咸丰因英军侵占广州而谕军机大臣道：“……请恩威并用一折。所称传谕各口岸，封关闭货，并责令两广总督速克省城等语，自系制夷一法。”②但强敌面前，想断交往其实也是做不到的。

清政府反对天津开埠还有另外一个独有的原因，那就是京师防务和安全。作为天朝大国，曾经陆上天下无敌，大海又是天然屏障，所以并无海上安全的忧虑。而自从英国等洋人远洋而来，情况已大殊以往。1840 年英国人便从海上进攻广州，又北上大沽口。当时，天津一带防御疏松。一旦英国人从大沽口登陆，便可长驱直入，数日即可进击北京。所以，自那时清朝廷即已认识到海防的重要，而天津又是海防中的关键之所。外敌从海路进攻，其行进速度

---

① 《两江总督何桂清奏薛焕等据天津条约复议就税则补救之法折》，咸丰八年七月初十（1858 年 8 月 18 日），中华书局编辑部整理：《筹办夷务始末·咸丰朝》卷三十，中华书局，1979，第 1100-1101 页。

② 《廷寄·答谭廷襄等折片》，咸丰八年三月二十四日（1858 年 5 月 7 日），中华书局编辑部整理：《筹办夷务始末·咸丰朝》卷二十一，中华书局，1979，第 745-746 页。

远快于陆上。这给清军陆路调动布防造成极大压力。海上的敌人一旦占获天津,京师必然门户顿开。1858 年 5 月,直隶总督谭廷襄便奏称:

天津固不难制胜,设其扰乱他处,恐非天津可比,天津关系紧要。①

1860 年英法联军二度攻陷大沽口,直下天津,围攻北京,便是现实例证。所以,他口开埠清廷都不情愿,天津就更万万不能轻许。

对于天津的战略地位,清政府一直要将其作为固若金汤的碉堡,认为其是保卫北京的屏障,断不可失去。1858 年 6 月 6 日,于中英签署《天津条约》日期之前,恭亲王奕䜣奏章中分析了广州失落,天津被占所面临的危局。恭亲王言,英国人“挟天津以相制,情形将愈紧急”②。《天津条约》签订后,6 月 28 日桂良和花沙纳就在奏章中提到当时天津被英法占据所造成的窘迫之势。“此时欲主战者,大抵皆谓养痈遗患,不如决胜疆场。不知津口以为该夷所踞,一旦决裂,天津不战自失。说者曰,愿捐津郡城池,不可令其进京。岂知夷人得天津后,仍须带兵北窜。官军战胜,必将添调兵

① 《廷寄·答谭廷襄等折片》,咸丰八年三月二十四日(1858 年 5 月 7 日),中华书局编辑部整理:《筹办夷务始末·咸丰朝》卷二十一,中华书局,1979,第 747 页。

② 《奕䜣奏请敕耆英办理洋务不可一味示弱敷衍了事折》,咸丰八年四月二十五日(1858 年 6 月 6 日),中华书局编辑部整理:《筹办夷务始末·咸丰朝》卷二十四,中华书局,1979,第 875 页。

船。万一阻拦不住,竟近都门。战则不敢侥幸,抚则愈难为力。”[1]可见,当时桂良之类了解夷务事宜的官僚,深知天津作为要地的意义。一旦失守,空有决战的勇气是毫无意义的,且军事失利势必京师难保。不仅作战没有胜算,而且议和也将缺乏讨价还价的筹码。

三、开埠前的周旋

1860年8月,英法联军攻克大沽口、占领天津。英法借清廷不得不议和罢兵之机,提出开放天津口岸、战争赔款,然后再到北京交换《天津条约》。在《天津条约》之前,英法等列强就希望天津也能成为开埠口岸,但一直未能如愿。此时可立城下之盟,英法当然一定要达到天津开埠的目的。英国公使巴夏礼、威妥玛即声称:“和约所载各条……必得一概允准,不容稍事商量。如有一款不准,伊即带兵北犯。并称天津通商一层,现在天津业已屯占,尽可开埠通商,不与中国相干。”[2]至此,天津开埠实际已成现实,所差的只是签约承认。但清廷并不打算在此事上就此妥协。咸丰皇帝认为,原本《天津条约》准开登州、牛庄,就是为了不开天津。此番若又开天津,岂不是前后都让洋人占了好处。于是,要求再与对方周旋。1860年9月4日谕军机大臣等曰:

① 《桂良等奏对外不可战者五端英法要求可从权允准折》,咸丰八年五月十八日(1858年6月28日),中华书局编辑部整理:《筹办夷务始末·咸丰朝》卷二十七,中华书局,1979,第981-982页。

② 《钦差大臣大学士桂良直隶总督恒福武备院卿恒祺奏和战急迫已概允所请通州军营应如何办理免致生疑折》,咸丰十年七月十九日(1860年9月3日),中华书局编辑部整理:《筹办夷务始末·咸丰朝》卷五十九,中华书局,1979,第2206页。

> 天津通商一层，八年原约，本系以登州、牛庄所抵。今若允许，岂非多此口岸。该大臣等，当据理与之辩论。倘该夷决意不从，只准每年来津通商几次，并先行知照中国，以便派人接进海口，不准携带兵船，亦不准在大沽、天津建盖夷楼。①

按咸丰帝的意思，实在与洋人争执不过，退一步也可。准许一年通商几次，但不能让天津成为与广州一样的开放口岸。但英法在军事上已胜券在握，自然不会让步。9 月 14 日的通州会晤中，英国代表巴夏礼、威妥玛等提出新增条约 8 条，其中“天津通商一款，极有关系”②。在进京换约问题上，双方互不退让，谈判破裂。在巴夏礼等英法代表离去后，僧格林沁截获巴夏礼等人，并押解入京。谈判的这一变故导致英法联军立即进攻，在张家港、八里桥大败清军，继而兵临北京城下。

1860 年 10 月，在咸丰皇帝逃亡热河、僧格林沁溃走的情况下，北京已成无法设防的城市，英法联军占领北京。恭亲王奕䜣主持局面，按照咸丰皇帝的旨意“与该夷画押盖印，互换和约”。条款已经变得无法商议，因为“一经驳辩，难保不藉生事端”③，剩下的只有接受。1860 年 10 月 24 日签订《中英续增条约九款》，即《北京条约》，并互换《天津条约》。至此，恭亲王在奏明情形时，还要称颂这

---

① 《廷寄·答上折片》，咸丰十年七月十九日(1860 年 9 月 3 日)，中华书局编辑部整理:《筹办夷务始末·咸丰朝》卷五十九，中华书局，1979，第 2208-2209 页。

② 《载垣穆荫奏与巴夏礼等接晤给与照会折》，咸丰十年八月初一(1860 年 9 月 15 日)，中华书局编辑部整理:《筹办夷务始末·咸丰朝》卷六十二，中华书局，1979，第 2303 页。

③ 《奕䜣桂良文祥奏英法续约已有删增现于十一十二日换约折》，咸丰十年九月十五日(1860 年 10 月 28 日)，中华书局编辑部整理:《筹办夷务始末·咸丰朝》卷六十七，中华书局，1979，第 2497 页。

是吾皇的智慧，曰："仰见我皇上深维至计。安定人心之意。"[①]而实际上，无论是最终在北京换约，还是续增条约，清政府都是无可奈何之举。因为，此时的清政府面临国库空虚的情况，军队的军饷、口粮都出现了问题。"现在八旗月饷、援兵口粮筹办无术，尤恐饷竭兵哗，诸难措手。"[②]可以说，既无可战之兵，也无可用之银钱。咸丰八年(1858)五月十六日签订的《天津条约》，共五十六款，其中最重要的是关于通商与税率，所载各开埠口岸则依约正式开埠：

> 第十一款　广州、福州、厦门、宁波、上海五处已有江宁条约旧准通商外，即在牛庄、登州、台湾、潮州等府城口嗣后，皆准英商亦可任意与无论何人买卖，船货随时往来(下略)。
>
> 第二十七款　此次新定税则并通商各款日后彼此两国再欲重修以十年为限，期满需于六个月以前先行知照酌量更改。[③]

根据《北京条约》，天津此时也成为通商开埠口岸。英国人长久觊觎的，此番终于得到。条约规定："续增条约画压之日，大清大皇帝允以天津郡城海口作为通商之埠，凡有英民等至此居住贸易，

① 《奕䜣桂良文祥奏英法续约已有删增现于十一十二日换约折》，咸丰十年九月十五日(1860年10月28日)，中华书局编辑部整理：《筹办夷务始末·咸丰朝》卷六十七，中华书局，1979，第2496页。

② 《奕䜣桂良文祥奏英法续约已有删增现于十一十二日换约折》，咸丰十年九月十五日(1860年10月28日)，中华书局编辑部整理：《筹办夷务始末·咸丰朝》卷六十七，中华书局，1979，第2498页。

③ 《中英续增条约九款》，黄月波、于能模、鲍鳌人编：《中外条约汇编》，商务印书馆，1935，第7页。

均照经准各条所开各口章程比例画一无别。”①至此，天津成为对外开放口岸，天津海关因开埠而产生。

第三节　天津海关的建立

一、津海关的建立时间和选址

咸丰十一年（1861），清政府设立天津关，同时开设的还有福州、宁波、镇江、九江。这一年李泰国请假回了英国，费子洛（G. H. Fitz-Roy）和赫德两人先后由南北洋大臣及总理衙门大臣恭亲王奕䜣委派代理总税务司，但是重要的事务还是由赫德来主持，因为他对华事务是最熟悉的。

关于天津近代海关的建立时间，据国内档案所载是 1861 年 3 月 23 日（清咸丰十一年二月十二日）正式设立。根据天津海关档案记载：“天津系根据清咸丰九年（西历一八五九年）中英法北平条约，十年（西历一八六〇年）中英续增条约及中法续约，与咸丰十一年（西历一八六一年）即民国纪元前五十一年辟为商埠，并依约辟紫竹林一带为英法租界，津海关应于是年设立，关址在（租）界英法交界紫竹林附近（现为第一区张自忠路营口道转角），为全国三十

① 《中英续增条约九款》，黄月波、于能模、鲍鳌人编：《中外条约汇编》，商务印书馆，1935，第 7 页。

余海关中仅次于上海江海关之第二大关……”[1]筹建天津海关对朝廷仍是陌生事务。于是，恭亲王在1861年4月7日致信李泰国，要求他到天津组织海关事务。信中说：

> 天津港势必开埠，所有事宜伊始，于各色人等皆为新颖。……故此，汝虽有痒，但万勿推辞来津，以筹诸事于发轫。[2]

另据其他资料用得最多的是1861年3月23日在天津东浮桥附近设立“津海关”。高富美在其博士论文《清代沿海贸易与天津商业的发展》中也提到在1861年5月，成立天津海关。同时提出天津海关成立的最初，是设在天津县城内的，1862年才迁至英法租界交汇的紫竹林。[3] 赫德在1865年12月22日的日记中写道：“7500两关平银……用于天津的建筑。”[4]这大约是当时天津海关建筑的花费。1869年，津海关由东浮桥迁至英、法租界交界处的紫竹林海关楼办公，也就是现在海关总署驻天津特派办和中国海关学会天津分会联合办公地点（天津市和平区营口道2号）。

英领事普鲁斯（Bruce）写给罗素勋爵的信件中也是记载了相

---

① 《中国关税溯源》，天津市档案馆编：《天津海关档案》一，天津古籍出版社，2013，第201-202页。

② *China, Imperial Maritime Customs, IV. Service Series No. 69, Documents Illustrative of the Origin, Development and Activities of the Chinese Customs Service*, Vol. VII: Despatches, Letters, Memoranda etc., Shanghai: Statistical Department of the Inspector General of Customs, 1940, p. 42.

③ 高富美：《清代沿海贸易与天津商业的发展》，南开大学，博士论文2010年，第39页。

④ Richard J. Smith, John K. Fairbank & Katherine F. Bruner, edited and with narratives, *Robert Hart and China's Early Modernization*, Cambridge (Massachusetts) and London: Harvard University Press, 1991, p. 336.

应的内容，开关时间略有不同——天津海关于 1861 年 5 月开关。[①]

1861 年，赫德把注意力都放在镇江、宁波、天津等六处通商口岸的建关问题上。[②] 魏尔特（S. F. Wright）曾在中国海关任职，对于天津海关初建时的状况有这样的描述：

> 1861 年 7 月和 8 月，赫德的大部分时间都在天津，以处理新海关大厦事宜。该建筑在他当年 5 月北上北京之时已经建成。[③]

天津的海关监督是崇厚，他当时任北洋大臣之职，又称北方三口通商大臣。此时说的海关大厦应该是位于三岔河口附近的海关。所谓三口是：牛庄、天津、芝罘。崇厚在各方面都引入了监督，海关监督公署这个机构在海关中的位置很复杂。事实上，有不少于三处官方认可的海关机构。第一个是对所有进出口征税的；第二个是对某些特定进口物品征收特别通行税的，此类物品之前已经付过关税；第三个是对某些类型的货物收取一种附加税，这些货物可能是第一处已经付过税款但在第二处免税的，也可能是少数几种在两处都已经付过税款的。海关监督的到来意味着增加了第四处对所有外来船只拥有管辖权的官署，这意味着对中国船运利益的灾难。因为到那时为止，所有的国内外进口货物都是由中式

---

① *Foreign Customs Establishment in China*, Presented to both Houses of Parliament by Command of Her Majesty, p. 5.

② ［英］莱特：《中国关税沿革史》，生活·读书·新知三联书店，商务印书馆，1958，第 148 页。

③ S. F. Wright, *M. A. LL. D*, *Hart and Chinese Customs*, publishied for The Queen's University Belfast., WM. Mullan&Son (Publisher) LTD, Belfast, 1950, pp. 199-200.

帆船运抵天津的，而这些船拥有所有本国出口货物的运输垄断。数百的中式帆船船主目前面临灭顶之灾，而令他们的命运更加多舛的是，外国搅局者不仅将夺取他们外国货物的运务，而且还将介入本国产品的近海贸易。对于早先建立的海关局，这位监督的到来同样不受欢迎，国内外的货物目前开始要运抵，并带有豁免证。这就意味着，已经在其他条约口岸交过税的商品在天津是不可征税的。敌意和指责来自各方，旧官署责难新体制不仅毁了中式帆船的船主，而对地方财税同样造成巨大破坏，并使旧官署绝对无法为户部收齐摊派额度。新官署很快发现，豁免证制度夺去了其征税能力，而这本可补偿旧官署的不足。外国贸易和外国干涉海关管理招致大量非难。受害者包括中式帆船船主和大量地方官员。但是总理衙门知道，崇厚和赫德也知道，如果腐败要被根除，错行要被匡正，关税是要诚实征敛和上报，改变是不可避免的。[①]

对于天津海关的描述，曾在天津海关任职的英国人包腊，1863年来到中国，同年被派往天津海关任职。他自大沽口登陆后，这样描述天津当时的环境：

> 这是一个位于白河上的港口，就是额尔金和葛罗签订《天津条约》的地方。要不是有此事，这应是中国最不起眼的一座海滨城市。我原本对这个最具商业化气息、最有活力的中国港口充满期待，盼望着能在一个舒适的“地方”定居下来，结果这里却是个肮脏的角落，真让人着急上火。这里大概有6个欧

① S. F. Wright, *M. A. LL. D*, *Hart and Chinese Customs*, publishied for The Queen's University Belfast., WM. Mullan&Son (Publisher) LTD, Belfast, 1950, pp. 199-200.

洲人，还有50万心怀敌意的当地人。①

可见，当时天津海关的雇员中有6名欧洲人，至于所雇华人虽未提及，但可以肯定是有的。他的行程并未到此结束，因为还得继续沿河行驶一两英里才能到达海关。他描述了接他的海关小船，令我们可以窥见当时天津海关的一些设施：

> 于是，我收拾好行李，登上中国海关的船，继续前行。船夫们一律面朝前方，站在桨后面，即靠近船尾的方向。这只小船状似拖鞋，但不是女士那种拖鞋，而是又宽又大、极为舒适的那种。船外侧漆着白、绿、红、黄几种颜色，船艏绘着色彩艳丽的眼睛图案。一面黄色大旗迎风招展，上面装饰着醒目的黑龙。它与海关钤子手（海关外班人员，负责登上进港船只，带涨潮时进港——原书注）帽子飘带上“大清税务”（Imperial Revenue Service）几个普普通通的字形成鲜明对照。②

可见当时天津海关的公务船只已有统一的装饰、标志和旗帜，海关雇员已有制服，或至少衣帽上有专门的标志。

包腊所描述的这个场景就是位于海河紫竹林的天津海关。紫竹林，最初为天津一个村，内有庙宇一座，位于天津城东南马家口海河西岸，它的对面是大直沽，那里是清代的大型漕船、商船的停泊码头，也是各种船只从海上进入三岔河口的必经之地，这个地方

① ［英］查尔斯·德雷格：《龙廷洋大臣：海关税务司包腊父子与近代中国（1863—1923）》，潘一宁、戴宁译，广西师范大学出版社，2018，第84-85页。

② ［英］查尔斯·德雷格：《龙廷洋大臣：海关税务司包腊父子与近代中国（1863—1923）》，潘一宁、戴宁译，广西师范大学出版社，2018，第86页。

具有天然的优势:河面宽且水深,地面也宽广。这个地址在1860年《北京条约》订立的时候,英国人就已看上。1860年11月25日巴夏礼的备忘录中的一段话,"所选英租界地点从紫竹林村庄延伸到下园村庄,紫竹林村里有一个寺庙,有一个老旧的小方形的炮台旁……"①《龙廷洋大臣》一书中,包腊则是这样描述了自己的天津海关税务司的经历:漫长的"流放"生涯。1863年包腊被李泰国派往天津,当他从大沽口沿河而上的时候感受是:天津渐渐进入视野。初次见到中国的真实面貌,包腊的情绪再次跌入谷底……登上中国海关的船,继续前行……到达海关,我们停靠在一处凹凸不平的土台阶旁……沿着一条脏兮兮、两旁是泥墙的小巷走了没几步,就来到一扇敞开的大门前……②

笔者认为英国人在此设立海关,是由于地形河道便于船只停泊,接受检查,以及管理税务。从大沽口沿河而上紫竹林是进入卫城的必经水路,而且紫竹林具有前面提到的天然的地理优势,包腊也提道:船在密密麻麻的各种船中航行,那些中式帆船都满载货物,还有不计其数的小船。③ 从图中可见,从紫竹林往上就是一个很急的弯道,同时河道变窄。这些才是英国人在此设立租界,同时在此建立海关,进行管理的主要原因。

天津居海河下游,濒临渤海,向为华北重要港口,唯在闭关时代,政治中心偏重内地,各省站设保定,即其一例。彼时木材、漕运米、茶、糖等南货由海上或南运河梯航而至。咸丰八年(1858)签订

---

① 转引自,宋昆、孙艳晨、冯琳:《近代天津九国租界边界考》,《中国历史地理论丛》2019年第2期。

② [英]查尔斯·德雷格:《龙廷洋大臣:海关税务司包腊父子与近代中国(1863—1923)》,潘一宁、戴宁译,广西师范大学出版社,2018,第86页。

③ [英]查尔斯·德雷格:《龙廷洋大臣:海关税务司包腊父子与近代中国(1863—1923)》,潘一宁、戴宁译,广西师范大学出版社,2018,第86页。

的《天津条约》明确写入十年为修约的期限，海关税则和通商条约均可协商修改。同治七年(1868)即为修约之年，总理衙门为了避免咸丰末年的冲突重演，在1867年即开始着手修约之事。

清光绪十四年(1888)津海关迁移至紫竹林，李鸿章题写匾额"津海新关"。

同治七年(1868)，津海关增加设置了税务部和海务部，下设了北平分关、塘沽分关、大沽分卡。光绪二十七年(1901)十一月，增设秦皇岛分关。1913年1月30日，秦皇岛要求像琼海关那样由地方监管收税等事宜，不再像以前由津海关派海关洋华员来呈报，津海关设立监督。1922年，各海关监督归交通部管辖。

民国时期，由于"秦皇岛距离津关远，无法管理常规税收，具由本地收税，建议设立专门监管一人收税并交总税务司，同时约定工资120元，其他办事人员30元，月支付200元"①。财政部没能同意津海关监督的提议，只是同意随时派人监督巡查，不专设人员常驻以免引起纷争。② 1930年6月，秦皇岛分关划归为牛庄关管辖。1942年7月24日，天津日伪政府将津海关改称天津税关。1945年8月，国民政府总税务司署收回津海关，恢复了津海关的称谓和建制。

---

① 《呈请拟在秦王岛常关设驻关专员一人以便明了该关税收关税情形请核示由》，天津市档案馆编：《天津海关档案》一，天津古籍出版社，2013，第190-191页。

② 《财政部令秦王岛常关征税事项尽可随时派员前往巡查，毋庸另派专员常驻关以免分歧》，天津市档案馆编：《天津海关档案》一，天津古籍出版社，2013，第193页。

二、海关内部结构及分工

1912年之前,中国海关内部分为征税部和船钞部,征税部门又分为内班、外班和海班;船钞部又下设营造处、理船厅、灯塔处。1912—1929年间,海关改为税课司(包括了征税科、稽查科、巡缉科);海政局(巡工科、理船科、灯塔科、运输科);工程局(营造科、图画科、督工科)。[①] 1929—1949年海关内设机构名称为——甲:税务科(征税股、察验股、巡缉股);乙:海务科(巡工股、工程股、港务股、灯塔股、运输股);丙:特用职员。[②]

海关从赫德任总税务司起即很重视进出口货物、人员等各类资料的统计。1873年10月在上海建立统计部,直接对总税务司赫德负责。[③]

根据《天津海关志》记载,津海关总关下设税务处,同时设有下列各课:总务课(船只进出口登记结关,及货物放行税钞核算等);验估课(货物查验分类及完税价格核定等);监察课(船舶、车辆、飞机客货检查及一切外勤事宜);缉私课(查缉走私偷漏事宜);港务课(海事港务之管理及灯塔、浮标助航设备之设置);文书课(一切文书事宜);审核课(货物分类估价验税之审核及进出口贸易统计);官产课(关有动产及动产之管理)。[④] 这个相当稳定和完善的组织机构,一直延续到日本占领时期。太平洋战争爆发后,日本侵

---

① 根据杨德森编:《中国海关制度沿革》,山西人民出版社,2014,总结。

② 文松:《近代中国海关洋员概略:以五任税务司为主》,中国海关出版社,2006,第31页。

③ Andrea Eberhard-Bréard, "Robert Hart and China's Statistical Revolution", Modern Asian Studies, Vol. 40, No. 3, Jul., 2006, p. 613.

④ 天津海关志编志室:《天津海关志》,内部资料,1993,第22-25页。

略者用武力劫掠了津海关。

除以上的课、处外并辖分支机构为下：天津邮政总局支所、天津东马路邮政支所、天津飞机场支所（中国航空公司办公）、天津东站车站支所、天津总站车站支所；北平分关：北平邮政总局支所、北平花市邮局支所。

三、津海关监督

海关监督是清政府管理海外贸易的部门。学者谢松曾经对海关监督进行过深入研究，在其研究文章中阐述了有学者认为海关监督指的是官职，亦有学者认为海关监督指代官署。谢松在文章中指出海关监督被用来指代官署，是由于“各地海关的负责人，其履职所需要的文员……由海关监督本人选取聘用，因此有时也用官职名称直接指代该机构”[①]。谢松从海关监督作为官职的角度论述了海关监督在不同历史时期扮演了不同的角色。1683 年，清政府取消海禁。1685 年，设立闽粤江浙四大海关，其中粤海关始设海关监督管理海外贸易，同时兼具了“防夷”的作用。[②] 洋人帮办税务后，外籍税务司制度开始在开埠口岸推广，因此近代海关也被称为“洋关”，而清朝的其他贸易税收机构称为“常关”，这就是学者们常说的“海关的二元化体系”。海关监督的职责和角色发生变化。实际在近代海关建立之初，海关是隶属于海关监督的。樊百川指出，海关监督跟外国领事一样，视海关为他们的下属。由于新的通商口岸的开放，依照通商条约章程的规定，领事需要与同等级的中国

① 谢松：《近代史中海关监督的角色演化（一）：窥探近代特殊历史背景下的权力博弈与制度变迁》，《海关与经贸研究》2019 年第 04 期，第 76 页。

② 同上。

官员对接,所以恭亲王不得不任命许多新的海关监督。为了不让他们被视为北京的人,恭亲王拒绝了由总理衙门任命的建议,而是主张由相关省份的总督和两位南北洋通商大臣中的其中一名来提名海关监督,接着再以圣旨来确认其任命。[①] 赫德担任总税务司后,采用了让海关同各国领事分离的方法,同时让海关与海关监督划清了界限。[②] 1864 年的第 8 号海关总税务司通令中提到"海关应弘扬之精神",在此赫德将税务司只定义为"海关监督的下属"。[③]综观《天津海关档案》的影印文件,所有海关监督发往海关的文件,均使用了"札"这个字。札,古代公文的泛称,下行文书,如诏敕、指令等。

但到 1873 年 12 月 18 日,"海关总税务司署通令(第 24 号)"专门界定了税务司与海关监督之间的关系:"所为中国之海关者,乃由两者所组成,其一为执行部门,征收各种税捐,另一为文案部门,建立各种档案。该两部门之首长为海关监督也。盖因募用洋员,两者遂逐渐形成各自独立之部门,文案之主职仍归监督衙门,而执行之主职转由税务司公署……税务司与监督乃同僚非其属员,犹如某人可委以全权,然仅操办特定之事务而已矣。"[④]此通令明确了海关与海关监督为各自独立部门,不存在相互隶属关系。海关总税务司和海关事务均不受海关监督的管理。另外,通常海关使用英文书写文件,而海关监督向无此类人才,大多不谙英语。

---

① 樊百川:《清季的洋务新政》第一卷,上海书店出版社,2009,第 565 页。。

② [英]方德万:《潮来潮去——海关与中国现代性的全球起源》,姚永超、蔡维屏译,山西人民出版社,2017,第 69 页。

③ [英]方德万:《潮来潮去——海关与中国现代性的全球起源》,姚永超、蔡维屏译,山西人民出版社,2017,第 92 页。

④ 《海关总税务司署通令》第 24 号,旧海关刊载中国近代史料数据库,第一期,通令数据库。http://cir. customskb. com/BookRead. aspx? id=34498&lan=2

晚清时期，清官员凡是与洋人交涉，均是以"不生事为能"[①]，税务司均视监督如无物。清廷最初经常任命地方巡道充任监督，后来任命了专门的人担任海关监督之职。但是本应由监督颁发的执照、验单等要件，监督多将盖印的空白公文交予税务司随意填发。海关监督放弃责任，洋商便得以因利乘便，重要问题立即能够解决，而华商每有细故，不谙英文布告，"辄为科罚，事事阻滞"[②]，且华商与洋商发生纠葛，通常华商"饮恨吞声，不敢声诉"[③]。至民国时期，评论上述海关监督的行为，皆认为这是丧权辱国，是由于海关监督"溺职"[④]造成的。

津海关在1861年设关时负责监督海关的是三口通商大臣崇厚，同时还负责了天津的一些外交事务。1870年"天津教案"发生后，清政府以处置不当为由将三口通商大臣撤销，由北洋通商大臣李鸿章处理涉外事务，同时设津海关道一人。1910年清政府设立了直隶交涉公署，接管了津海关道涉外事务，津海关道从此专管税务事宜。辛亥革命后，即1912年12月，津海关道改称海关监督，机构为津海关监督公署。

海关监督对于海关管理上，对待新关和常关是有区别的。对于新关和新关管辖的常关并无直接管理权，名义上是属于"监督"作用，其管理权属于税务司。其他常关由海关监督直接管理。辛亥革命时期，各地税务司趁机完全攫取了税款的控制权，海关监督权力进一步被消解。辛亥革命后，津海关税务司与津海关监督同时存在，税务司受总税务司控制，海关监督对于税务司也有表面上

---

① 《中国海关行政组织研究（三）》，《大公报》1927年1月12日，03版。
② 《中国海关行政组织研究（四）》，《大公报》1927年1月13日，01版。
③ 《中国海关行政组织研究（四）》，《大公报》1927年1月13日，01版。
④ 《中国海关行政组织研究（四）》，《大公报》1927年1月13日，01版。

的管辖权,海关监督要监督税务司的征税事宜,理论上监督应是各关主管,但是并无实际权力,海关监督的地位尴尬。

津海关监督对津海关的监察作用主要是以下几方面:

一是转发政府颁布的各种法律法规。但是海关的具体业务仍需要按照总税务司署的指示执行。

二是通知中国政治时局的重大变动。1912 年通知海关悬挂民国新国旗;1916 年 1 月 4 日,通知津海关将民国五年改为洪宪元年;1917 年 6 月 2 日通知津海关,直隶当局脱离北京中央政府,海关工作照常等。

三是根据时局需要,通知海关采取相应的措施。但是通常这些措施还是需要总税务司署批准。1913 年,海关监督通知市警察局要和海关合作缉私,总税务司署不同意,海关就直接拒绝了。1914 年,一战期间,海关监督通知海关如有奥、法、德、俄等军舰来到大沽口或秦皇岛,一定要及时报告。1930 年 6 月,阎锡山接管海关,税务司宣布封闭海关,停止办理任何业务。当时的津海关监督葛敬猷联合地方政府劝说海关员工复工,效果甚微。甚至事后,听从海关监督来上班的 14 个人都被海关开除了。

四是以海关的名义和地方机关联系办事。1935 年 3 月 22 日,津海关监督函致津海关税务司,再次强调海关监督是“海关的最高长官”,所以海关对于本国机关接洽的各种事项举要告知海关监督。[①]

---

① 天津海关编志室:《天津海关志》,内部资料,1993,第 29 页。

实际上，虽然海关税务司在聘任员工等事宜上的确遵循了呈报海关监督的制度，但监督并不能实现垂直领导。海关监督虽是海关的上级，却并无支配税收的权力，被架空的机构直至国民政府完全收回税权，国民政府也仅是掌握了海关的行政管理权力。日本侵占天津后，整个津海关都变成由日本人控制的机构。

本章小结

19 世纪 40 年代起，西方各国在开埠口岸的领事都在努力打破中国的外交体系，建立西方的外交体系。[①] 以英法为首的列强在中国最初的成功转折点就是第一个不平等条约《中英江宁条约》(即《南京条约》)[②]；再之后进一步于 1854 年成立了英法美各派一人成组的税务管理委员会；第二次鸦片战争之后，他们成功地签订了《天津条约》《北京条约》，这两个条约开放了内地贸易，并在北京设立了西方公使馆。不平等的条约作为英国和其他西方国家在中国进行贸易、外交和传教的工具。它被视为近一个世纪西方在东方占优势的象征。从中国方面看，历史上没有哪个政治崩溃比这更具灾难性——从已知世界的长期公认的霸权地位下降到分裂为外国统治的领域，所有这些都发生在 1842 年至 1898 年之间。清王朝的衰败和 1851 年太平天国运动与西方武力的入侵同时发生。所有这些过程，无论是本土的还是外来的，都共同导致了现代中国社会

① J. K. Fairbank, *Trade and Diplomacy on the China Coast*: *The Opening of the Treaty Ports* 1842-1854, Vol. I, Harvard University Press, 1953, p. 3.

② 李新主编:《中华民国史》第一卷，中华书局，2011，第 15 页。

变革的发酵。[①]

从《天津条约》到《北京条约》,天津开埠,反映了当时有关中西关系的线索。我们可以肯定,不管是好是坏,天津作为条约港口,开埠重塑了中国人的生活,西方的商品、人和思想涌入,对经济社会都产生了重要影响。同时,西方在中国享有特权地位,与早期野蛮征服者的性质并无不同。天津近代贸易的重要地位是开埠后形成的,当时海运成为主要的方式运输,天津货物转运的地理优势越来越显著。由此,天津也发展成为华北地区的经济要地,政治、军事的战略地位也逐步凸显出来。西方对中国的"影响"是一种刺激,而不是毁灭性的打击。天津的经济生活和社会习俗的物质变化,最终导致了制度的蜕变,但这种现代化并不是简单的西方化。同时天津作为开埠口岸的混合社会,西方的制度、法律、经济形式被引入后微妙地修改了:近代天津代表的不是移植到中国沿海的西方生活方式,而是中国对西方人及其生活方式的适应。

① J. K. Fairbank, *Trade and Diplomacy on the China Coast*: *The Opening of the Treaty Ports* 1842–1854, Vol. I, Harvard University Press, 1953, p. 4.

第二章

津海关人事制度

近代天津海关作为重要的管理机构，其工作涉及税收、船务、航务、检疫、邮政等，海关人事管理体系会直接影响这些工作的效率和效果，甚至对天津经济社会的现代化发展都会有直接或间接的影响。

第一节　外籍税务司制度与洋员的统治

一、外籍税务司

外国人管理清朝海关的先例始于1854年。1853年由于小刀会占领上海县城，上海道吴健彰外逃，导致海关税务管理陷入停顿。1854年，英、法、美三国领事开始代为管理外国商人的关税事务。吴健彰当时已无力掌控上海局面，在这种情况下，吴认为与其关税无人管辖，不如由外国人自行管理。于是，外国人管理当地海关便成了既成事实。这就是英法美三国税务委员会管理江海关的来历。目前国际学界基本形成了这样的共识，即外国人充任海关税务司源于太平天国运动和小刀会占领上海，目的在于维持税收。①

经上海道吴健彰任命，1854年7月12日三国组成的税务委员会建立并履职。此机构的领导人——三位税务司分别为法国的史亚实(M. Arthur J. Smith)、美国的贾流意(Leuis Carr)、英国的威妥玛(Thomas Francis Wade)，办公地点在苏州河畔的海关。13日吴健彰便被清政府革职了。两年后三国税务委员会确实向当地政府递缴了关税收入，尽管不如预期的多。② 威妥玛时为英国副领事，他虽通晓中文，但却无心于海关繁杂的事务。1855年5月31日，威妥玛辞去海关税务司，其职务由英国人李泰国(Horatio Nelson Lay)接任。③ 外国人管理清朝海关事务，原本只在江海关一处，但其后的变化致使由外国人管理全国海关成为定局。

李泰国只是江海关的三位外国税务司之一，本无突出地位，但他乐于奔忙于此业，且得到当地清廷官员的赏识。1858年秋，薛焕任江苏按察使时，与李泰国有诸多交往，认为他办事认真，便产生了让他总管海关的想法。薛焕曾与李泰国谈过此事，许诺让他做"总司税"。1859年7月，时任上海道的吴煦叙述了当年这段往事：

---

① John King Fairbank, *Trade and Diplomacy on the China Coast: The Opening of the Treaty Ports*, 1842-1854, Vol. 1, Cambridge: Harvard University Press, 1953, pp. 453-454. Robert Bickers, "Revisiting the Chinese Maritime Customs Service, 1854-1950", *The Journal of Imperial and Commonwealth History*, Vol. 36, No. 2, Jun. 2008, p. 222.

② John King Fairbank, *Trade and Diplomacy on the China Coast: The Opening of the Treaty Ports* 1842-1854, Vol. 1, Cambridge: Harvad University Press, 1953, pp. 460-461. 陈诗启:《中国近代海关史》，人民出版社，2002，第25-26页。

③ Stanley F. Wright, *China's Struggle for Tariff Autonomy*, 1843-1938, New York: Paragon Book Gallery, 1938, p. 134.

李泰国“自上秋办事出力，薛臬宪（即薛焕）许以充当总司税”[1]。但此事当时并未得果。

1859 年 1 月，两江总督何桂清得授“钦差大臣，办理各国事务”[2]。何桂清显然认为由李泰国总办海关税务是件有利的事情。于是便在当年 1 月和 5 月两次札派李泰国为“总税司”，总管海关事务。一月的札谕令李泰国“帮同总理各稽查关税事务……各口新延税务司统归钤束……酌定五年为限……李总税司膺此重任，自宜一秉大公，尽心办事，毋负信任至意”[3]。何桂清的下级官员薛焕、吴煦等对此事也很积极。1859 年 2 月 9 日，时任上海道台吴煦致函李泰国：“请代为主持一切。”[4]

但何桂清只是将李泰国任命为自己的下属，替自己代办海关税务。李泰国此时还并未真正获得总管全国海关税务的职权。方德万就认为何桂清“没有给李一个正式的任命，仅发给他一份札谕”。由此，李泰国担心“外国商人不会认真对我”。对此，方德万总结得很贴切：“李泰国被任命到一个隶属于何桂清的临时职位，而不是被任命到自己有权处事的永久和固定的官职。”[5]不过，李泰

---

① 太平天国历史博物馆：《吴煦档案选编》第 6 辑，江苏人民出版社，1983，第 321 页。

② 《上谕・据桂良等折著黄宗汉严击伪造廷寄之人著援何桂清为钦差大臣办理各国事务》，咸丰八年十一月二十六日（1859 年 1 月 29 日），中华书局编辑部整理：《筹办夷务始末・咸丰朝》卷三十三，中华书局，1979，第 1245 页。

③ 太平天国历史博物馆编：《吴煦档案选编》第 6 辑，江苏人民出版社，1983，第 270 页。

④ 太平天国历史博物馆编：《吴煦档案选编》第 6 辑，江苏人民出版社，1983，第 274 页。

⑤ Hans van de Ven, *Breaking with the Past: The Maritime Customs Service and the Global Origins of Modernity in China*, New York: Columbia University Press, 2014, p. 37.

国在薛焕等人的劝说下也的确去实际履职了。[①] 1859 年何桂清只是自己派遣了李泰国,并未向朝廷上层上奏。到 1860 年春他因围剿太平军不利,致常州、苏州等地失守而被革职关押,1862 年便被处斩。显然,此期间何桂清便不可能再过问李泰国总管税务之事。

自 1860 年春,薛焕便开始秘密筹划由清廷最高层任命李泰国为全国的税务总管。当时他刚刚出任江苏布政使。英国公使普鲁斯在 1860 年 4 月 28 日曾写了一封密信给外交大臣罗素,信中报告了清朝官员薛焕此时正在筹划和推动李泰国的任命。普鲁斯说:在这件事上,"薛(Sieh)准许李(泰国)入职"和"薛委派李"。[②] 到 1860 年 10 月,任命李泰国为清朝海关总管的计划已得到法美两国官方的认可。10 月 26 日,普鲁斯再写信给罗素说,英国、法国、美国各方达成了共识,都认为"应该在所有港口采用一个统一的税收体系"[③]。即各方接受中国海关将由一个机构统一管理,而不是在三国共管下各自为政。

1861 年 1 月 20 日,清咸丰帝谕旨"设立总理各国通商事务衙门,著即派恭亲王奕䜣……管理"[④]。当日总理衙门成立,恭亲王成为首任总理各国事务大臣。此前几天,即 1 月 16 日,"署理钦差大臣江苏巡抚薛焕"奏请咸丰皇帝"敕下恭亲王奕䜣……发给扎谕一

---

① 詹庆华:《中国近代海关总税务司募用洋员特权问题新论》,《近代史研究》1995 年第 1 期,第 93-94、96-97 页。

② PRO 30/22/49, The National Archives.

③ "Correspondence Respecting Affairs in China, 1859-60", *Parliamentary Papers.*

④ 《廷寄·答折片》,咸丰十年十一月二十七日(1861 年 1 月 7 日),中华书局编辑部整理:《筹办夷务始末·咸丰朝》卷七十二,中华书局,1979,第 2692 页。

道……交李泰国收持"[1],也就是申请任命李泰国。实际上,薛焕早已在此事上与恭亲王、桂良、文祥等达成共识,奏章不过是一个官方手续。1月24日,恭亲王奕䜣正式任命李泰国"帮同总理稽查"关税,为"总税务司"。[2] 原来的英法美三国共管海关体制转变为统一管理体制,李泰国的身份变成了清政府任命的官员,负责全国海关事务的管理。由外国人管理清朝海关的体系正式形成,统一的海关体系开始建立。

任用洋人管理海关的体系自1861年正式形成,并在此后长期延续下来。从这一体系形成的历史来看,总税务司招募洋员特权的形成并非完全处于列强的强制,清政府官员推诿、放弃洋员的人事管理权的一向做法起到了很大作用。[3] 19世纪清帝国体制下的官员和百姓并无现代国家的观念,也无现代的国民观念,也就很难将外国人把持海关机构视为有害主权之事。但此后数十年中外冲突与交流的经历最终促成了现代民族观念的产生。

咸丰八年(1858年)中英通商章程引用英国人帮办税务,仅是辅助清政府的官吏办理海关的行政管理事务,对于其权限也没有具体的限制和规定。1861年总理衙门任命李泰国为总税务司后,李泰国声称因健康原因回了英国。恭亲王任命赫德和费士来(George Fitz-Roy)署理总税务司,略定职权,札委如下:

---

① 《薛焕又奏现届开办新章总税务司李泰国请敕恭亲王等发给札谕饬办片》,咸丰十年十二月初六日(1861年1月16日),中华书局编辑部整理:《筹办夷务始末·咸丰朝》卷七十二,中华书局,1979,第2687页。

② 《奕䜣给李泰国札谕·派令稽查各口洋税》,咸丰十年十二月十四日(1861年1月24日)中华书局编辑部整理:《筹办夷务始末·咸丰朝》卷七十二,中华书局,1979,第2705-2706页。

③ 詹庆华:《全球化视野:中国海关洋员与中西文化传播(1854—1950年)》,中国海关出版社,2008,第53页。

令该官员费子洛、赫德按照条约担任稽查职务，责任所在不得准许外人代中国人民贩卖货物，或将中国人民货物私藏外国货船内，希图蒙混从中渔利，至于进出口货品以及土产与洋货，尤其审慎区别，勿使混杂。

该官员应将经收税项及船钞数目暨支出管理经费按季呈报，此项报告务须真实明确，应备两份，一呈总理衙门，一呈户部存案。

中国政府既难于鉴别各税务司及其他公家雇用洋员成绩，该官员应随时查察。

所有应支俸给及其他经费，责成各关监督会同该总税务司酌量各口收入情形，协商规定，务使款不虚糜、不得滥用公款。

再管理各种外国商船往来事件，各关监督应会同总税务司协商一切，凡遇船只违反章程，擅自驶行而发生各项犯法事件，以及试行偷运损害国库收入情事，应彻底严查，如有隐匿，一经查出，惟该总税务司是问。[①]

札委中只是简单规定了洋员出现问题由总税务司负全责，船钞税收需要如实呈报总理衙门和户部，对于所雇佣的洋员职责并没有做出具体规定。直到同治三年(1864)总理衙门订立了《海关募用外人帮办税务章程》[②]，共二十七条。对于雇用洋员、管理税务做了具体详细的规定，总结起来可分为如下四类：

第一，明确了隶属关系。作为总税务司是由清政府的总理衙门派往各口管理海关事务的外国人，各关所有外国人帮办税务事

① 杨德森编:《中国海关制度沿革》，山西人民出版社，2014，第 13 页。
② 杨德森编:《中国海关制度沿革》，山西人民出版社，2014，第 14 页。

宜,都是由总税务司“募请调派”,“其调往各口以及应行撤退均由总税务司做主”①。由于清政府并不了解雇用的这些洋员的具体情况,所以这些外国人如有不妥,清政府理论上来讲要问责总税务司。赫德在章程中写明了清政府、洋员、税务司之间的关系。洋员所办之事是“中国之公事”,税务司所用外国人“虽非中国,其所办系中国之事,其薪水亦中国所发,应较中国人格外尽心办公,其与中国官民有交涉事件,尤须格外以礼相待,不可猜疑傲慢”②,“各口税务司内有代理人员与署理无异,代理署理人员均与实任无异,其来往文书均用平移,不得自为高下”③。各关所有总办、帮办、通事、扦子手头目四项人等应领薪水不得由该关税务司增减。但实际上,清政府已经丧失了对海关的控制权力,对于这些外国人更是既无管理权限,也没有监督权力,一切只能听凭外国税务司处理。

第二,对于海关外国人的职责,尤其是对各口税务司的责任做了明确规定。首先,海关“系征收洋商之税”。“各口税务司人等逐日在关与商民交涉,均应设法重税课,顺商情查各口章程,分两项,一系禁止作弊以重税课;一系将税务各事晓谕各商,以顺商情,是以各口税司除严行防堵走私偷漏外,应每日在关,察看所用之人是否尽心办公,随时体恤各商有无刁难之处,且买卖为税课之本,若令人为难,不顺其情,不免与税有碍,应由各该税务司细心斟酌地方情形多便贸易,以期多收税饷”④。其次,对于税务司的要求要熟悉中国情形,所办之事要尽职尽责。“各口税务司系总税务司所派委之员倘手下之人有懈怠误公者,惟该税务司是问,各口收税章

① 杨德森编:《中国海关制度沿革》,山西人民出版社,2014,第 14 页。
② 杨德森编:《中国海关制度沿革》,山西人民出版社,2014,第 14 页。
③ 杨德森编:《中国海关制度沿革》,山西人民出版社,2014,第 17 页。
④ 杨德森编:《中国海关制度沿革》,山西人民出版社,2014,第 16 页。

程、各国通商条约并外国商情，本应熟悉且于中国情形较各项洋人尤为透彻办理一切事宜，务臻妥协若有任性偏执或与监督会商，并不悉心陈说，以致误会办事，乖谬进退两难是该税务司才不胜任之据，定即撤退”；“各口税务司如有才不胜任及办事错误者，亦惟总税务司是问，至通商各口办理收税事宜，如有不妥均系各关监督之责任，是以凡有公事自应归监督做主，如此则税务司所办之事，即监督手下之事，惟税务司系总税务司所派之人非监督属员可比，然不得因非其所属遇事招摇、揽权，有碍公事，以致监督难专其责”①。最后，对于所有海关洋员，要求“各关所用之人，以各人分内应办之事为第一紧要务，尽心尽力至泰西所有各项新法，大有便益于日用常行，为中国所未有者，若与地方官民相处浃洽，议论试行虽属同仁之义，然究为余事，总以分内应办之事为主，不可因此而误公”②，且要求洋员要学习本领、熟悉业务，即“各口税务司手下之人内，有日后可胜司税之任，应由现任税务司为之表率，令其妥悉税务并应留心学习汉文、汉语，以期日后可用”③。

第三，对于当时开埠海关的管理的地域范围做了明确划分，“概不准管理别口税务，兹将各口税务司应管界址注明于后，以便遵守”，天津海关是自大清河至山海关，这个地理范围内的海关事务归天津关税务司稽查……“各口税务司若无总税务司明文准行，不得出驻扎之府界，擅离职守，如有紧要事件，必须亲往，应一面具文申报总税务司并先行知会该关监督，其关上公事应交妥人接手照料，不得有误，其所辖沿海各处有应随时稽查之事，准其派本关

① 杨德森编：《中国海关制度沿革》，山西人民出版社，2014，第15-16页。
② 杨德森编：《中国海关制度沿革》，山西人民出版社，2014，第15页。
③ 杨德森编：《中国海关制度沿革》，山西人民出版社，2014，第16-17页。

人往查"[1]。

第四,阐述了海关与地方、税务司与各国领事之间的关系。"地方各事与之无涉,本不应干预,惟税务司与地方官民相处,熟悉遇有外国人与地方交涉之事,从中调处两受其益,原不在禁止之例,然须将所处之事及来往信件均须报之总税务司,若处置乖方以致别生事端,总税务司不能代任其咎,亦必将其惩儆也。"[2]海关官员与各国领事之间的关系是"税务司于各国所派领事官常有交涉事件,若领事官非做买卖税务司与之交好,自于公事有益,惟当论事办事之间,愈当以凡是均系监督责任,不可稍存侵权见好之心致罹咎谴"[3]。

至少在理论上说,洋员与其本国的政府是没有关系的。这些人虽是外国人,但受雇于清政府,是清政府的官吏。但最初招募洋员并不容易,尤其是专业人员更难得到,赫德甚至为此各方沟通、物色人选。他曾先后致信美国公使、英国海军官员要求推荐适合的人才。[4] 1865 年 10 月 14 日,清廷海关致美国公使团的函中明确告知了外籍海关雇员的聘任资质要求和隶属关系。"当 15 个开埠港出现,大约将雇佣 90 名关长和职员。要求所有人绝对要会说和读中文。……海关的外籍雇员在任何形式上都不能与他们的本国政府有联系。开埠地和各省的中国官方当局将会对当前体系越来

① 杨德森编:《中国海关制度沿革》,山西人民出版社,2014,第 17 页。

② 杨德森编:《中国海关制度沿革》,山西人民出版社,2014,第 17 页。

③ 杨德森编:《中国海关制度沿革》,山西人民出版社,2014,第 16 页。

④ 詹庆华:《全球化视野:中国海关洋员与中西文化传播(1854—1950年)》,中国海关出版社,2008,第 56-57 页。

越感兴趣。"[①]可见这一特征在海关初建时就已很明确。当然,尤其是最高层雇员的情况要复杂得多。一方面他们是清政府雇员,另一方面很难说与其本国政府毫无关系。

1861 年,依约开埠的天津,在建立海关后,也是沿用了此制度,至 1914 年,税务处密饬海关监督对于税务司权限仍旧遵照"募请外人帮办税务事宜章程","毋过操切是为至要"[②]。原来的海关监督的相关权利也被夺取。张洪祥的著作《近代通商口岸与租界》中介绍,天津首任税务司是英国人特文纳,依据是日本出版的《清国事情》第 1 辑。天津档案馆和天津海关编译的《津海关秘档解译——天津近代历史记录》中提及 1861 年 5 月 3 日上任的首位外籍税务司是比利时的克士可士吉。从 1861—1928 年期间,外籍税务司英国人最多,共 17 人[③]。在天津海关任税务司时间最长的是英国籍的德国人德璀琳(G. Detring),德璀琳最初为四等文书,于 1867 年到津海关工作,而后又到镇江、烟台海关任职。1877 年,德璀琳正式担任津海关税务司,从 1877 年到 1904 年期间,总计担任了大约 22 年的税务司,分别是 1877—1882、1884—1896、1900—1904 年。他还参与策划了李鸿章支持的几个工业企业。[④] 德璀琳与李鸿章关系密切,这是他长期担任天津海关税务司的重要因素。

---

① *China*, *Imperial Maritime Customs*, IV. Service Series No. 69, Documents Illustrative of the Origin, Development and Activities of the Chinese Customs Service, Vol. VII: Despatches, Letters, Memoranda, etc., Shanghai: Statistical Department of the Inspector General of Customs, 1940, pp. 82-83.

② 《税务处饬第 1388 号》,天津市档案馆编:《天津海关档案》二十,天津古籍出版社,2013,第 13698 页。

③ 根据《津海关秘档解译——天津近代历史记录》中的附录 2"津海关外籍税务司任职表(1861—1928)"统计。

④ Catherine Ladds, *Empire Careers*: *Working for the Chinese Customs Service 1854-1949*, Manchester and New York: Manchester University Press, 2013, p. 29.

1878 年，在德璀琳倡导下，天津发行了中国第一张邮票。[①] 日本入侵中国后，日本人把持了津海关的核心业务。

自李泰国开始，总税务司控制了海关职员的聘用。但仍需看到这种控制有时也不是完全的，在各地税务司的任用上也会偶有例外。赫德从其本意上是在 1904 年后继续委任德璀琳主管天津海关，但却因当地清廷官员不接受而未能如愿。赫德在 1903 年 12 月 27 日的信中曾提到，作为天津海关税务司的德璀琳与直隶总督袁世凯不和："对天津之事，我有我自己的困难。袁（世凯）与德璀琳不睦已久。"[②]1905 年赫德希望再一次任命德璀琳为天津海关税务司，但因在津的袁世凯的反对而颇感烦恼。1905 年 10 月 29 日赫德给金登干的信中说："对德璀琳和奥尔默（Ohlmer）之事，我很困惑。袁（世凯）不想要前者，占据青岛的德国两人都不想要。"[③]结果，赫德当年 12 月 17 日的信中提到："我告诉德璀琳，我不会再次把他任命到天津。他欣然接受此事，并完全理解，总税务司将他再

---

① Robert Nield, *China's Foreign Places: The Foreign Presence in China in the Treaty Port Era* 1840–1943, Hong Kong: Hong Kong University Press, 2015, pp. 238–239.

② John King Fairbank, Katherine Frost Bruner & Elizabeth MacLeod Matheson, eds., *The I. G. in Peking: Letters of Robert Hart Chinese Maritime Customs* 1868–1907, Vol. 2, Cambridge (Massachusetts) and London: Harvard University Press, 1975, p. 1390.

③ John King Fairbank, Katherine Frost Bruner & Elizabeth MacLeod Matheson, eds., *The I. G. in Peking: Letters of Robert Hart Chinese Maritime Customs* 1868–1907, Vol. 2, Cambridge (Massachusetts) and London: Harvard University Press, 1975, pp. 1844–1845.

度置于袁总督之侧为官非明智之举。”[①]这是德璀琳无法连任下去的根本原因。

二、华洋分治

1858 年,《天津条约》的附件《海关税则及章程》中规定:各口岸采用统一管理制度,中国政府可从有约各国公民中选拔人员,协助管理海关税收等事务。[②] 同治三年(1864)订立的《海关募用外人帮办税务章程》中规定:公事房内办事之外国人分为六等,即税务司、总办、头等帮办、二等帮办、三等帮办、四等帮办。[③] 1869 年,赫德制定了《大清国海关管理章程》[④],这个文件在中国近代海关史上是具有纲领性的人事管理文件,开创了借鉴西方文官制度使海关的人事管理制度化、标准化。根据当时一位在中国海关供职的关员的自传式资料可了解:海关职员分为总税务司、华员、会计、关员、财务、人事、缉私、征税、副税务司助手、秘书和一名相关的工作人员,他们不属于任何一个部门。还有同样地位的总税务司秘书,其中一位负责统计,直到 1948 年上海海关都设有负责统计的秘书;另外一位是在伦敦的非常设秘书。统计秘书负责上海海关出版的一切印刷物,非常设秘书在伦敦负责物色内班的欧洲候选人,之后

---

① John King Fairbank, Katherine Frost Bruner & Elizabeth MacLeod Matheson, eds., *The I. G. in Peking: Letters of Robert Hart Chinese Maritime Customs 1868–1907*, Vol. 2, Cambridge (Massachusetts) and London: Harvard University Press, 1975, p. 1491.

② 《海关总税务司署通令》第 25 号附件,旧海关刊载中国近代史料数据库,第一期,通令数据库。http://cir.customskb.com/List.aspx? typeid=10

③ 杨德森编:《中国海关制度沿革》,山西人民出版社,2014,第 20 页。

④ 《海关总税务司署通令》第 25 号附件,旧海关刊载中国近代史料数据库,第一期,通令数据库。http://cir.customskb.com/List.aspx? typeid=10

会由总税务司来任命，此秘书实际上是作为总税务司的代理人在欧洲工作。海关部门分为三个部分：一是税收；二是航务，即船钞部；三是工程。税收部门分为内班、外班和海班。船钞部又分为巡工股(Coast Inspector's Inspector)[①]、港口、灯塔、海务运输股[②](Marine Staff)；工程部分为工程师、秘书和外班。[③]

《章程》中将人员分为内班、外班和华员(Chinese Staff)，所以津海关税务司署各部主管人员施行的是华洋分治。内班，属于海关的管理部门，负责征税、统计、预算、会计、人事等事项，人员包括了税务司、各级帮办、文书等，大都在室内工作。外班主要工作是船务，包括船舶的检查、稽查，货物的查验等。人员包括了总巡、验估、验货、扦子手、水手、杂役等。这些人大多属于海关的下等雇员。海关人员的任免，实际是由总税务司一人决定，政府是无权干涉的。高级官员的进出问题是决定后呈报税务处，政府也放任不管，总税务司为了谋取海关行政管理上的便利，大肆任用洋员，并且海关所有文书文件均采用中英两种文字，就不得不任用大批的洋员，其中英国人居多。另外，和清政府签订条约的大国人员居多，日本在甲午战争之前并无最惠国待遇，《马关条约》签订后，明确海关要聘用日本人担任海关行政人员。这种状态一直持续到抗日战争前。

---

① 名称演变：1912—1928年称海政局巡工科；1928—1947年称海务科巡工股。引自张耀华编著：《中国近代海关英汉大辞典》，上海人民出版社，2019，第92页。

② 文松：《近代中国海关洋员概略：以五任总税务司为例》，中国海关出版社，2006，第27页。

③ B. E. Foster Hall, The Chinese Maritime Customs: An International Service, The Chinese Maritime Customs Project. *Occasional Papers*: *No*. 5. Printed and ByBristol, p. 36.

(一)招聘标准

对于海关洋员的招聘,从李泰国开始到赫德完善,标准是:聪明、有颜值和健壮的小伙子。[①] 李泰国时期,这位李先生从欧洲带来一部分洋人任职于中国海关。到了赫德时代,1864 年赫德在一份备忘录中写道:几乎没有人告诉他到新的岗位上来该干些什么,除了一个模糊的、非常笼统的职能概念之外。而海关不得不找一些那些社会地位和受教育程度都不利于地位和效率的人。于是乎,赫德自创了一套招聘的程序和方法。他想录用一些受过良好教育、有着较高的社会地位并有颜值的年轻小伙子,他们在社交圈中可以充分展现出维多利亚式的男子气概。[②] 中国的海关从 19 世纪 70 年代便开始实施一整套的招聘制度。如,税务司和副税务司的任命,由总税务司进行遴选,遴选需要考虑的条件:1. 大体合适;2. 历任职务;3. 品德性情;4. 汉文知识;5. 特殊资格;6. 国籍。而普通洋员的雇佣,尤其是三等帮办升职二等帮办,需要通过米德的《随笔》、威妥玛的《会话丛书》及同类题目考试,二等帮办升级一等帮办,则必须通过威廉士的《中国》、威妥玛的《公文丛书》及同类题目考试。[③] 赫德的洋员招聘制度对人选资格要求明确且严格,保证了人员素质;注重工作效率,以此为首要招聘标准;还突出了人员的国际化构成,而非仅任用英籍人士。[④]

---

① Hans van de Ven, *Breaking with the Past: The Maritime Customs Service and the Global Origins of Modernity in China*, Columbia University Press, 2014, p. 92.

② Hans van de Ven, *Breaking with the Past: The Maritime Customs Service and the Global Origins of Modernity in China*, Columbia University Press, 2014, p. 92

③ 《海关总税务司署通令》第 25 号附件,旧海关刊载中国近代史料数据库,第一期,通令数据库。http://cir. customskb. com/List. aspx? typeid=10

④ 詹庆华:《全球化视野:中国海关洋员与中西文化传播(1854—1950年)》,中国海关出版社,2008,第 58-60 页。

曾在1915—1920年担任津海关税务司的梅乐和就是一个典型的例证。方德万在著作中对梅乐和的描述是:他曾经在1929—1943年担任了总税务司,他是爱尔兰北部贵族,是赫德姐姐的儿子。坎贝尔(J. 金登干·坎贝尔)说:“梅乐和通过了必修科目的考试,没有拼写错误或添加错误。他的笔迹很好,文件也很整洁,对于绘画有着自然的爱好。”①

另外一个例证,就是1923年担任过津海关税务司的格尼尔(R. C. Guernier),他是法国人,金登干在1896年说这个人“又高又壮,颜值高且举止得体。他在大多数问题上都能很好地提出自己的见解,特别是在哲学性质的逻辑分析上。他不缺乏男子气概,他会踢足球,喜欢跳舞”②。

赫德早期便通过对人事的控制来获得其他国家的好感,他曾经给美国的公使蒲安臣写信:请求帮助招聘三个优秀的18~22岁的年轻人到海关,还要求他们受过高等教育、有良好的才能并具有一定社会地位。蒲安臣也没让赫德失望,招了三个年富力强的优秀的人:哈佛大学毕业的E. B. 德鲁;纽约联合学院的E. C. 廷特尔,他被任命为第一任造册处的负责人;耶鲁大学来的F. E. 伍德拉夫。③ 他们三人后来均升至级别很高的税务司。

海关洋员的严格挑选为各国势力获取利益提供了必备条件,洋员具备的才能让海关参与清政府事务至深,三口通商大臣崇厚曾邀请津海关税务司贝格帮助政府练兵,“该税(务)司曾充英国武

① Hans van de Ven, *Breaking with the Past: The Maritime Customs Service and the Global Origins of Modernity in China*, Columbia University Press, 2014, p. 95.

② [英]方德万:《潮来潮去——海关与中国现代性的全球起源》,姚永超、蔡维屏译,山西人民出版社,2017,第115页。

③ Hans van de Ven, *Breaking with the Past: The Maritime Customs Service and the Global Origins of Modernity in China*, Columbia University Press, 2014, pp. 97-98.

员，屡次出师，于战阵之法均为熟悉，情愿随营效力”①。清政府与列强交战失败，让其意识到军事的落后，希冀通过效仿英国等强国来改变现有的状态，而海关现有的人才便成为当时清政府可以借助的人才。

（二）洋员的职位要高于华员

各海关职员中，高级职务的人员具是洋员担任，只有下等行政人员由华员来担任。一直以来，海关通过缩小中国地方官员和外国领事对它的管理权力，从而增加了各地海关在地方上的威信，面对各国的领事外交人员，可以直接越过他们直接联系背后的老板。从李泰国开始就是按照自己的意愿进行组织管理。相比李泰国，赫德具有更高的情商，所以获得了清官员等的支持，赫德就职之后设定标准、规划程序，海关成为一个独立自主的机构。赫德则把它变成为“一个官僚圆形监狱”②。赫德认为海关是个纪律严明、全知全能的机构，它超越了中国政权而存在。赫德在《海关总税务司署通令》（第25号）中大方承认：以往十年，即海关成立后之第一个十年中，资历只作次要之考虑因素，而个人之办事成效、特长与国籍实乃首要因素。③ 国籍这个条件与能力并列提出，可见洋员的地位是相当高的，因为“海关成员之多国籍，为列强诸国所欢迎”④。《章

---

① 《崇厚奏税务司贝格随营效力为教练官折》，同治四年闰五月初六日（1865年6月28日），中华书局编辑部，李书源整理：《筹办夷务始末·同治朝》卷三十三，中华书局，2008，第1401页。

② ［英］方德万：《潮来潮去——海关与中国现代性的全球起源》，姚永超、蔡维屏译，山西人民出版社，2017，第13页。

③ 《海关总税务司署通令》第25号附件，旧海关刊载中国近代史料数据库，第一期，通令数据库。http://cir.customskb.com/List.aspx?typeid=10

④ 《海关总税务司署通令》第25号附件，旧海关刊载中国近代史料数据库，第一期，通令数据库。http://cir.customskb.com/List.aspx?typeid=10

程》对于洋员，包括内班、外班，从招聘到待遇具体规定有 36 条，事无巨细，囊括了探亲费、已婚员工的住房津贴，甚至说海关洋员的宿舍花园，均由税务司指定人员进行管理。至于华员，《章程》列出了 9 条相关规定，只是简单罗列了各级华员的薪金标准、晋升条件、奖惩制度。由此可见，从一开始洋员的地位明显高于华员的地位。

据 1916 年调查海关人员总数：华员 6325 人；洋员 1321 人，总数 7646 人。1924 年调查：华员 6924 人；洋员 1445 人，总数 8369 人。洋员来自 23 个国家。[①]

（三）洋员收入高于华员收入

1869 年的《章程》详细规定了洋员人数及年薪标准，税务司 13 人，年薪关平银 3000~9000 两；副税务司 6 名，年薪 3000~3600 两；头等帮办：前班 5 人，年薪 3000 两，中班 10 人，年薪 2700 两，后班 15 人，年薪 2400 两；二等帮办：前班 5 人，年薪 2100 两，中班 10 人，年薪 1800 两，后班 15 人，年薪 1500 两；三等帮办：前班 5 人，年薪 1200 两，中班 10 人，年薪 1080 两，后班 15 人，年薪 900 两，第一次任命为三等丙级帮办，年薪 900 两（300 英镑或 7500 法郎）。如表 2-1，华员的薪酬自新关成立起就低于洋员。直到 1924 年的调查，洋员也是高级人员多，低级人员少，薪水也是不平等。华员恰恰相反。全年经费俸薪为：内班华员 5300 余人，共约支出 200 万两；洋员 1200 余人，共约支出 300 万两。海政局人员向指船钞开销，1600 余人俸薪总额亦不及洋员 200 余人所支出。[②] 薪俸分为总税务司、税务司、副税务司、各等级帮办内务（超等、头等、二等、三等、四等）。洋员薪俸为百分之百按照规定支付，相应等级的华员则分别

---

① 杨德森编：《中国海关制度沿革》，山西人民出版社，2014，第 86 页。

② 杨德森编：《中国海关制度沿革》，山西人民出版社，2014，第 91 页。

需要按照七折至八折支付。1903 年,天津海关的副税务司(deputy commissioner)梅耶斯(F. J. Mayers)明确表示华人雇员比外国人雇员的薪酬要低得多,并认为这是由于外国雇员更诚实造成的。① 这一观点是否言之有据当另当别论,但薪酬差距倒是确实的。

表 2-1 《海关募用外人帮办税务章程》华员薪酬规定

职务	职位	人数	薪酬(年薪)
同文通事	头等	5	1500~2400 两
	二等	10	1200~1500 两
	三等	15	900~1200 两
帮办同文通事	头等	5	600~900 两
	二等	10	480~600 两
	三等	15	360~480 两
额外同文通事		10	240~360 两

资料来源:《海关总税务司署通令》第 25 号附件,旧海关刊载中国近代史料数据库,第一期,通令数据库。http://cir. customskb. com/List. aspx? typeid = 10

第二节　海关的公务员制度

辛亥革命后,海关成为各方政治力量角逐的场域。民国初期的政府开始计划收回海关的主权。

① Weipin Tsai, "The Inspector General's Last Prize: The Chinese Native Customs Service, 1901-31", *The Journal of Imperial and Commonwealth History*, Vol. 36, No. 2, Jun. 2008, p. 249.

一、海关权限

上文提及,海关税务司由洋员任职,海关监督的权力被架空,除了管理部分常关外并无实权。1873 年 12 月 18 日,“海关总税务司署通令(第 24 号)”专门界定了税务司与海关监督之间的关系:“所为中国之海关者,乃由两者所组成,其一为执行部门,征收各种税捐,另一位文案部门,建立各种档案。该两部门之首长为海关监督也。盖因募用洋员,两者遂逐渐形成各自独立之部门,文案之主职仍归监督衙门,而执行之主职转由税务司公署……税务司与监督乃同僚非其属员,犹如某人可委以全权,然仅操办特定之事务而已矣。”[①]此通令明确了海关与海关监督为各自独立部门,不存在相互隶属关系。海关总税务司和海关事务均不受海关监督的管理。

1911 年(辛亥)冬,由于五十里之内的各常关及各口分卡实行划交各海关的税务司监管,这就导致了各关监督与各关税务司对于一切的用人办事权限经常产生争执。1911 年 9 月,海关监督曾请示财政部,如何处理这一问题。1914 年 9 月税务处对与海关监督和税务司的权限问题,做出了详细的规定。

第一条,各海关税项照阴历上年十二月十六日本处札文,暂由总税务司统辖备拨洋债赔款之用,至各关用人除帮办供事文案仍应由税务司委派外,其书办一项仍应由监督选派,惟书办明目现不适用应即改为录事。

第二条,除距新关五十里外之常关归监督专管,所收税款

---

① 《海关总税务司署通令》第 24 号,旧海关刊载中国近代史料数据库,第一期,通令数据库。http://cir.customskb.com/BookRead.aspx? id=34498&lan=2

由监督迳解中央外,其距新关五十里内之常关,应照案归税务司监管,所收税项暂与新关一律备拨洋债赔款,其一切用人办事仍照旧会同监督办理。

第三条,所有新常两关向由监督经发之单照仍由监督照旧给发。

第四条,新常两关征收税项按日分报监督查核。①

对于管理权限的解释是:一是既然管理税收的权限在税务司,则负责税收的人的管理权限也在税务司手中。二是如果当地选派人员出现缺口,税务司应该请海关监督出面选派人员补充。三是若是关员有公事需要上报,应递交给税务司,由税务司禀呈监督,税务司与监督共同商议。如果关员是私事可以直接找海关监督。四是除非海关监督允许,否则税务司不能更改税则,凡是关于政策的问题,必须要和海关监督商议。

1915 年,津海关报送梅乐和关于关内录事的人员名单如下:

……接中华民国四年十月十四日到,来函以前奉,税务处饬规各关监督与税务司办事权限并经总税务司解释四端,当以关用录事及应当地选派人员既应由本监督选派,嗣后遇有缺出,应即随时函知选派接充,以清权限一面,即将现用人员姓名、籍贯、人数、开单函送备案,俾资查考函致查照办理并希开单见复等因,准此兹将本关现用录事姓名、籍贯、人数开单函送贵监督请烦查照备案。(津海关税务司第三百七十四号

① 《财政部令发海关监督与关税厅办事权限条款》,天津市档案馆编:《天津海关档案》二,天津古籍出版社,2013,第 835-836 页。

函 民国四年十月十二日)①

附件中总共列入了18个中国员工的名字,俞庭之(直隶天津县人)、田庚(直隶天津县人)、俞作舟(直隶天津县人)、温泽(直隶天津县人)、王松年(直隶天津县人)、王瑞琪(直隶天津县人)、郑红润(江苏松江县人)、杨春林(直隶天津县人)、梁文荃(广东四惠县人)、薛丙炆(四川成都县人)、郑之仁(江苏松江县人)、王运昌(直隶天津县人)、赵宝桢(直隶天津县人)、刘文锦(直隶天津县人)、黄文汉(直隶天津县人)、阎铨章(直隶天津县人)、薛松涛(直隶天津县人)、张廷琪(直隶天津县人)。其中天津本地14人,占78%。是以选派本地人进入海关工作并送交总税务司备案。②

如此可见,根据前述的政府规定,自1914年起,海关税务司在聘任员工等事宜上的确遵循了呈报海关监督的制度。

二、国民政府对海关人事制度改革

20世纪初反对外国势力的呼声越来越高,民族主义的情绪同样在海关职位的问题上反映出来。最早的反对意见来自海关内部。1912年五名天津海关的华人雇员就曾在交通学院的学生中分发传单,呼吁终结外国人对海关的控制。③ 受第一次世界大战的影响,一些海关外籍雇员参军,导致外籍雇员人数减少。1915年11

① 《函催海关内现用人员姓名、籍贯、人数开单函送备案》,天津市档案馆编:《天津海关档案》二,天津古籍出版社,2013,第828-829页。

② 《函催海关内现用人员姓名、籍贯、人数开单函送备案·附件》,天津市档案馆编:《天津海关档案》二,天津古籍出版社,2013,第830页。

③ Catherine Ladds, *Empire Careers: Working for the Chinese Customs Service 1854-1949*, Manchester and New York: Manchester University Press, 2013, p. 107.

月 24 日，总税务司安格联通令“增加雇佣华人，充任海关三等稽查员[①](Tidewaiters)”，并特别指示：“由于其所提供的教育上的优势，香港在任何时候应该都是一个好的招募中心”[②]。

北洋政府在巴黎和会的失败，从 1919 年五四爱国运动开始，中国人民的民族意识逐渐增强，到 1925 年五卅惨案、省港大罢工，越来越多的有识之士提出国家主权须由中国人自己掌握。海关作为西方列强渗透最深最多的机构，关税自主、海关制度改革都成为争取的焦点。1921 年，华盛顿会议上，中国关税自主问题已经成为这次会议重点讨论的问题。1922 年，签订了《九国公约》，1925 年 10 月，北洋政府在北京召开了关税特别会议。但收回关税自主权力的要求不断高涨，全国各界都发生了收回主权的运动。1925 年 10 月 27 日的《大公报》国内要闻登载了《全国商联会力争关税自主之宣言》，文中宣称：“吾国关税，自鸦片战役成为协定之局，瘰商病国，痛苦已数十年矣。华府会议第一条，尊重中国之主权与独立暨领土行政之完整。试思关税不能自主讵非大背华会之精神……我全国商界所主张者，关税自主，总之获得吾国关税一切完全自主为目的，并本互助精神，决不愿政府既得关税自主之权，对于泊来品，滥予急征以失各国素来之友好”。[③] 1927 国民政府在北伐战争中逐步获胜，并于同年在南京定都，南京国民政府成立后即可着手进行

---

① 1927 年以前称为三等扦子手；1927—1947 年称为三等稽查员。引自张耀华：《中国近代海关英汉大词典》，上海人民出版社，2019，第 444 页。

② *China, Imperial Maritime Customs, IV. Service Series No. 69, Documents Illustrative of the Origin, Development and Activities of the Chinese Customs Service*, Vol. III: Inspector General's Circulars, 1911-1923, Shanghai: Statistical Department of the Inspector General of Customs, 1938, pp. 275-276.

③ 《全国商联会力争关税自主之宣言》，《大公报》1925 年 10 月 27 日，03 版。

海关的改组、改制。1927年成立的全国海关华员联合会迫使总税务司梅乐和在1929年对海关进行了改组和改制。其中对于人事制度进行了全面改革。梅乐和上任的第一个举措就是根据中国政府的指令,在高级的海关职位上任命合乎条件的中国职员。此后,外国雇员逐渐减少,中国雇员逐渐增加。1929年时,外国雇员为1059人,中国雇员7564人。到1937年,这两个数字分别为720和8894。①

(一)停招洋员

1929年,在海关华员联合会的不断努力和压力下,海关对人事制度进行了改制,第一,关于停招洋员问题:"此后除因特别情形需要专门人才,而华员中一时无相当人选,不得〔不〕任用洋员,由总税务司呈请关务署长核准任用外,不再招用洋员。"第二,关于华洋人员职权平等方面:"此后各税务司职务,应由总税务司于可能范围内,尽量选择合格华员,呈请关务署转呈财政部长派充;并应由总税务司按关务之需要,选派合格华员为副税务司,以便养成税务司之人才。关具中华籍稽查员,亦得与各该部合格洋员享同等之机会。"②

(二)纳入公务员管理体系

1931年津海关进行公务员审查甄别,所有海关人员需要填写相关表格,内容涉及所在官署、籍贯、现任职及等级、担任事务、加

---

① B. E. Foster Hall, *The Chinese Maritime Customs: An International Service 1854-1950*, Bristol: The University of Bristol, 2015, p. 33. 福斯特·霍尔(Foster Hall)曾在中国海关任职。这部他撰写的中国海关简史曾在1977年由英国的国民海关博物馆出版。2015年布里斯托尔大学再版了此书。

② 财政部关务署令第306号,中华民国十八年二月二十七日。《旧中国海关总税务司署通令选编》第二卷,中国海关出版社,2003,第454页。

入国民党的时间、经历和著述以及相关证明文件、相片、奖惩记录、性格、体格、考绩、考评及等级。铨叙部来公函，1933 年 3 月 11 日公布《公务员任用法》，海关雇员是纳入国民政府的公务员体系中进行管理的。公务员[①]之任用除法律另有规定外依该法行事。此后，海关雇员作为国民政府公务员的一部分，按照该法规定进行聘用、选拔。

根据《公务员任用法》，现任职现任海关职员应就具有下列各款资格之一者可以任用：

一、现任或曾任职经甄别审查或考绩合格者。

二、现任或曾任最高级历任职二年以上经甄别审查或考绩合格者。

三、曾任政务官一年以上者。

四、曾于民国有特殊勋劳或致力国民革命十年以上而有勋劳者。

五、在学术上有特殊之著作或发明者。[②]

历任职海关职员的选拔则需要具有下列各款资格之一者方可任用：

一、经高等考试及格或与高等考试相当之特种考试及

① 民国时期，公务员等级分成四个：特任职，由总统或国民政府主席任命的人员职务，如中央政府的部长；简任职，国民政府任命，如中央政府各部次长、省政府的委员等；荐任职，由主管机关推荐请国民政府任命，如中央各部所属的科长、各县的县长；委任职，由主管机关直接任命的职位。

② 《公务员任用法》，天津市档案馆编：《天津海关档案》二，天津古籍出版社，2013，第 907 页。

格者。

二、现任或曾任历任职经甄别审查或考绩合格者。

三、现任或曾任最高级委任职三年以上经甄别审查或考绩合格者。

四、曾于民国有特殊勋劳或致力国民革命七年以上而有成绩者。

五、在教育部认可之国内外大学毕业而有专门著作经审查合格者。①

委任职海关职员应就具有下列各款资格之一者任用之：

一、经普通考试及格或与普通考试相当之特种考试及格者。

二、现任或曾任委任职经甄别审查或考绩合格者。

三、现充雇员继续服务三年以上而成绩优良者。

四、曾致力国民革命五年以上而有成绩者。

五、在专科学校以上之学校毕业者。②

公务员的任用需要依规定进行学历上的要求，另外对于任专职年限、经验也进行了具体要求，但是如果公务员出现下列情况就不能选用：

---

① 《公务员任用法》，天津市档案馆编：《天津海关档案》二，天津古籍出版社，2013，第907-908页。

② 《公务员任用法》，天津市档案馆编：《天津海关档案》二，天津古籍出版社，2013，第908页。

一、褫夺公权尚未复权者。

二、亏空公款尚未清偿者。

三、曾因职务处罚官案者。

四、吃用鸦片或者其代用品者。

简任职、历任职公务员之任用由国民政府交铨叙部审查合格后分别任免之。[①]

委任职公务员的任用由该官署长官送铨叙部审查合格后委任之,铨叙部接到相关文件后应即付审查决定合格或不合格,考试及格人员应按其考试种类及科目分发相当官署任用。人员任用先以考试合格者为先。初任人员应从最低级俸叙起,但曾任公务员积有年资及劳绩者得按其原级叙俸。"有简任职资格而以历任职任用,或有历任职资格而以委任职任用者的不适用前之规定并保留原有资格。"[②]

同年,国民政府发布了《公务员任用法施行条例》[③],甄别审查合格,即指经甄别审查合格颁有铨叙部证书者;考绩合格指在本法实施后依考绩法考绩合格者方能任用,历任公务员之曾任简任职或委任公务员之曾任历任职者应以最高级任职或最高级委任职并记其年限[④],但需要提供原始证明文件:原官署之证明、有关系之公文书、公报及其他足资证明之文件。对于参与公务员选拔的学历

---

① 《公务员任用法》,天津市档案馆编:《天津海关档案》二,天津古籍出版社,2013,第909页。

② 《公务员任用法》,天津市档案馆编:《天津海关档案》二,天津古籍出版社,2013,第910页。

③ 《公务员任用法实施条例》,天津市档案馆编:《天津海关档案》二,天津古籍出版社,2013,第911页。

④ 所称年限应自国民政府统治之日起算。

证明[①]、学术专著等技术专业证明以及突出贡献[②]的证明都做出了详细的规定。

1933 年,国民政府又发布《修正公务员任用法施行条例》[③],对于海关公务员的选派进行了具体的规定。

该法律颁布后,诸条款立即适用于海关职员的聘任、选拔,天津海关也无例外。1933 年,津海关总务课课长赵连琨调税务课课长,遗缺的总务课课长以张树森充任,张学识优长、经验宏富,堪以充任[④]。财政部就此发出公函 9108 号,该公函明确指令:根据《公务员任用法案》,荐任张树森为课长。要求依据法案的第七条[⑤],提交审查表三份,同时要提交证明材料。同时赵连琨官职未变,毋庸分别任免。天津海关监督就此事对财政部回复,张树森在 1933 年 3 月,任用时详查该人品行、才能,拟为副职。上级对遴选之人态度审慎,本年度三月底之前没有进行甄别审查的人员,要依据法案进行甄别审查并提交证明。铨叙部审查奉令将办理经过据实陈述。同时,将张树森的履历进行了详细说明。张树森 37 岁,辽宁省彰武县人,辽宁省立旧制第一学校毕业,日本国立第五高等学校高等专科毕业,日本京都帝国大学法学部毕业,历任外交部特派辽宁交涉

---

① 毕业证书,如不能提出时须有之证明:原学校之正式证明书、教育部或该管教育厅之正式证明书;毕业同学录或其他之资证明之文件。

② 勋劳,除由本人开具事实外,须有证明:中央党部之证明书、国民政府之文件。

③ 《修正公务员任用法施行条例》,天津市档案馆编:《天津海关档案》二,天津古籍出版社,2013,第 947-950 页。

④ 《呈报本署更调课长检送各该员履历乞鉴核转荐由》,天津市档案馆编:《天津海关档案》二,天津古籍出版社,2013,第 1112 页。

⑤ 简任职历任职公务员之任用,由国民政府交铨叙部审查合格后分别任免之,历任职、委任职公务员之任用由该主管长官送铨叙部审查合格后委任之,铨叙部接到前二项文件后应即付审查决定合格或不合格。

员署第三科一等科员、东三省交涉总署咨议、辽宁商埠局秘书兼埠政课课长、外交部特派辽宁交涉署第三课课长、北宁铁路管理局总务处处长、吉敦铁路工程局总务科长兼用度课课长、津海关唐山分关关长、河北省政府政务视察员、署理河北省昌平县县长兼昌平县清乡局局长、昌平县官产局副局长、现充任晋海关监督公署总务课课长。[①] 1933 年 9 月,铨叙部令津海关监督,关于张树森任职"未据缴验荐(任)状依照十九年国民政府第六零零号通令,核与任用程序不合,业经审查决定不予甄别"。[②] 津海关监督在 1933 年 9 月给铨叙部的回复中呈报,关于张树森的荐任状,财政部曾经发文在 1933 年 3 月之前已经到任的,在四至六月间,现将其他需要审核的证明报呈铨叙部,等荐任状颁发后再补报铨叙部。资格审查已经在铨叙部的限定日期内提交了审核材料,如果以"未缴荐状,不予甄别,则该员前程,影响殊巨……伏乞鉴核俯赐,转请迅颁荐状"[③]。10 月,财政部回复津海关监督,张树森的资格审查表已经在 7 月 13 日到部,已立刻提交行政院并转铨叙部,铨叙部未给予审查并将证明 13 件发还。"现本发还之原件十三件,从速呈送本部,以凭备文补送。"[④]1934 年 6 月,铨叙部"课长张树森前送存案备审各项证件,

① 《据呈送课长张树森履历恳请荐任等情仰附仍遵照前令办理》,天津市档案馆编:《天津海关档案》二,天津古籍出版社,2013,第 1143-1144 页。

② 《为所属课长张树森一员未呈验荐状经审查决定不予甄别检附证件仰查收转发并饬知照》,天津市档案馆编:《天津海关档案》二,天津古籍出版社,2013,第 1150 页。

③ 《为课长张树森以未呈缴荐状 铨叙部不予甄别伏乞俯赐转请迅颁荐状以便补送审查由》,天津市档案馆编:《天津海关档案》二,天津古籍出版社,2013,第 1159 页。

④ 《呈该关课长张树森不予甄别乞转请迅颁荐状等附情已悉查该课长前经呈荐有案仰将原送证件呈部以凭补送》,天津市档案馆编:《天津海关档案》二,天津古籍出版社,2013,第 1162-1163 页。

请鉴核发还给领……准即检发该员原送证件，仰查收，转发，可也。”[①]至此张树森审核资格一案，历经一年有余，经财政部与铨叙部复查后确认其任职资格。

1936 年 12 月，国民政府铨叙部编印了《公务员考绩法及关系法令汇编》，包括了《公务员考绩法》《公务员考绩法施行细则》《公务员考绩奖惩条例》《考绩委员会组织通则》[②]，公务员考绩分二种：年考，就各该公务员一年成绩考核之；总考，就各该公务员三年成绩合并考核之。

天津海关根据上述法律开始执行其职员的考核、奖励制度。1938 年 12 月，天津海关上报了当年的职员晋级报告。计划晋级加薪的人员涉及监督、总务课长、秘书、各级科员、书记等各级职员 16 人。这些职员全部为华员，任职时间大多满一年。对于满一年的职员，该报告均申请予以“年终晋级加俸”。而对未满一年的职员，则注明“应俟期满晋级”，即，等待满一年后再予加薪。详见表 2-2。1939 年初，基于这份报告天津海关对所有列出的职员给予了春节加薪。任职满 6 个月的职员给予相当于一个月薪酬数额的加薪，共 15 人。按月薪级别，加薪 30 元到 300 元不等。一位名叫孙文彬的书记因任职只有 4 个月，未获得整月额度的加薪，但也得到了半月额度的加薪——17.5 元。详见表 2-2。

① 《据呈请发还课长张树森前送证件仰查收转发由》，天津市档案馆编：《天津海关档案》二，天津古籍出版社，2013，第 1166 页。

② 《公务员考绩法及关系法令汇编》，天津市档案馆编：《天津海关档案》三，天津古籍出版社，2013，第 1539-1557 页。

表 2-2 1938 年 12 月津海关监督公署职员年终晋级加俸报告表①

职称	姓名	到任职年月	在其他机关任职年月日	本年内共任职期间	已否受惩或处分	应否晋级加俸	备考
监督	温世珍	廿六年十一月一日		12 个月	无	应晋级加俸	原支简任一等五级 600 元
顾问	原清治	廿六年十一月一日		12 个月	无	查本署顾问系聘任职，应请另行核定	聘任职月支 400 元
总务课长	李鹏图	廿六年十一月一日		12 个月	无	应晋级加俸	原支荐任四等六级 300 元
计核课长	赵世泽	廿六年十一月一日		12 个月	无	同上	同上
税务课长	陈啸戡	廿六年十一月一日		12 个月	无	同上	同上
洋文秘书	周纯裕	廿六年十一月一日		12 个月	无	同上	同上
汉文秘书	舒运鸿	廿六年十一月一日		12 个月	无	同上	原支荐任五等十一级 200 元

① 《中华民国临时政府财政部训令（字一三〇号）》，《天津市档案馆编：天津海关档案》三，天津古籍出版社，2013，第 1688-1691 页。

续表

职称	姓名	到任职年月	在其他机关任职年月日	本年内共任职期间	已否受惩或处分	应否晋级加俸	备考
洋文秘书助理	李竞诚	廿六年十一月一日		12个月	无	原待已达本职中最高级，应请另行核定	原支委任六等一级170元
汉文秘书助理	温某勋	二十七年九月十五日	二十七年七月一日任上海关监督公署秘书，九月十五日调任此	6个月	无	应俟期满晋级	原支委任六等二级160元
额外秘书	王浒	二十七年三月一日		10个月	无	应晋级加俸	原支委任九等十二级六十元
一等课员	徐朝彦	二十六年十一月一日		12个月	无	原俸已达本职中最高级，应请另行核定	原支委任六等一级170元
二等课员	任福恒	二十六年十一月一日		12个月	无	应晋级加俸	原支委任七等五级130元

续表

职称	姓名	到任职年月	在其他机关任职年月日	本年内共任职期间	已否受惩或处分	应否晋级加俸	备考
三等课员	刘克敏	二十六年十一月一日又二十七年七月一日	廿七年五月十八日调往海关监督公署主任科员,七月一日调任新职	12个月	无	同上	原支委任九等十级80元
办事员	杨荣	二十七年五月一日		8个月	无	同上	原支委任九等十级80元
书记	孙文彬	二十七年九月一日		4个月	无	应俟期满晋级	原支雇员五级35元
书记	吴连甲	二十七年三月一日		10个月	无	同上	原支雇员六级30元

表 2-3　天津海关监督公署志愿应领新年春节加俸数目表①

职称	姓名	月支俸薪	在职满半年以上	在职未满半年	备考
监督	温世珍	600	600		
顾问	原清治	400	400		
总务课长	李鹏图	300	300		
计核课长	赵世泽	300	300		
税务课长	陈啸戡	300	300		

① 天津市档案馆编:《天津海关档案》三,天津古籍出版社,2013,第1692-1697页。

续表

职称	姓名	月支俸薪	在职满半年以上	在职未满半年	备考
洋文秘书	周纯裕	300	300		
汉文秘书	舒运鸿	200	200		
洋文秘书助理	李竞诚	170	170		
汉文秘书助理	温葆勋	160	160		
额外秘书	王浒	60	60		
一等课员	徐朝彦	170	170		
二等课员	任福恒	130	130		
三等课员	刘克敏	80	80		
办事员	杨荣	80	80		
书记	孙文彬	35	17.5	17.5	
书记	吴连甲	30	30		

所谓“春节加俸”,实际上就是年终奖金。对于海关人员的年终奖问题,国民政府行政委员会的秘字第 1341 号公函,其主要内容就是讨论关于海关人员年终奖奖励办法,要求是所有海关人员,个人应该得到的奖金和薪俸增加不能有分歧冲突,奖金问题有专门的规定,只要是奖金等于或者高于加俸金额的,只给奖金不再加俸,如果奖金低于加俸的,仍按照加俸办理,不发放奖金。[①]

薪资提升除按照规章逐年申报行事外,还可能参考当时的物价变动变通加薪额度。中华民国临时政府财政部训令(总字第二六二号)“津海关监督公署年终晋级一案,准本会咨嘱复酌内助理秘书李竞诚一员,拟予提升一级按照五等十二级支薪,顾问原清治一员每月拟酌予增加五十元等因……奉此合行令仰遵照办理,具

① 《国民政府行政委员会的秘字第 1341 号公函》,天津市档案馆编:《天津海关档案》三,天津古籍出版社,2013,第 1709-1711 页。

报为要,此令”。[①]“为呈请事,窃查津市近来百物飞涨,较之往昔莫不增加一倍,……本署低级职工以薪工微薄影响所及生活,无法维持,拟请援照钧部……凡职员月薪在 50 元以内者,各予以加给津贴五元,夫役每名给津贴三元,查署内职员薪在 50 元以内的共计 8 名,月需津贴 40 元。夫役 23 名月需津贴 69 元,两项共计需国币 109 元”[②]。这显示了在固定薪资级别外,职员还可能得到额外的津贴。不过,这种待遇属于制度外待遇,是否能够变成长期的固定报酬尚不清楚。

本章小结

近代天津海关的建立名义上是属于清政府,但是从一开始就跟其他开埠口岸的海关一样被牢牢掌握在外国人的手中,他们交替担任海关税务司,目的就是控制海关来保护其所代表国家的利益。由赫德制定的章程可以看出,总税务司决定各关税务司,税务司则可以确定海关职员的职位和责任。赫德建立的海关人事管理制度其行政管理效能直接影响了海关的业务开展,当时的贸易、港口、税收以及后来的邮政都是重要机构,这些机构的运行影响了近代天津的社会发展。近代天津海关根据工作内容设定不同岗位,同一个岗位又分成了不同等级,不同等级待遇、薪资又有了高低区

① 《中华民国临时政府财政部训令(总字二六二号)》,天津市档案馆编:《天津海关档案》三,天津古籍出版社,2013,第 1799 页。

② 《中华民国临时政府财政部训令(总字二六二号)》,天津市档案馆编:《天津海关档案》三,天津古籍出版社,2013,第 1823 页。

别。海关岗位的分类、分级给海关职员的聘用、考核、晋级、奖惩制度的制定都提供了可靠的依据和基础。赫德在界定海关税务司与海关监督之间的关系时，强调“海关者，归根结底，中国之海关，大权操诸总理衙门”。国民政府时期基本上延续了开埠伊始的人事制度，后将海关关员纳入了公务员管理制度，晋升、加薪都有着详细的规定，学识、经历、处分惩罚都被纳入了考核范围内。晚清的五十多年间，海关的职掌分类：一是中央：总税务司；二是地方海关；三是内班、外班、海班；四是海事部、工务部、海务部、灯塔班、巡船班等，还有邮局、医疗部门、同文馆。[①] 以往的学术研究中，大量关于洋员的深入研究，从研究史和学术史的角度来看，洋员的传记、日记、信件都是鲜活的史料，通过对洋员的研究我们了解了更多海关人事史的问题。民国时期，国民政府逐渐停止招聘洋员，抬高了华员的职位、地位，但是对于华员的工作考核详细又具体。

---

① ［日］滨下武志：《“海关洋员回顾录”和第二代海关史研究》，引自吴松弟主编：《海关文献与近代中国研究学术论文集》，广西师范大学出版社，2018，第18页。

第三章

津海关航务制度

近代海关最基本的两大功能，是对航务的管理以及税款的收缴。第二次鸦片战争，1858 年 11 月 8 日中英签订的《通商章程善后条约十款》中的第十款规定：判定口界，派人指泊船只及分设浮桩、号船、塔表、望楼等事，要"邀请外人帮办"，其中所需经费来源于船钞。[1] 近代天津海关管理航务，从服务于洋商轮船开始，开埠后海关与其他各地开埠的港口一样采用了西方官僚体系，结果就是逐渐将英国等西方国家的管理制度和技术应用于进入天津港口的所有船只的航运业务。

第一节　船务管理

1856 年，第二次鸦片战争爆发，清政府迫于武力强权，签订了《天津条约》，根据条约还需要再开放六处通商口岸。1860 年 10 月 24 日、25 日，中英、中法续增条约——《北京条约》分别签订。与此同时，中英、中法又互换《天津条约》。彼时，西方各国都充满信心，都将《天津条约》视为西方文明进入当时落后中国的伊始。从此西方各国与中国的贸易不会像之前那样，仅仅停留在沿海屈指可数

① 《通商章程善后条约十款》，黄月波、于能模、鲍鳌人编：《中外条约汇编》，商务印书馆，1935，第 11 页。

的港口内,他们与中国的贸易会大发展并繁荣起来。《北京条约》是《天津条约》的延续,天津开埠后,天津对外贸易确实逐渐地发展起来,并且凭借着自己的独特地理位置成为华北地区重要的城市。天津开埠伊始还不是近代意义上的城市,天津开放对外贸易并允许外国人居住,各国商船的到来,洋人在此地聚集的人数增加,强迫当地政府同意设立了租界,同时也带来近代城市规划、管理的理念,但是外国人在此范围内活动不受中国政府的限制和控制,清政府管治外人的权力也尽失。

开放口岸,洋货涌入,华商再将商品转运入内地,甚至洋货深入了穷乡僻壤。外国军舰有权在各口岸停泊,长江开埠后更可驶入内河。晚清时期,作为最早开放的口岸之一,近代天津海关在制定规范外国商人在华贸易管理等相关制度上产生了巨大变化。这些制度总体上为外商提供了一个十分宽松的贸易环境,对中国近代的对外贸易和海关管理上产生了十分广泛的影响。

一、津关各国商船进口管理章程

鸦片战争之前,清政府规定只有广州一地可以允许非本国的船只停泊,而且必须停泊在地方政府指定的地方。外商运来的商品要进行交易,只能通过官方允许的代理来进行。由此,诞生了一个新的行当——行商。中外贸易的发展促使洋行兴盛起来,到鸦片战争前广州已有十三行之数。最初,清朝中央政府并不对从事进口贸易的商船直接进行管理,而是由地方政府负责控制。当时的粤海关自然承担起了中外贸易的管理职能。近代早期的中外贸易没有具体的条约规定,清政府从来没有、也不想与其他各国签订近代外交意义上的条约,清政府对于洋商的管理均遵照一系列的

"防夷章程"[①]。各国商人对于这种约束和限制都十分不满,尤以英国为首。同时,西方各国为了获取最大的利益、掠夺资源就开始大量走私鸦片。第一次鸦片战争后签订的《南京条约》,英国将自由贸易加入条约,"英商……无论与何商交易,均听其便"[②]。1844年,中美签订的《中美五口贸易章程三十四款》中"合众国民人俱准其携带家眷赴广州、福州、厦门、宁波、上海共五港口居住贸易,其五港口之船只装载货物互相往来俱听其使……"[③]这条规定了开埠港口外国船只装载货物的条款,使清政府将实际管理权力让渡给了美国。

上述状况说明,清政府当时缺乏管理外国往来船只和贸易的管理观念,即意识不到海关的作用。清朝统治者对世界持有的是天下观,皇帝认为凡是天下的便应是天朝皇帝的。所谓天下观,就是没有国家边界的概念,也没有国门的概念,所有天朝可到之处均是天朝。外洋来的商人同样是应该臣服于天子的,只不过等级还要低到蛮夷之列。而海关是现代国家的机构设置,目的是为了处理对等国家间的贸易和人员往来。现代的国家理念需要视他国为对等的政治实体,这一点在当时的清朝统治者是难以接受的,当然也难以理解。所以,对于本应臣服于自己的蛮夷,要么地方官即可处置,如同处置自己的臣民,要么由其自身管理,反而省事儿。

1860年《北京条约》订立之后,全国统一管理的海关体系方才建立起来。新海关开始引入西方国家海关的管理惯例,制定相关

① 乾隆、嘉庆、道光年间,清政府先后分别制定了《防范外夷规条》(1759年)、《民夷交往章程》(1808年)、《防夷八条章程》(1835年)。参见梁廷枏等纂:《粤海关志》卷第二十六至二十九,《近代中国史料丛刊续编》第十九辑,中国台湾文海出版社,1975。

② 黄月波、于能模、鲍釐人编:《中外条约汇编》,商务印书馆,1935,第5页。

③ 黄月波、于能模、鲍釐人编:《中外条约汇编》,商务印书馆,1935,第5页。

的海关规则。咸丰十一年四月二十一日(1861年5月30日),[①]天津海关制定了中外《津关各国商船进口下货章程》。该《章程》的目的是为了对进入天津海关的外来船只和货物进行登记和管理,该章程只是对于进口货物做了规定,其内容总共十一款,如下:

第一款,凡商船抵本口应照例将船牌等件呈交领事官;如该国无领事官者,则自行赴关禀报,该船系在拦港沙内外停泊限二、三日报官。

第二款,凡商船进口先将舱内所载货物据实开单,赴关报明,方能照所呈货单领取开舱准单。

第三款,凡商船领取开舱准照之后,方准将舱内之货下载驳船。若系停泊拦港沙之大船,驳船起货,行抵大沽,由大沽委员督率号船巡役查明封贴船舱,方准前来天津。凡驳船运货至新码头者,货主即应将所载货件详细开汉字清单,并书英国字或法国字开单请验,由本关发给验单。俟该商完纳税饷,呈回银号发给之号收,方准该驳船过关起货。

第四款,凡商船欲装出口之货,应照起货之例,赴关呈请查验,验明后将舱口封贴,发给验单,俟完清出口税饷,方准驳船过关,前赴海口装入洋船。如该洋船系在关下内口停泊,即派差押送前往;如该洋船系在大沽拦港沙停泊,该驳船到大沽报明号船扦子手,由扦子手查验开舱,方准将货装入洋船。

第五款,凡载进出口货之驳船,须在紫竹林码头以上起装货,违者议罚。

① 此为英国驻天津领事同意实施章程的日期。见徐宗亮等编:《通商章约类纂》卷九,北洋石印官书局,光绪戊戌年印本,第57页。转引自郭卫东编:《中外旧约章补编:清朝》上册,中华书局,2018,第20页。

第六款，凡两船欲行互拨货物，必先请领本关特准单据，方准互拨。

第七款，凡请免税单、存票等件者，须将复出口之货详细开明：包箱、花色、数目、字号，系何船装载，进口何时完清税饷，现装何船，前赴某口各等情，逐细禀明，并将该货运到新关码头验明，请领过关准照。

第八款，凡商船在请领出口红单之先，应将出口货单呈交本关。

第九款，凡洋人领单下货，因船已载满，复行退回者，须带货赴本关码头查验，方准上岸。

第十款，凡商船在拦港沙起下货物者，须在本关号船之外停泊，其余小号各船，可入内河者，须在梁家园以上紫竹林以下停泊。如违此界限，在中途起下货物，即以走私议罚。

第十一款，本关每日自十点钟时开关，至四点钟闭关。凡礼拜及给假日期停止办公。①

从以上章程各条款可以看出，首先，进出港口的商船要有完整的证明资料。

商船证明材料包括如下几种：其一是轮船的身份证明，即船牌。有明确国籍的要报给领事备案，没有明确领事管理的要自行报关。《章程》的第一条强调的就是领事报关制度，实际上给了各国领事极大的自由。《五口通商章程：海关税则》中有以下规定：

① 该约章系清朝代代理总税务司赫德与天津海关税务司克士可士吉等草拟，经与英国驻天津领事准后颁行。见徐宗亮等编：《通商章约类纂》卷九，北洋石印官书局，光绪戊戌年印本，第55-56页。转引自郭卫东编：《中外旧约章补编：清朝》上，中华书局，2018，第20-21页。

“英国商船一经到口停泊，其船主限一日之内，赴英国管事署中，将船牌、舱口单、报单各件交与管事官查阅收贮……”[①]可见，此天津海关《章程》的第一条基本与《五口通商章程》的上述一致。这说明该《章程》的制定参照了西方国家的此类法律通例。其二是货物的证明，即货单。这种文件需载明所运货物的详细信息，物品名称、数量、来往目的地等。其三是税务证明，这种文件目的在于表明有关商品是否属于免税商品，是否已经完税。只有全部证明材料齐全的才能领取开舱准单，方可卸货。

其次，《章程》明确规定了装卸货的地点。这类条款的目的是为了界定到港船只的货物是属于合法进口货物，还是走私货物。大船在大沽口卸货，小船在紫竹林。将大船安排在海口停泊，小船安排在海河的紫竹林是由于海河河道狭窄多弯不适合大船驶入、停泊、起货卸货。凡是没有遵守规定私自寻找地方起卸货的，都要按照走私论处。所有货品需要经过海关查验后方可装船或者卸货到码头。如果商船未在指定地点装卸货，很可能货物是未在海关履行过通关手续的。这样的行为当然就涉嫌走私了。

最后，规定了货物查验时间，即仅在工作日的工作时间查验，其他时间不办理。相应条款中写明“凡礼拜及给假日期停止办公”。此条款表明，通过建立现代海关，西方社会的公休日惯例和制度也随之进入中国。

崇厚要求天津的税务司按照章程办理此事。《中外津关各国商船进口下货章程》同样给了各国领事相当大的自主权和管理权。总体来说两条原则：外籍船只第一要进行领事报关，第二就是可以自由出入港口。

---

① 王铁崖编：《中外旧约章汇编》第1册，生活·读书·新知三联书店，1957，第40页。

二、行船管理章程

在1870年之前,天津海关已经在保障安全航行方面做了一些初步的工作。主要是在海河河口附近设置航行标志,引导船只入港。据1870年海关《海岸灯光备忘录》所载:"天津:进入此港口说不上危险。大沽口外的坝堤是不便利,陆地太低,内行船只在寻找外港锚地时必须相当小心。在河口要塞附近的海岸上已经建立起各种标志(从外锚地可以看见),导航员从那儿能够为绕过坝堤判定方位。已经为堤坝安置浮标,在沙溜甸岸边建立了一座永久性灯塔。"①这样的做法对船只进港非常必要。海河为天津港的河海联运提供了天然的便利,船只可以从海河入海口直上天津。随着天津海运的增加,津海关陆续制定了多种管理章程,目的在于保障顺利和安全的航行。

(一)中外《海河行船泊船章程》

随着口岸开放,船只停泊问题被提上管理日程。当时海运商船可由大沽口进入海河,直接深入内陆。天津位于海河入海口上游的地理位置,为远洋贸易提供了海、河联运的便利。但外轮进入海河也经常随心所欲,加之海河水道复杂,时而造成事故。1864年,通商大臣崇厚的"为大沽海口内地商船与外轮时有碰伤应妥议

---

① *The Maritime Customs IV Service Series*: *No. 69*, *Documents Illustrative of the Origin*, *Development and Activities of the Chinese Customs Service*, Vol. I: Inspector General's Circulars, 1861-1892, Shanghai: Statistical Department of the Inspector General of Customs, 1937, p. 204.

章程事札"[①]中提到,大沽海口经常有内地商船被轮船撞损,此类事件通常是报大沽总局委员会会同大沽副领事查看情形、定损,商议赔偿。出现事故的原因一部分是由于海河自然形成的弯道较多且不乏急转弯道,存在不利于船只航行的困难,尤其是体型较大的轮船。为了保证海河的航行顺利,1865 年崇厚"为议定海河行船泊船章程请晓谕外国商船周知事札"[②],告知外国船只三口通商大臣经过与英国领事商议后对于驶入海河的船只做了详细的规定。同治四年三月二十八日(1865 年 4 月 23 日)[③],天津海关制定了中外《海河行船泊船章程》[④],该章程主要内容共 10 条,规定:

一、自天津以至大沽河身有湾处并河道狭窄处,无论内外船只概不准抛锚停泊。如擅自停泊,罚洋银不得过二百元。

二、内外船只于日落后到日出时均应停泊,不准行走,免致碰伤。

三、内外各项船只,无论进口出口,有载无载,于欲停泊之先,务择河身直处宽阔之地傍岸抛锚,让出中流,总期无碍往

① 《崇厚为大沽海口内地商船与外轮时有碰伤应妥议章程事札(同治三年十一月初二日)》,天津市档案馆编:《三口通商大臣致津海关税务司札文选编》,天津人民出版社,1992,第 172 页。

② 《崇厚为议定海河行船泊船章程请晓谕外国商船周知事札(同治四年三月二十八日)》,《天津市档案馆编:三口通商大臣致津海关税务司札文选编》,天津人民出版社,1992,第 173 页。

③ 此日期为三口通商大臣崇厚致津海关税务司要求晓谕外国商船照章遵行的日期。

④ 该章程是在总理衙门的咨会下,由天津大沽总局委员、津海关税务司与英国驻津副领事拟议后,又由三口通商大臣崇厚与英国驻天津领事孟甘(James Mongan)删改议定,并通知中外船只遵行。转引自郭卫东编:《中外旧约章补编:清朝》上册,中华书局,2018,第 74 页。

来船只行走之处方许停泊，不得仍前丛杂停泊，倘有不遵，查出究办。

四、内地各项船只向来于住船后，船上仅留水手一、二名看守，其余皆下岸作买作卖回家等事，以致遇有妨碍，船上人少亦赶办不及。嗣后总须多留水手，以防设法躲避轮船过往，不得仍前置之不顾。

五、内地各项船只，既于宽阔之处傍岸停泊，多留水手在船防备，仍恐于潮涨潮落之漫溜时，船身横斜之际遇有轮船经过，极须于望见轮船远来之烟，即纠合水手打起锚缆，顺溜稍淌船身即正，则可不碍轮船之路，不得任其横斜，藉辞以潮使之然。

六、外国轮船本难骤即收住，内地各船理应避让，仍须择溜宽处行驶，不得任意直前。碰伤船只是小，误伤人命实大，亦须自量。

七、外国内地船只原须趁潮出入，惟日落后到日出时，均应当照章停泊不走。如该船因事擅自开行，于中途将照章停泊之船碰伤，定将该船责令赔补受伤之船，并罚该洋银不得过二百元。如两船皆系擅自开行互有碰伤，无论中外何船受伤，均不能议赔补；并将该二船议罚洋银，不得过二百元。

以上各条，如有违者，按其情形轻重罚惩。

八、闽广商船于夏秋间云集葛沽，停泊之处须至玉皇阁以东河身直处，三、两傍岸停泊，不可仍前五、六成排长放锚缆，窒碍中流。至期饬派委员妥为打当指与停泊处所。其出入大沽河口时，责令大沽协标上下武关员并妥为照料打当疏通中溜。

九、内地船只于出口、进口之时，均须候户部关、天津道关查验,并海防厅、葛沽司上下武关挂号。盘查炮火等事,嗣后应饬令各关、厅、司速为查验了办,庶免拥塞大沽河道。

十、外国夹板船只有迳赴天津紫竹林停泊者,有在大沽河口停泊者,均由税务司转饬各该处扦手妥为安排停泊。

《海河行船泊船章程》是根据天津海关面对的特殊问题而制定的,体现了如下几方面实用的问题处理办法。

一是航行时间。规定只允许海运商船在白天通行,夜间不可。做出这类规定的原因就是海河弯道多,夜晚视线不好,大船不可能即行即止,容易造成碰撞、船难,淤塞河道。

二是要求大小船只各行其道,避免"船祸"。当时海运船只已开始使用火轮,这种船只体量大、速度快,对河道内的小木船构成威胁。因而要求火轮小心行驶,小船也应主动避让。

三是规定船只停泊时不得障碍通航。船只只可选择河道的直通和宽阔处停泊,不得随意停泊且必须留有水手看管,以便随时调整停泊位置、保证通航顺利。

四是在船只流量大的时节,海关对河道内的航行和停泊予以强制管理。根据四季来往商船的数量、航道条件的变化,个别地区有着特别的规定,尤其弯道较多的地方。

五是海关管理部门有权对海河航道通行进行管理,防止造成航道堵塞。对于不服从安排船只可以给予处罚。

《海河行船泊船章程》做出上述规定的根本目的是为了在当时海河的复杂水道上保障安全通行。同时,也为界定船运事故的责任提供了法律依据。此后,每当海河河道上有事故发生,天津海关即根据该《章程》的规定判定责任,裁决相关赔偿等事宜。

1867 年曾发生过中国盐船在海河被美国轮船撞沉,原因是美国船只在禁行的时间段随意航行、随意停泊，撞沉了中国船只。事故的过程在童生蔡学向通商大臣崇厚的禀报中可得大略："窃同有盐船一只，常与盐商装运生盐，于本月初十（同治六年五月初十）由场运盐，付坨交卸，行晚在潘庄窑住船，突有轮船一只，船名郏西，夜间在河横行，被伊船铁锚将童之船即时撞沉。伊系外国人，不明伊话。童之盐船实系命产，盐包全已淹没，以致盐商令童赔盐。外国人碰沉船毫不介意……"[①]文书中特别申明了事故是由美国船只"夜间在河横行"所致。若该申诉所言属实，美方船只就有明显违章行为。崇厚了解情况后则联系美国领事要求遵照章程秉公办理，对于船主进行赔偿。

1867 年 5 月，天津广丰船局代粤商义德泰雇船户的船，在大沽装载有糖 1650 包，纸品 807 块，杂货、干皮、鸡毛、姜、桶、生麻 121 件，一共 2578 件，另加糖 28 包、酒 2 箱，等等。五月初十，该船抵达张达庄河面。由于当天潮水下落，天气阴霾，船没有再行进，就找了一个没有弯道、水面宽阔且水深的地方停泊。于凌晨 1 点至 3 点（四更）时，风雨间忽然有"布国（普鲁士）日本夹板船由下流趁潮而上，顺风顺水，横行无忌"[②]，贴近船户的船并在船头抛锚，导致锚齿挂住中国船只的舢板，船只被击沉，货物俱毁，价值白银二万余两，船只购买价格为津钱八千余吊。船户穆遇春因此而破产，于是

① 《崇厚为布国日本夹板船挂沉穆遇春商船案札文一组（同治六年五月十三日）》，天津市档案馆编：《三口通商大臣致津海关税务司札文选编》，天津人民出版社，1992，第 177 页。

② 《崇厚为布国日本夹板船挂沉穆遇春商船案札文一组（同治六年五月十三日）》，天津市档案馆编：《三口通商大臣致津海关税务司札文选编》，天津人民出版社，1992，第 177 页。

他呈禀通商大臣崇厚,要求主持公道。①

崇厚就此事札谕津海关税务司要调查清楚并秉公办理。而后总理衙门照会普鲁士的李公使、阿领事,要求秉公拟断,而公使对于此事则矢口否认,认为不是本国船只的责任,要求送交上海总领事判断。② 天津税务司将该船只扣留于津。1867 年 7 月,布国(普鲁士)要求将扣留的船只放行。总理衙门同时将此情况向赫德说明。布国的照会中认为,崇厚将该船只扣留天津进行调查审问断然不可。原因是该船只预备了质银,仅能听候上海办理,所以天津不得扣留这艘船只。该照会提出“惟为质银两为数自巨,津关有经营银两之责,不若将质银暂交该关,听候判断,较更简易”③,同时还提出要求尽快办理不要再拖延。从此案件的档案可以看出,这艘船只违反了航行时间的规定,同时也违反了航线规定,选择的停泊地点也很随意,这才造成了此次事故。

当然,天津海关的这一《章程》并不能完全解决自然条件造成的航行困难,只能在既有条件下尽可能使航行顺畅一些,减少事故和通航难度。从入海口到紫竹林陆路长度 34 英里,而海河水路长度却是 68 英里。④ 真正解决海河自然地理上通行困难的是河道改造。天津海关在 1897 年任命了一个“海河管理委员会”(The Hai Ho Conservancy Commission)。据该委员会的“备忘录”中称,当时

---

① 《崇厚为布国日本夹板船挂沉穆遇春商船案札文一组(同治六年五月十三日)》,天津市档案馆编:《三口通商大臣致津海关税务司札文选编》,天津人民出版社,1992,第 177-178 页。

② 1867 年的津海关税务司为英国籍狄妥玛(T. Dick),任职时间为(1866 年 10 月 25 日至 1867 年 9 月 18 日)。

③ 《照录致布国照会》,天津市档案馆编:《三口通商大臣致津海关税务司札文选编》,天津人民出版社,1992,第 189 页。

④ 张利民:《20 世纪初期天津对外贸易变化简析》,《国家航海》第十六辑,上海古籍出版社,2016,第 176-177 页。

“海河处于一种几乎没有船只可通航的状态，即使吃水最浅的船”①。当然，这里所说的“船只”指的是海运轮船，而非海河上从来就有的木船。委员会在20世纪多次实施了对海河的裁弯取直工程。到1923年共实施了五次海河裁弯工程，缩短河道航程15.7英里。② 同时，加宽了海河航道，增加了大吨位轮船的进入机会。海河改造解决了天津海关单凭管理难以解决的问题，有利于促进天津海外贸易的发展。

（二）《民船行驶海河拦江沙一带章程》

之前虽有海河行船的管理章程，但是比较笼统，从上文的案例中可以看出，海河行船事故时有发生。究其原因，与河道内航行的传统动力木船有很大关系。这些木船体积小、结构简单、航速慢，在天津开埠前是海河上唯一种类的交通工具。海关将这样的船称为“民船”。因其特征，这类船只可以在海河上随意行驶、停靠，相互之间不会造成太大的障碍。在轮船出现之前，这类船只也不易造成严重的行船事故。但天津开埠之后，开始有海运轮船驶入海河，传统的船只和行船方式就变得不安全，并有碍通行。海运轮船速度快、体积大，很难及时停止。一旦海船与民船发生碰撞，后果会很严重。1903年，津海关理船厅为此制定了《民船行驶海河拦江沙一带章程》，目的是为了要求民船按规范行驶，既保护民船安全，又有利于河道通畅。该《章程》简洁明了，共六条：

---

① *Memorandum*:*A brief Outline of the Hai Ho Conservancy Showing*, Tientsin, 15th Deccember, 1931, p. 2. Special Collections & Archives, Queen's University Belfast. 这份1931年的《海河管理备忘录》，藏于英国贝尔法斯特女王大学。

② *Memorandum*:*A brief Outline of the Hai Ho Conservancy Showing*, Tientsin, 15th Deccember, 1931, p. 2. Special Collections & Archives, Queen's University Belfast.

> 凡来往民船夜间不论停泊、行驶均须悬挂放白光灯一盏，四围至少亦须光照五里远。
>
> 凡来往民船或抛锚停泊必须在浅水之处，以便轮船于深水之处行驶。
>
> 凡来往民船不准在河湾之处停泊，即或停泊亦必须离河湾一里远，河直之处。
>
> 凡往来停泊时不准并排停泊，每处只准停泊一船，愈靠岸近愈好。
>
> 凡往来民船停泊抛锚时，其锚之水面上须按设浮标以免他船有损。
>
> 凡往来民船于轮船来往驶近时，不准民船任意横驶对岸，免与轮船相撞。①

以上条款是对于民船行驶的规定，民船多指中国船主的运客、货船。与《海河行船泊船章程》相比，此章程取消了夜间不能行船，规定民船日夜均可行船，但是必须悬灯，抛锚之处要设立浮标，这些措施是为了警示他船；增加了单排停船不能并排停船；不得横穿水面。从中可以看到，当时河道上木船随意行使、随意停泊已是航运上的很大隐患。依前文所述，不少事故的发生都与此有关。

（三）《木筏行驶海河暂定章程》

海河上常有木筏漂流。水运的木材进入海河后，通常不是船载，而是编成木筏随水前行。这使得木材运输不必付出太多成本。漂流的木筏会在水面上延宕数十米。在没有轮船的年代，这种木

① 《木筏行驶海河暂定章程》，交通铁道部交通史编纂委员会：《交通史航政编》（第二册），1931，第 1170 页。

材运输的方式对于河面行船还不会形成太大的障碍。而轮船的出现使得海河运输日益繁忙，而且轮船体积大、速度快，木筏漂流就成为河道通行的阻碍和隐患。为了有利于河运通畅，又使木材漂流的利益和安全有所保障，津海关在1907年颁布了《木筏行驶海河暂定章程》，其内容也很简单，共有五条：

一、木筏宽不得超过二丈，长不得超过二十丈。

二、昼则悬挂红灯，夜于木筏首尾须挂明灯。

三、木筏行驶时，遇有轮船或民船，不论前后驶来，务须撑至河口岸旁浅水处躲避，以便来往行船在深水处畅行无阻。

四、木筏停泊时，只准其在河之直流处，万不可在河湾，尤须靠于河之岸旁浅水之处。

五、木筏若违以上条款，即可赴理船厅禀控，该理船厅自必查究，如查确有证据，须令木筏人认缴罚款，其数在五十两以内。①

此章程于1925年修订。津海关税务司原本在这一年计划取消此章程，不再允许在海河上漂流木筏，因为"海河行驶木筏，与轮船颇生阻碍"②。但由于考虑到禁止木筏会关涉多方商业利益，故税务司先向商界征求意见。津海关监督、天津总商会都反对完全禁止的想法。各方提出，如"完全禁止。以于商情。不无窒碍。若准仍旧行驶海河。而海河上游。河面既甚狭窄。又民航业恐有危险

① 《津海关木筏行驶海河暂定章程》，交通铁道部交通史编纂委员会：《交通史航政编》（第二册），1931，第1172页。

② 《商定木筏章程之指令》，《大公报》1925年3月13日，06版。

之虞。亟须兼筹并顾”[①]。这种情况下，税务司将取消的计划改为修订，希望安抚商业利益和保障航行能够两全。于是，该章程在1925年重新修订，同时取消原章程的“暂行”二字。修订后的《章程》为：

一、凡木料一经卸入河内，即须结筏驶往其所欲往之地点，愈速愈妙。

二、所有木筏，长不准过十丈；宽不准过二丈。

三、木筏两端，昼间必须各悬红旗，夜间必须各点白光明灯。

四、木筏行驶，须沿靠河岸而行，愈近愈佳。俾各项船只在河道中间，行驶无碍。如必须停驶，只准停住河道无湾（弯）曲之处。

五、木筏驶经本港，务须沿靠河东河岸而行，愈近愈佳。

六、如违反以上定章，应科罚驾驶筏木人，至多不逾关平银一百两。[②]

从此章程的制定到修订可见津海关税务司的权力在逐渐减弱，至1925年章程的修订必须与津海关监督、天津总商会商议后决定。

上文中，津海关在航务管理过程中先后制定了三个行船章程，从笼统到细化。1864年，崇厚就曾“为大沽海口内地商船与外轮时有碰伤应妥议章程”事札津海关税务司，“查大沽口至津，自通商以来，内外商船行驶络绎，应饬内地商船如何收宿停泊，俾免轮船碰

① 《改定木筏章程之讨论》，《大公报》1925年3月24日，06版。
② 《改定木筏章程之讨论》，《大公报》1925年3月24日，06版。

撞之处，必须妥议章程，饬令内外商船一体遵照，方可行之久远”[①]，要求津海关税务司“收宿应在何停泊，外来应作如何分行，妥设章程”[②]。在津海关的档案中也时常出现限制轮船航速，“以免浪涌冲击两旁民船致令颠簸而有意外之虞”[③]。正因，“外国轮船来往较多……内地上传与轮船有拥挤碰伤之虞”[④]，轮船大航速行驶会导致事故，同时民船等小船的随意行驶也会导致沉船，津海关根据实际情况制定了海河行船管理章程。

（四）《直隶全省内河行轮章程》

至1914年，直隶省行政公署制定了《直隶全省内河行轮章程》[⑤]，并致函津海关监督，让其遵照执行，共十条。第一、二条中规定了直隶全省内的行轮事务由相关行政公署筹集资金办理，以推进本省商务活动；优先对津保路、栏沽路、蓟运路、津磁路、滦迁路。第三、四、五条规定，选择一名专业人士作为经理，对河道进行疏浚、建闸、裁弯取直，一切以利于航行为先。第六至十条更多强调了此项工作是一项公益，对于经费的使用要按照规章制度进行使

① 《崇厚为议定海河行船泊船章程请晓谕外国商船周知事札（同治四年三月二十八日）》，天津市档案馆编：《三口通商大臣致津海关税务司札文选编》，天津人民出版社，1992，第173页。

② 《崇厚为议定海河行船泊船章程请晓谕外国商船周知事札（同治四年三月二十八日）》，天津市档案馆编：《三口通商大臣致津海关税务司札文选编》，天津人民出版社，1992，第173页。

③ 《崇厚为议定海河行船泊船章程请晓谕外国商船周知事札（同治四年三月二十八日）》，天津市档案馆编：《三口通商大臣致津海关税务司札文选编》，天津人民出版社，1992，第173页。

④ 《崇厚为议定海河行船泊船章程请晓谕外国商船周知事札（同治四年三月二十八日）》，天津市档案馆编：《三口通商大臣致津海关税务司札文选编》，天津人民出版社，1992，第173页。

⑤ 《直隶全省内河行轮章程》，天津市档案馆编：《天津海关档案》三，天津古籍出版社，2013，第2166-2169页。

用。此章程一直到1931年还在使用,《常关裁撤后民船进口结关办法》中的第三条提及“所有遵照内核行轮章程行驶之各项船只……”[①],由此可见,该章程到20世纪30年代还是有效的。

此章程与1865年的《海河行船泊船章程》相比,更多强调了对于航道事务由哪个机构来承担,管理的原则是有利于本地商务往来,而且是作为公益存在。没有像《海河行船泊船章程》规定了船只航行时间、停泊地点等具体条款。

第二节　注册领照章程

为了便于管理来往船只,船只需要在海关处备案详细资料。前来中国进行贸易的外籍商人一般需要缴纳船钞和货物关税。船钞通常是根据船只大小来征收。

船只备案也是为了能够准确收取船钞。1842年之前的85年中,清政府只有广州的单口贸易,作为唯一的对外开放的口岸,地方官员腐败横生。1689年,英国东印度公司的一艘船到达广州,需要上缴各种费用2484两白银,但经过与地方官员讨价还价,最后只缴纳了1500两白银,其中1200两为船钞。[②] 这也成为西方各国想尽办法寻求中国其他开放口岸,开展外贸活动的一个原因。为了有序管理来往船只,海关要求所有船只必须依规注册备案,方能驶入港口。1864年阴历五月十六日,崇厚事札津海关税务司,五月初

① 《常关裁撤后民船进口结关办法》,《大公报》1931年6月12日,07版。

② [美]徐中约:《中国近代史:1600—2000,中国的奋斗》,计秋枫等译,世界图书出版公司,2013,第138页。

二驶山海关一火轮,停泊老龙头,并无执照呈报,虽暂停泊不久离去,但是"查各国洋船虽经换约,向无听其在不通商海口任便停泊上岸明文",请津海关税务司"转饬知各国洋人务须遵照条约,若无执照不得在不通商口岸擅行停泊"[①]。可见,在津海关开埠不久已经开始要求船只进行注册获取执照。到民国时期,海关建立了完备的船只备案、注册制度。整套制度包括航运商船的注册管理和码头船只的注册管理。

一、轮船注册管理

1914年,交通部发布了《轮船注册给照暂行章程》[②],共二十一条,其重要原则是:一是船无论大小、无论官船还是私有船只都要执行该章程,需要呈报该船的具体事项并进行注册,此后才能向海关申请船牌。二是船只按照指定航线行驶,并需遵照海关理船厅的章程。三是船只的变更、注销都罗列了具体规定。

第一条,凡营业之大小轮船无论官厅或公司或个人,所有均须遵照本章程呈请交通部核准注册给照(凡营业之轮船除本章程第八条、第九条外均适用之)。

第二条,凡轮船非经交通部核准注册给照,不得向海关领取船牌。

第三条,凡轮船行驶航线由交通部分别江海内港各项于

① 《崇厚为来历不明之外籍火轮停泊老龙头以东海面请即查明事札(同治三年五月十六日)》,天津市档案馆编:《三口通商大臣致津海关税务司札文选编》,天津人民出版社,1992,第235页。

② 《交通部法规汇编(第十一本民国三年刊行)》,天津市档案馆编:《天津海关档案》三,天津古籍出版社,2013,第2222页。

执照内指定之各航商将部照赴海关呈验领取船牌后，按照指定之航线行驶，并遵照各海关理船厅现行章程办理。

第四条，凡经注册给照之轮船由交通部行知航线内地方官署随时保护之。

第五条，凡呈请注册给照时应呈报之事项：

一、轮船所有者之姓名或其机关；

二、轮船名称；

三、轮船容量及总吨数；

四、轮船长、广及吃水尺寸；

五、机器马力及行驶速率；

六、航线图说；

七、码头起讫及经过处；

八、码头购置或租赁及其价值；

九、管船员之姓名履历。

第六条，此项执照得直接呈部请领或呈由地方官及主管官署转呈请领。

第七条，如在同一航线内，其轮船名称不得与领照在先之轮船名称相同。

第八条，凡轮船事业系公司经营者，经交通部核定航线后，须依关于公司之法令呈由农商部批准并将下列各款呈报交通部立案，方得呈请注册给照，其属于官厅及个人者不在此例。

一、公司名称及其种类；

二、公司合同及一切章程；

三、资本及创办人认股数目；

四、设立之年月日；

五、创办人及经理人之姓名、籍贯、住址；

六、总公司及其分所之设立地方；

七、营业之期限；

八、所置轮船之数；

九、每股额定银数若干，已缴若干及分期缴纳方法与股票之式样。

第九条，如遇推广营业变更章程时须呈报交通部核准。

第十条，领有交通部执照之轮船须由海关验明后发给船牌，始得行驶，如未领执照或验有不符者，应即停止发给。各海关验明后于照上注明某海关验讫及其年月日，每三个月由海关监督汇总报部。

第十一条，新置轮船急须行驶不及呈部请领执照时，得呈请各关监督电部核准，饬令先发暂行船牌，以便行驶，但须于三个月内按照本章程呈部领照，如逾期未经呈部或所报事项经部驳斥不准者，应由海关将所发暂行船牌吊销。

第十二条，遇有下列情事须呈报交通部换给执照：

一、推广行驶航线；

二、增设码头；

三、更换轮船名称；

四、其他变更执照中所载各项。

依本条换给执照者，应缴照费，照本章程第十六条之定额收取二分之一。

第十三条，如有下列各项情事须呈报交通部，并将执照缴销：

一、船只毁损不能航行时；

二、自行停业或经官厅以职权令其停业时；

三、船只转售或租与他人时。

第十四条,如违背关于航政之各项规则,各主管官署得呈请交通部将其所领执照吊销

第十五条,执照如有遗失或损毁时,得声明理由,呈请交通部补发,但须缴纳补照费五元。

第十六条,注册给照依下列规定缴纳册照费:

一、总吨数未满十吨者 十元;

二、十吨以上至二十吨 十五元;

三、二十吨以上至五十吨 二十元;

四、五十吨以上至百吨者 二十五元;

五、百吨以上至五百吨 三十元;

六、五百吨以上至千吨 三十五元;

七、千吨以上至二千吨 四十元;

八、二千吨以上 每千吨加五元,但遇五百吨者以千吨计。

第十七条,本章程施行前尚未另有执照者,限于施行后三个月内一律补领,逾期未领者即由海关将船牌吊销。

第十八条,本章程施行前已领有执照者,限六个月内一律缴换新照,如于从前注册原案无变更至处,不再征收照费。

第十九条,本章程如有未尽事宜,由交通部随时以部令修正公布之。

第二十条,本章程施行后所有前订之各省大小轮船公司注册给照章程即行废止。

第二十一条,本章程自公布之日施行。①

---

① 《交通部法规汇编(第十一本民国三年刊行)》,天津市档案馆编:《天津海关档案》三,天津古籍出版社,2013,第2222-2227页。

交通部在 1914 年发布的《轮船注册给照暂行章程》是具有法律效力的文件，适用于全国海关，天津海关也自然予以遵行。1914 年 6 月 10 日的《大公报》，公布了此《章程》。根据该《章程》，营运轮船必须先在交通部注册，再到各地海关验证后领取船牌，方可运营。天津海关在该《章程》发布后即遵令为轮船办理相关手续。

但 1919 年 1 月 27 日，总税务司安格联(Aglen)的 2894 号通报中称，1873 年海关已制定船只登记，即“船牌”的规则。1919 年中国政府交通部也向船只发放“执照”。这就形成了两套船只登记系统。“由于交通部与总税务司之间缺乏协作”，船只登记出现混乱。①

1919 年 7 月 19 日的《大公报》登载，交通部新定轮船注册给照暂行章程公布后，前邮传部注册给照章程即行废止。“查此项章程第三条，凡轮船行驶航线由交通部分别江海内港，各项于执照内，指各航商将部照赴海关呈验，领取船牌后按照指定之航线行驶……”②“本埠各航商(华商)对于此条多数反对，曾联名呈请交部修正，未蒙批准。后交部将此项章程呈咨请外交部转商公使团要求同意，俾华洋商一律遵守，然终未得公使团通过。故洋商船只均可自由行驶不受交部之拘束。”洋商轮船可以自由航行，而华商只能按照备案路线行驶，就会造成华商轮船失去竞争力。“近闻华商轮船公司拟具航线呈请注册，经交部批斥不准或置而不答者，已有数起，如华商泉安轮船公司建康轮船载重一百四十八吨，该公司于本年春间拟具航线，由上海至兴化、泉州、福州等处，照章呈请交

① *Documents Illustrative of the Origin, Development and Activities of the Chinese Customs Service*, Vol. III: Inspector General's Circulars, 1911–1923, Shanghai: Statistical Department of the Inspector General of Customs, 1938, p. 482.

② 《国内航业之要讯 航商注册请改章》，《大公报》1919 年 7 月 19 日，06 版。

通部注册给照,旋得交部令开,建康轮船所定航线不符定章,谕饬不准等因,该商奉此当以所行航线,系由上海口岸至兴化、泉州内地,而由兴化、泉州内地再回福州口岸。查与定章并无不合,呈复去后讵至迄今已四个月之久,准与不准,音信杳然。近该公司以前拟定之航线既不照准,又另改航线由上海至平阳、坎门、兴化、泉州、厦门等处,以上航线系照港定章程办理,未识交部如何批示也”①,此案例是华商轮船公司直接跟交通部申请牌照失败,最后也没有得到交通部的批复。

“宁绍公司之甬兴轮船,该公司照章拟具航线,由上海至兴化、泉州、温州等处,呈请海关理船厅转详交通部,请领执照。又因本轮急待行驶,特商请理船厅先发给暂行船牌,经厅长允予通融办理,给予暂行照一纸,讵该轮开班后,即得交部批复不准。然轮已开驶,无从取消前议,将来正式部照给发后,理船厅即将前发给之暂行照收回取销(消)。而时温州口岸则不能行驶矣,盖交部定章,凡华商个轮如欲行驶兴化、泉州内地口岸者,则温州、福州口岸当在摒弃之列,但欲行驶厦门,则不禁止之,如欲行驶福州或温州者,则兴化、泉州内地口岸不能兼驶,各华商以此项章程于前日请示理船厅,要求援助,陆厅长面谕各华商,如于第三条有不满意之处,可再联名呈请交通部修正之,本厅长不便代谋。”②这里的记述,实际上表明海关的理船厅与交通部作为两个部门对于船只的管理不但是两套等级体系,而且对于洋商华商交通部都是双重标准,两个部门相互不能协作。

---

① 《国内航业之要讯 航商注册请改章》,《大公报》1919 年 7 月 19 日,06 版。

② 《国内航业之要讯 航商注册请改章》,《大公报》1919 年 7 月 19 日,06 版。

但从津海关档案记载来看，当时津海关是按照上述章程进行管理的。1919 年华商“三北轮埠有限公司”购买了日本“申阳公司”的一艘轮船，计划进行商业运营。三北轮埠公司就涉及为该轮船重新注册、更名等事宜，因而依法对该船进行申报。1919 年 3 月 15 日，交通部为此训令天津海关监督，令津海关监督：

> 据江海关监督呈称，接税务司函，据华商三北轮埠有限公司向日商申阳公司价买仁阳丸轮船一艘，改名升平，拟定航线缮具呈式粘帖图说，请呈部注册给照。将呈式函祈核转前来，查仁阳丸轮船归入三北公司改名升平，前奉部电先给暂行船牌。遵经冯前监督函致税务司，照办在案，兹准税务司送到升平轮船，呈式所定航线夏秋起上海讫长沙、日本，经过镇江、南京、芜湖、九江、汉口、岳州、青岛、烟台、大连、秦皇岛、天津、安东、海参崴，冬春由上海至宁波、温州、厦门、汕头、香港、广东及南洋群岛等处理合检同呈式具文呈部核办等语，并据该商禀缴册照费到部查所报各节尚无不合。除由本部注册填就执照一纸发交江海关监督转给承领，暨咨请江苏、安徽、江西、湖北、湖南、奉天、直隶、山东、浙江、福建、广东省长分令各该属保护并分行外，合亟令仰，该监督查照此令。①

津海关监督署于 3 月 17 日回复“奉交通部训令内开，据江海关监督呈称云云此令等，因奉此相应函致。贵税司烦为查照，转致秦

① 《交通部训令华商三北轮船公司有升平轮船行驶航线》，天津市档案馆编：《天津海关档案》五，天津古籍出版社，2013，第 3244-3245 页。

王岛关知照"①。

后来,"三北轮埠有限公司"又分别向两家英国公司各购买了一艘轮船。三北公司为这两艘船也办理了相应的注册手续。1921年1月19日,交通部为此训令津海关监督:"据江海关监督呈称接税务司来函,据华商三北轮埠公司分呈,商向英商升安轮船公司价买升安轮一艘,仍用原名。又向英商宝恩洋行价买亿利铁壳轮船一艘,改名升利。均已银船两交,拟定航线缮具呈式呈请函致,呈部注册给照等情,将呈式函送请为核转前来,理合检同呈式两份,具文呈请察核等情,并据该商呈缴该两轮册照费到部,查该两轮航线均系夏秋起上海讫长沙,经过镇江、南京、芜湖、九江、汉口、岳州,又起上海讫日本,经过青岛、烟台、大连、秦皇岛、天津、安东、海参崴,冬春由上海至宁波、温州、厦门、汕头、香港、广东及南洋群岛等处。除由本部注册填就执照二纸发交江海关监督转给承领暨咨请各省长,分令各该属保护并分行外,合亟令仰,该监督查照此令。"②

从上述三北公司的注册情况看,天津海关确实依据1914年的《章程》依法办理轮船的船牌业务。当一只轮船被买卖,无论其是否更名,都必须办理相关注册手续。变更内容包括所述公司、船名、航线等,这些内容均依照了该《章程》的有关规定。

运营商船必须根据执照所授权的航线航行,天津海关按理应当只对合规的船只发放船牌。注册过的轮船如果未按登记的航线航行,就是超出经营范围的违规行为。天津海关也就不应发放船

① 《交通部训令华商三北轮船公司有升平轮船行驶航线》,天津市档案馆编:《天津海关档案》五,天津古籍出版社,2013,第3248页。

② 《交通部训令华商三北轮船公司向英商价买升安轮船分别改名》,天津市档案馆编:《天津海关档案》五,天津古籍出版社,2013,第3253-3254页。

牌给该船。根据1914年《章程》，这样的船只必须重新注册，才能获取海关的船牌。三北轮埠公司就遵章办理过更改航线事宜。该公司呈请交通部更改其所有的敏顺、惠顺两轮船的航线。1922年12月，交通部为这两艘船"另注新册填就执照"，并指令天津海关监督：

> 前据江海关监督呈称，接税务司赖发洛来函，据华商三北轮埠公司称商有敏顺、惠顺两轮船前经领照行驶，现拟改定航线，缮具呈式呈请函，致呈部注册、换照等情。将呈式旧照送请核转前来，检同呈式粘连图说并附缴旧照呈部核办等情。当以该两轮改定航线内有一项列明起上海至海州十二圩、兴化、泉州等处，均系越遇口岸航行，未便照准。指令转饬改正呈核去后，兹据呈称准赖税务司饬据改正另缮具呈式呈函请核转前来，理合检同呈式具文呈复祈鉴核等情。查该两轮现改航线均由福州至温州、宁波、上海、镇江、南京、芜湖、九江、汉口、岳州、长沙、青岛、烟台、大连、安东、秦皇岛、天津、营口、威海卫、登州、龙口、汕头、广东、香港、西贡、新加坡、海参崴、仰光以讫日本等处，又讫福州、讫厦门，经过兴化、泉州，既据福州为起点，一端按江轮航线行驶，一端按港轮航线行驶，尚可通融，照准除由本部涂销旧照，另注新册填就执照。发文江海关监督转给承领暨咨请直隶、奉天、山东、江苏、江西、安徽、湖北、湖南、福建、浙江、广东省长，令行各该属保护并分令外，合亟令仰，该监督查照此令。[1]

---

① 《交通部令三北轮埠公司敏顺、惠顺船轮政定航线》，天津市档案馆编：《天津海关档案》五，天津古籍出版社，2013，第3262-3264页。

但似乎天津海关在此事上有所拖延。于是,1923 年 1 月直隶省长公署就此事再次训令津海关监督,要求按照交通部训令执行。可见,当时政府有能力要求海关遵章办事。在此后的一年时间里,三北轮埠公司又就惠顺、升平两轮再度更改航线,以及新购两艘轮船分别向交通部提交注册申请。交通部予以注册后,也同样专门指令天津海关根据新照发放船牌。①

天津海关有权制定更详细和有针对性的各类规章,以规范具体事项。海关无疑一向是规章的创立者,但创建过程并不总是单方面的。到 20 世纪,海关有时也要考虑政府和被规范者的意见。因为海关是中国的机构,所以政府意见的强制性也能体现出来。

19 世纪末,经由海河到达天津的船只还寥寥无几,但从 1902 年开始数量就快速增加,且逐年攀升。1901 年为 15 艘,1902 年 134 艘,1905 年 395 艘,1910 年 607 艘,1920 年 1002 艘,1930 年 1460 艘,且平均吨位也有所增加。②可见,到 20 世纪 20 年代海河水道已变得非常拥挤,再加之海河弯道多、水情复杂,大大增加了船只碰撞的风险。当时的津海关税务司魏阿兰便说:"查近年海河往来船只日见增多,航行自益困难,时有互撞及其他出险情事。"③鉴于这种情况,1927 年初津海关试图颁布一项操船人员的登记管理规章,其初衷是"此项办法系为海河船只拥挤,得免航行危险起见"④。

---

① 《交通部令三北轮埠公司敏顺、惠顺船轮政定航线》,天津市档案馆编:《天津海关档案》五,天津古籍出版社,2013,第 3271-3273、3280-3283、3288-3291、3296-3299 页。

② Margaret A. Hitch, "The Port of Tientsin and Its Problems", *Geographical Review*, Vol. 25, No. 3, Jul., 1935, p. 373.

③ 《海关咨送华轮船主及驾驶各员赴理船厅注册理船厅布告一纸查核见复》,天津市档案馆编:《天津海关档案》六,天津古籍出版社,2013,第 3911 页。

④ 《海关咨送华轮船主及驾驶各员赴理船厅注册理船厅布告一纸查核见复》,天津市档案馆编:《天津海关档案》六,天津古籍出版社,2013,第 3913 页。

即，对行船专业人员进行登记，以保障在拥挤的海河水道内的航行安全。为此，津海关税务司魏阿兰发布通告称：

“现在海河行驶各轮船之主管驾驶人员是否均领有相当证书，殊有考核之必要。本税务司兹为施行较昔严密之管辖起见，拟令本口各华轮之船主管驾及管轮各员均在本关理船厅注册，以昭慎重而便查核。兹将本关理船厅所发布告一纸……该项注册办法拟自本年二月一日实行，该理船厅管辖之权只以登录各项华轮之人员为限，并不发给各理船员服务证书至各船员，现在所执各机关所发服务证书，该理船厅绝不干涉。”①

从魏阿兰的通告可知，该项驾船人员登记的制度是专门针对中国籍商船人员的。而此时海河上航行的船只绝非仅有中国轮船，而是各类国际船只均往来其上。该通告只要求中国船只相关人员登记，显然这是一项歧视性规章。

津海关理船厅转而即发布通告，要求华商轮船船主管驾等人员登记。理船厅的通告说：“行驶本口各华轮所有船主管驾及管轮各员均应在本厅注册。兹定自民国十六年二月一日起，施行该项注册办法并不收费，惟此注册办法施行以后，华轮各项船员如有更调时，应将更调情形在结关以前呈报本厅，如无更调情事，亦须由该轮船主备具正式声明书，由本厅加行签字缴还，以便于结关时连同结关各纸一并呈交结关台查核，否则不准结关现奉。税务司批

① 《海关咨送华轮船主及驾驶各员赴理船厅注册理船厅布告一纸查核见复》，天津市档案馆编：《天津海关档案》六，天津古籍出版社，2013，第3912－3913页。

准在案，为此通告各华轮公司及经理行一体遵照，切切此告。”[①]但对于这种做法，即使是理船厅也觉得不妥。理船厅认为：“何以仅限于华轮之船主管驾及管轮各员，而洋商轮船之员并未提及，是否一律办理无从悬揣办理施行，仅限于华商似非持平之道。”[②]也就是说，不妥之处在于，一是因为魏阿兰并未要求洋船相关人员登记，而是否那些人也应该一并登记呢？这让理船厅无所适从。二是因为如果只要求中国船只相关人员登记，显然不公平，容易引起麻烦。故此，理船厅提出：“拟先行征求各华商意见研究其中有无窒碍，再行核办，应请饬知总税务司转令海关税司，应否施行，应候监督定夺。在监督函复以前，不得遽予施行显为至要。兹请示复为叩津海关监督。”[③]

津海关税务司魏阿兰的这项规章计划很可能已经引起了华商公司的不满。中国政府对此事也做出了快速处置。1927 年 1 月 29 日，政府税务督办蔡廷干指令津海关监督祁彦孺，要求就此事征求华商意见。同时，蔡廷干还指示海关总税务司，要求他命令津海关不得实施此项规章。蔡廷干的公文说：“为津关魏税司拟令本口华轮主管驾及管轮各员在理船厅注册一事，现拟征求华商意见，请饬总税务司转令魏税司不得遽予施行……津关魏税司拟令本口华轮主管驾及管轮各员在理船厅注册一事，现已由本处令行总税务司转令魏税务司暂勿布告实行。一面仍由该监督迅速征求各华商意

① 《津海关理船厅布告一纸》，天津市档案馆编：《天津海关档案》六，天津古籍出版社，2013，第 3916 页。

② 《函华轮在理船厅注册勿迟施行》，天津市档案馆编：《天津海关档案》六，天津古籍出版社，2013，第 3918 页。

③ 《函华轮在理船厅注册勿迟施行》，天津市档案馆编：《天津海关档案》六，天津古籍出版社，2013，第 3919 页。

见，研究其中有无窒碍，呈复本处，以凭咨商交通部核办此令。”[①]津海关也就因此接到了总税务司的电令，电文云：“所有该项布告办法暂勿实行，仰即候令再行遵照办理。”[②]这使得津海关没有按计划实施该规章，而是先行向相关方征求意见。

1927 年 3 月 11 日，津海关监督就此事函致了北方航业公司、直隶全省内河行轮董事局、招商轮船津局等华商航运公司，征求对相关人员注册的意见，并告知前述的津海关通告已经取消。该函告知各公司：“迅将各华轮在理船厅注册有无窒碍，详细研究发表意见去后，兹据北方航业、直东轮船、大通轮船、政纪轮船，各公司暨直隶内河行轮董事局等复称，查津海关理船厅布告云云，是为至盼等情，据此查前项注册办法，既与华轮商业大有窒碍，自应取消，该税司前议，以恤商艰，拟请饬知总税务司转令津关税务司即按魏税司所拟前项注册办法、连同理船厅所发布告一并取消，勿予施行，实为公便。奉令前因理合具文呈请钧处鉴核，训示只遵谨呈税务处。”[③]。

北方航业公司、直隶全省内河行轮董事局、天津政纪轮船股份有限公司在收到海关公函后立即予以了回复：“……敝公司业已转商各轮船公司，共同讨论如照理船厅布告办法实行，关于营业船期不得自由，甚属窒碍，惟因轮船到津均系速卸速装，无论昼夜急待

---

① 《为津关魏税司拟令本口理船厅船主管驾及管轮各员在理船厅注册一事现拟征求华商意见请饬总税务司转令魏税司不得遽予施行请示复由》，天津市档案馆编：《天津海关档案》六，天津古籍出版社，2013，第 3929 页。

② 《海关咨华轮船主管驾及管轮各员在理船厅注册奉令暂勿布告实行候令再行遵办》，天津市档案馆编：《天津海关档案》六，天津古籍出版社，2013，第 3926 页。

③ 《呈复华商声称理船厅注册甚为窒碍》，天津市档案馆编：《天津海关档案》六，天津古籍出版社，2013，第 3945 页。

结关,遇有放假日或星期日在船未到之前,必须预行结关,以备船到即刻开往,查津海关自伊始以来所有各项手续非常美满,对于轮船行驶毫不耽搁,日期倘结关必须先船主备具声明书呈送理船厅签字再交结关台,方准放行,则轮船行驶损失甚巨,特此恳请。"[①]3月21日,招商轮船津局也回复津海关,复信称:公函以准海关魏税司咨送理船厅发布告一纸,拟令本口华轮船主管驾及管轮各员均在本关理船厅注册。嘱将此事有无窒碍,详细研究发表意见,函复核办,并附抄布告各等因具仰……维护华商航业至意,钦颂莫名。查津关理船厅所拟注册办法,意在考核船员资历,本属应有之举。商局各轮现在所雇重要船员大都籍隶英国,并曾在该国领署注册。然为尊重我国海关职权起见,该厅所拟令各船员前赴该厅注册一节,自可照办,惟该厅布告规定此项注册法施行以后,各项船员无论有无更调,均须于结关前,由该轮船主签名具报,则于事实不无窒碍,缘本埠因沽口界顶水浅,向有船未到埠,先行结关之例,若无论船员有无更调,均须于结关前由各轮船主签署报明,则当船未抵埠,先行结关之时,何从得该轮船主为之签字。且各轮每次抵埠,船员如无更调,亦须循例报明,亦不免手续繁赘。若能量予变通,遇有船员更调,准于船到埠后随时由船主签署报明(若新调之员从前未经在理船厅注册即补行注册),而不必限定在结关以前。若船员并无更调,则毋庸具报。如此一变易间,事实既无窒碍,手续亦较简单,即于该厅考核船员之旨,似无背刍见,如此相应函复。[②]

华商公司反馈的意见基本是一致的。他们都提出,由于新的

---

① 《北方航业公司等禀照理船厅布告办法于营业甚属窒碍请转呈税务处咨商交通部毋实行此项布告》,天津市档案馆编:《天津海关档案》六,天津古籍出版社,2013,第3938-3939页。

② 《函复理船厅注册于营业船期甚为窒碍》,天津市档案馆编:《天津海关档案》六,天津古籍出版社,2013,第3950-3953页。

登记办法增加了报关时间、造成拖延，从而给船运带来了不必要的成本，造成“轮船行驶损失甚巨”。因而希望津海关不实行该登记办法。

由此，中国政府税务处在 1927 年 3 月 29 日致函津海关监督，指令取消该登记办法，文中明确说：“自应取消以恤商银，除令行代理总税务司易纨士转令津海关税务司遵办外，合行指令该监督转行知照可也，此令。”[①]而要求撤销的理由则反映了华商公司的反馈意见，即，“征求各华商意见，对于津关税务司拟令本口华商船主管驾及管轮各员，在本关理船厅注册是与华轮商业大有窒碍。”[②] 1927 年 4 月 2 日，津海关监督函致津海关税务司，要求按照税务处的指令停止针对华商轮船的注册要求。[③]同一天，津海关监督分别致函北方航业公司等企业，告知了国民政府税务处给津海关的这一指令。[④]

1927 年 7 月，政府颁布《轮船注册给照章程》[⑤]，共二十条，与 1914 年的《暂行章程》相比少了一条规定，即“原第十八条 本章程施行前已领有执照者，限六个月内一律缴换新照，如于从前注册原案无变更之处，不再征收照费”[⑥]，其他内容基本与原暂行章程一

---

① 《处令华轮注册窒碍自应行致海关取消》，天津市档案馆编：《天津海关档案》六，天津古籍出版社，2013，第 3955-3956 页。

② 《处令华轮注册窒碍自应行致海关取消》，天津市档案馆编：《天津海关档案》六，天津古籍出版社，2013，第 3955-3956 页。

③ 《处令华轮注册窒碍自应行致海关取消》，天津市档案馆编：《天津海关档案》六，天津古籍出版社，2013，第 3959 页。

④ 《处令华轮注册窒碍自应行致海关取消》，天津市档案馆编：《天津海关档案》六，天津古籍出版社，2013，第 3963-3968 页。

⑤ 《轮船注册给照章程》，天津市档案馆编：《天津海关档案》三，天津古籍出版社，2013，第 2251-2258 页。

⑥ 《轮船注册给照章程》，天津市档案馆编：《天津海关档案》三，天津古籍出版社，2013，第 2227 页。

致，此处不再赘述。根据《轮船注册章程》的要求，轮船公司要在海关登记注册拥有的船只。海关则依法对注册信息进行核实，并定期要求轮船公司更新相关信息。

《大公报》评论 1927 年的章程修订“除增加照费一倍以上及添列机器种类、轮船建造年月日、造船厂名及地点三项外，余多未加修正”[①]。1928 年，国民政府在《大公报》发布通告“轮船注册给照章程业经公布施行在案，凡以前各航商领有北京旧交通部轮照者，统限于九月三十日以前，遵照本章程之规定，换领新照。如逾期未领，即由海关将船牌吊销，将合本章程登报端，以便周知”[②]。

在 1927 年的《轮船注册给照章程》实施大约一年半以后，天津海关对已注册的轮船信息进行过一次全面核查。这次核查是应交通部要求做出的。1929 年 3 月，交通部要求天津海关，查轮船执照问题；要求查清轮船注册以及船东权利及航政设施等；要求津海关要立即查询是否已经停航或者转换了业主，督促这些船只要申领新的执照，不得拖延，要保证符合要求，并附上清单。清单内是确实没有领取新证照的船只。

天津海关在 1929 年 3 月的核查中发现登记信息确实存在问题。一些船只已经发生了权利、名称等变化，但相关公司并未将这些变化相海关报告，也未更改登记信息。问题涉及 19 家船只公司或业主，所涉船只共计 28 艘。其中一些船主还是政府部门。（见表 3-1）。核查之后，天津海关立即向相关企业或业主提出质询，并要求更正。

① 《中国航业发展前途的几个问题》，《大公报》1929 年 10 月 17 日，03 版。

② 《国民政府交通部通告》，《大公报》1928 年 7 月 18 日，03 版。

表 3-1　1929 年 3 月津海关查处未领新执照船只①

轮船所有者	船名	所在地点	航线	备考
直隶全省内河行轮董事局	伏波		天津至新安镇	四年五月
	慈航			
	河清			
	静澜			
	河利			
直隶全省内河行轮董事局	河达		天津至冀县、李家庄	四年九月
	安澜			
长芦盐运使公署	长芦二号		秦王(皇)岛至天津	五年十二月
直隶全省内河行轮董事局	河丰		天津大沽一带	七年二月
	河裕		天津大沽一带	七年二月
三北公司	升有		沿海	
	升孚			
直隶全省内河行轮董事局	河徵		天津至新安镇	七年求额
直东公司	北京		天津至虎石咀	十三年七月
	北铭			查新照没有此船名，而吨数旧照为 50. 055 吨，新照为 367 吨
功元泰	华顺			十三年七月
同和公司	北江		天津至天山下洼石虎嘴	十三年十月
	北和			

① 天津市档案馆编：《天津海关档案》四，天津古籍出版社，2013，第 2292-2295 页。

续表

轮船所有者	船名	所在地点	航线	备考
通顺轮局	新顺		大沽至龙口、烟台	十五年五月
王振功	北通		天津至大沽、保定	十五年十二月
白云章	宝兴		河北山东沿海	
王振功	利河		天津至大沽、芦台、保定	
直隶全省内河行轮董事局	河济		天津至大沽	十六年六月
	河源			
王振功	沙河		天津至山东沿海	十六年十一月
招商津局	津利		天津至大沽口外	八年四月
邓希禹	鸿运		沅江至南县	四年五月
海华渔业公司	肇安	天津法租界恒河西里40号	河北沿海	十六年十一月
海华渔业公司	肇利		河北沿海	十六年十一月

在这次核查中，天津海关发现三北轮埠有限公司有已经损毁停航的轮船，升孚轮亦已转移业主，应该呈报而未呈报海关。1929年4月26日，三北轮埠有限公司回函"贵署第59号训令，内开轮船注册领照等情，兹查敝公司升有轮业经毁损停航，升孚轮亦已转移

业主,相应呈复,敬希查照。”[1]4 月 29 日,天津海关批复(第十号批),“呈悉查该公司升有轮船系何年月毁损停航,已否缴照?升孚号轮船何年何月转移业主,并转移何人?均未声叙,碍难据以转呈,仍希详细呈复,以凭核办此令。”[2]5 月 21 日,天津海关公署收到了天津三北轮埠分公司复函:“贵署第十号批示内开,令查敝公司之升有、升孚二轮于何年月日毁损及转移业主等,均悉。当即函询。敝总公司兹经查得该升有号,系于十四年八月二十五日在福州相近海面触礁沉没,升孚号乃于十六年四月六日售与日商,该轮立即于是日,由沪开往日本,合再呈复至,希查照为荷复,呈津海关监督公署,钧鉴”。[3] 由此可见,海关对于船只登记信息变动的要反复核实,以保证有效的管理。

天津海关监督 1929 年 4 月 12 日给北方航业公司、三北公司、直东公司、海华渔业公司发函[4],称:“北方航业公司、三北公司、直东公司、海华渔业公司,国民政府行政院交通部第 947 号令,开查轮船注册与船东权利及航政设施,至有关系云云。毋得再事稽延,以资保障而符政令……令仰该公司遵照办理此令。”[5]政令要求查处无新照还在运营的轮船。1929 年 4 月 19 日河北井陉矿物总局公

① 《批三北轮埠公司升有轮何年月毁损停航、升孚轮何年月转移业主查复》,天津市档案馆编:《天津海关档案》四,天津古籍出版社,2013,第 2646 页。

② 《批三北轮埠公司升有轮何年月毁损停航、升孚轮何年月转移业主查复》,天津市档案馆编:《天津海关档案》四,天津古籍出版社,2013,第 2648 页。

③ 《天津三北轮埠分公司函复升有、升孚二轮毁损及转移年月情形希查照》,天津市档案馆编:《天津海关档案》四,天津古籍出版社,2013,第 2651-2652 页。

④ 《令奉交通部令前领旧照作废换领新照》,天津市档案馆编:《天津海关档案》四,天津古籍出版社,2013,第 2306 页。

⑤ 《令奉交通部令前领旧照作废换领新照》,天津市档案馆编:《天津海关档案》四,天津古籍出版社,2013,第 2306 页。

函回复，"敝局前有盛井轮船一艘，已于十六年五月三十一日经刘前总办任内售给王振功名下，得价大洋三千一百五十元，此后再无别项船只……"①津海关监督公署训令第66号"国民政府行政院交通部令饬各该航商迅行呈部领照，所领旧照均即作废等因。奉此，业将部发原单分别摘抄，令饬遵照办理。在案兹复，查部发原单内有前直隶井陉矿物局盛井轮船一艘，该轮船业于民国十六年间经该商购买，改名盛河，存署有案，现准河北井陉矿物局函复前来，合行令仰"②。长芦盐运使公署的长芦二号在1926年出售给了仪兴轮船公司，应办理新的执照方能航行。③

这次核查之后，国民政府对该章程进行了修订，并于1929年8月5日再次颁布了修正后的《轮船注册章程》。此次修订后的章程与1914年的《暂行章程》和1927年的《章程》的不同之处是：一是第一条增加领照船只种类——夹板船。二是第五条注册领照需要呈报的事项，增加了船舶种类、质料及甲板层数；增加机器种类及数目、推进器的种类及数目（夹板船无须申报）；同时要求呈报船舶建造的年月日、造船厂名称及建造地点。增加了"船舶呈报行驶航线，每船不得过三条，呈报经过地点须依次顺列，不得凌乱"④。三

① 《河北井陉矿物总局公函敝局前有盛井轮船一艘前已售给王振功名下，此后并无别项船只函复查照》，天津市档案馆编：《天津海关档案》四，天津古籍出版社，2013，第2316页。

② 《令奉交通部令前领旧照作废换领新照》，天津市档案馆编：《天津海关档案》四，天津古籍出版社，2013，第2319页。

③ 《函复本署原有长芦二号轮船一只曾经熊前运使变卖请查照》，天津市档案馆编：《天津海关档案》四，天津古籍出版社，2013，第2333页。

④ 《轮船注册给照章程》，天津市档案馆编：《天津海关档案》四，天津古籍出版社，2013，第2660页。

是第十六条关于领照费用的增加，表 3-2 列举了新的费用标准。[1]变更执照事项的需要缴纳二分之一的册照费，补发执照的需要缴纳四分之一的册照费。

表 3-2　船只申领执照费用标准

吨数	缴纳费用
总吨数未满十吨者	二十元
十吨以上至五十吨	四十元
五十吨以上至一百吨	六十元
一百吨以上至五百吨	一百元
五百吨以上至一千吨	一百五十元
一千吨以上至二千吨	二百元
二千吨以上至四千吨	二百八十元
四千吨以上	每五百吨加二十五元但未满五百吨者仍以五百吨计

数据根据《天津海关档案・轮船注册章程》总结而成。[2]

1931 年 5 月 2 日，政府又颁布了一版《修正轮船注册给照章程》。与 1929 年的《章程》相比，这一版修订《章程》补充了一些细节要求。第一条，除了轮船和夹板船，增加了渔船也要申请执照。第二条，没有交通部发的执照是不能航行的，领取执照后经当地海关呈验后即可航行，取消领取当地海关船牌事宜。因为船牌与交通部发给的执照具有相同的性质。第五条，增加了船轮及渔船初次呈请注册给照时，应检查所有权证明文件及丈量检验执照，一并呈验。渔船申请执照按照其他货船提供证明外，还要提供实业部

---

① 《轮船注册给照章程》，天津市档案馆编：《天津海关档案》四，天津古籍出版社，2013，第 2663-2664 页。

② 《轮船注册给照章程》，天津市档案馆编：《天津海关档案》四，天津古籍出版社，2013，第 2663-2664 页。

发给的渔业执照。第十七条，修改海关对遇本国船舶毋庸发给船牌或内港专照及江照，需要领取部发执照。[①]

二、码头船注册管理

所谓“码头船”，指的是仅在码头附近水域航行，为客轮和货轮提供上下船或装卸货服务的船只。从事这样营生的船只早已有之，但过去并不曾有统一的注册和管理。1928 年 1 月，政府颁发了《码头船注册给照章程》，此章程是继 1927 年 7 月的《轮船注册给照章程》后发布的。虽然是全国的政令，但是至 1929 年，东三省等处仍多未领者。[②] 可见，当时的政府颁令不能在全国各口顺利推行。

“轮船与码头船同属行业性质胥归航政范围，轮船注册给照章程早经公布，迄今数月，各轮商呈请注册给照纷纷而来，惟与轮船有密切关系之码头船对之尚无具体办法，殊非整顿航政之道，……依照轮船之例，概须呈请注册给照，经制定章程凡十八条于一月十七日”[③]，《码头船注册给照章程》主要内容如下：

第一条，本章程所称码头船，系指停泊水面用以停靠其他行驶船舶俾上下搭客及装卸货物者而言。

第二条，码头船无论为官厅或公司或个人所有，均须遵照本章程，呈请交通部注册给照。

① 《修正轮船注册给照章程》，天津市档案馆编：《天津海关档案》四，天津古籍出版社，2013，第 2689-2695 页。

② 《三全代会 交通部报告全文》，《大公报》1929 年 3 月 23 日，14 版。

③ 《交通公报》1928 年第 1 卷，第 13 期，第 47 页。

第三条，码头船呈请注册给照时，应呈报之事项：码头船所有者之姓名或其机关；码头船种类及其名称或其自编号数；码头船之船身材料；码头船之容量或其长、广、高尺寸（由船底至船面之高低）；码头船停泊地点；码头船停泊情形；码头船建造年月日（如系旧船改造应填改造年月日）；码头船建造处所（如系旧船改造应填改造处所）。

第四条，此项执照得直接呈交通部请领或呈地方或主管官署转呈请领。

第五条，如在同一处所，其码头船名称不得与领照在先之码头船名称相同，但其自编号数不在此列。

第六条，凡码头船之属于公司者，应将其公司性质营业种类呈报交通部备案。

第七条，除本章程第十二条所规定外，如遇有下列情事应呈请交通部换给执照：更换名称或自编号数、更换停泊地点、其他变更执照中所载各项、依本条换给执照者，应缴册照费照本章程第十一条之定额减收二份之一。

第八条，如有下列各项情事应即呈报交通部并将执照缴销：码头船损坏不能使用时；码头船所有者自行停业或经官厅以职权令其停业时；码头船转售与他人时。

第九条，执照如有遗失或损毁时，得声明理由呈请交通部补发，但须依照本章程第十一条之定额缴纳四分之一之补照费。

第十条，码头船执照分为甲乙二种：甲种执照趸船、乙种执照浮码头。

第十一条，码头船注册给照依下列之规定缴纳册照费：

第一项呈请发给甲种执照者：

一、容量满一百吨或一百吨以下者二十元；

二、容量满一百吨以上者至五百吨者五十元；

三、容量在五百吨以上至一千吨者一百元；

四、容量在千吨以上至二千吨者一百五十元；

五、容量在二千吨以上者每五百吨加十五元，不满五百吨者以五百吨计算。

第二项呈请发给乙种执照者：

一、长满一百尺或一百尺以下者十元；

二、长在一百尺以上至一百五十尺者二十元；

三、长在一百五十尺以上至二百尺者三十元；

四、长在二百尺以上至三百尺者四十元；

五、长在三百尺以上者每五十尺加十元，不满五十尺者以五十尺计算。

第十二条，除本章程第七条所规定外，如遇将浮码头改造为趸船或趸船改造为浮码头时，应另案呈请交通部发给执照，照章纳册照费并将原有执照呈部注销。

第十三条，码头船注册给照后，须将注册号数书于各该码头船之明显处以志识别。

第十四条，凡经注册给照之码头船，其专供搭客行走之附属品，概免重行注册给照。

第十五条，码头船之停泊不得违背关于港务之各项规则。

第十六条，本章程施行后，所有码头船须于三个月内，一律呈请注册给照，逾期未请者，除责令照章请领外，并科以五百元以下之罚金。①

① 《国民政府交通部　码头船注册给照章程》，《大公报》1928 年 7 月 18 日，03 版。

1934年4月17日，国民政府又发布修订后的《码头船注册给照章程》，要求码头船注册后才能经营。修订理由“此项章程间有缺略之处，经本部酌量修正”①。码头船分以下两种：一、甲种——趸船；二、乙种——浮码船。码头船申请注册取执照之前，必须接受航改局或航政局的测量审核，乙种码头船——浮码船可以不用检查。

（一）码头船测量

码头船在申请审核丈量的时候，需要在申请上注明该船的所有者名称及住所、船名、船的材质；船身的长度、宽度和吃水深度；船身总吨数和净吨数；船停泊所在地；购买价格；建造年月及造船厂名称。趸船作为甲种码头船申请测量的时候需要交丈量证书，经航政局检查合格后，规定该船的使用期限，最长使用期限为五年，期满后需要重新审核使用。甲种码头船遇有下列各款情形之一时，应申请所属航政局派人来查验，并将查验经过在原发检查证书内注明并盖章：

> 一、遭遇碰撞或灾变致有损伤时；
>
> 二、重要设备有变更时；
>
> 三、船身经入坞修理时。②

海关管理机构要求已向交通部领有执照之码头船，如未经丈

① 《交通部第七一四号咨开》，《江西省政府公报》1934年第91期，第66页。

② 《码头船注册给照章程》，天津市档案馆编：《天津海关档案》四，天津古籍出版社，2013，第2717页。

量或检查者,应补行丈量或检查。码头船丈量或检查完毕时,航政局应发给丈量证书或检查证书。

(二)领照换照及补照

码头船注册给照由所属航政局于丈量或检查完毕,发给证书后转呈交通部核办。在同一地点停泊的码头船,不得与领照在先之同种码头船船名相同。已经领有执照之码头船遇有相关事项变更时,应呈请换给执照。码头船遇有下列情形之一时,应呈报所属航政局注销执照:

> 一、船身损坏不能使用时;
> 二、自行停业或经官署以职权令其停业时;
> 三、所有权移转时;
> 四、改造他种船舶时。[①]

执照因遗失或毁损时,得由该船所有人声明原因,呈请补发。执照遗失者应于呈请补发之前,将遗失原因及船名执照号数登载当地报纸声明作废,并将此项报纸检呈备案。执照毁损者应将毁损之原执照呈缴注销,如不能呈缴注销时,应照海关规定办理。码头船经注册给照后,该船所有人应将该船船名及种类号数标志于船身显明之处。已经注册给照之码头船,所属航政局及地方官署均应随时保护。

(三)纳费

码头船申请管理机构进行丈量、检查,以及呈请给照者应按船

① 《码头船注册给照章程》,天津市档案馆编:《天津海关档案》四,天津古籍出版社,2013,第 2718 页。

之种类分别依照规定的定额缴纳丈量费、检查费及册照费。凡是呈请换照或补照者应各依照册照费定额的二分之一缴费。码头船经丈量检查发给证书时,毋庸另缴证书费,但此项证书如有遗失毁损,申请补发者,每件应缴手续费二元。呈请给照或换照补照者应附缴印花费二元。申请发给或补发丈量检查各项证书者,应附缴印花费五角。船只所有者申请管理机关派员施行丈量或检查,除依照定额缴纳丈量或检查各费外,还需要额外负担丈量员或检查员照章应领之差旅费。前项差旅费如遇数船同在一地、同属一人所有者同时施行丈量或检查时,与一船同其数船不属一人所有者,应各按其丈量或检查费用之多寡的比例来分担。已经领有执照的申请更换执照,只需交纳印花费,不用再次缴纳照册费。

(四)罚款

凡是没有照章申请注册取得执照就营业的码头船,一经查实,该船所有人或使用人需支付三十元以下之罚金,海关需得令其停业。

凡是超过额定使用期限,超期服务,没有重新审核注册;相关船只使用事项变更没有报备重申审核;按章程需要注销执照的码头船;没有将码头船的船名和种类等标注于船身明显之处,处该船所有人或使用人三十元以下之罚款。

以上所有罚款船只由所属的航政局执行,但须呈报交通部备案。

1934 年的码头船章程比 1928 年的章程更具体,对于船只的备案数据不是自行申报,要由专门的机构进行测量作为缴费的依据。

本章小结

天津自从成为通商口岸,其优越的地理优势——河、海同存,近代中国新的交通格局的形成也逐渐使天津成为北方最大的贸易口岸。“天津作为华北地区的巨埠,轮轨相接,交通便利,其贸易区域,北控直隶全省及外蒙古,西连山西、陕西、甘肃、新疆,南达鲁豫之北部,东部为滨海,所以对外贸易甚为发达。”①当时天津的对外贸易的体量巨大,根据1928年对1907—1925年的统计数据称:“中国各商埠对外贸易占全国贸易总额之百分数,向以上海为最大,天津次之。”②由此推论,近代天津来往商船频繁,天津作为港口城市,其海、河作为主要运输通道,其地理条件并不是最优,为了保证来往航船的安全,津海关先后根据不同时期的具体情况,制定了不同的航船、航道的管理制度。这些制度有些是直接借鉴了西方管理经验,国人对于这些制度有着适应的过程。特别是发生事故后,中国船主即使据理力争也不能争取到自己的权益,华商、船商看到了主权被侵犯的直接后果,主权国家意识亦在这些人中产生并愈加强烈。同时,这些西方成熟的管理制度为后来国民政府接收海关后的管理,包括处理与其他国家的贸易交流提供了基础。天津作为较早的开埠口岸,有着更多与世界交流的机会,其率先发展起来的经济文化,对周边及内地的辐射作用非常明显,近代天津也成为现代化的典范。

---

① 《近三十年天津对外贸易统计分析》,《大公报》1928年1月1日,09版。

② 《近三十年天津对外贸易统计分析》,《大公报》1928年1月1日,09版。

作为海关两大职能之一的航务管理，海关对于船只进行备案注册管理。关于航务，陈诗启称之为海务，他在《中国近代海关史》中讲近代海关管理的海务工作分为：船只停泊管理、航线界内的船只秩序、行船管理、灯塔浮标管理、航道疏浚、气象预测、检疫检验。[①]《浙海关与近代宁波》一书中提到了姚梅琳在《中国海关史话》中论述了海关的海务包含了灯塔等助航设备、气象预测通讯、引水管理、航道测绘、堤岸与港口等事务，主要服务于外商的轮运业务。[②]《宁波海关志》将海务分为灯务和港务两大类。[③] 文松博士在《近代中国海关洋员概略》中提到近代海关的海务港务基本是一个部门。海务包括港务，由海务部门派出的一部分去管港口事务，即港务。[④]《南京条约》之前，与中国进行贸易的商船所承担的税费大致划分为三类：船钞、关税、其他“规礼”银。1868 年海关建立船钞部，直接隶属于总税务司，1870 年又由于负责此事的职员辞职而取消，船务事宜都归了各口税务司负责。船钞部的工作逐步形成了营造处、理船厅、灯塔处三部分。[⑤] 民国之后，海关各部门名称均有变化，但是总体航务、港务业务均由海关各部门管理。

---

① 陈诗启：《中国近代海关史》，人民出版社，1999。

② 胡丕阳、乐承耀：《浙海关与近代宁波》，人民出版社，2011，第 134 页。

③ 胡丕阳、乐承耀：《浙海关与近代宁波》，人民出版社，2011，第 134 页。

④ 文松：《近代中国海关洋员概略：以五任总税务司为例》，中国海关出版社，2006，第 27 页。

⑤ 文松：《近代中国海关洋员概略：以五任总税务司为例》，中国海关出版社，2006，第 28 页。转引自 1875 年《海关职员录》。

第四章

津海关船政管理制度

船政管理，指的是海关在其管辖范围内针对船只的某些特殊事项的管理。自中国海关建立之初，一些船只的专项管理制度就开始建立。天津海关是全国海关的一部分，原则上遵从全国海关的统一管理制度，但由于自身具有的一些特有状况，也制定了一些专有的规章。天津海关的船政管理制度包括对于船只失事和打捞、口岸行船、船只领航、船只医学防疫检验等。

第一节　沉船打捞的制度

海关沉船打捞指由海关负责其管辖范围内水域的沉船打捞或移除。从19世纪中后期到20世纪30年代，中国海关的相关制度开始形成并日趋完善。天津海关在这方面一直根据全国海关管理的相关规章处理沉船事务。

一、清末沉船起除惯例和措施

海关经常设于河流入海口或海港，便于管理进出口贸易，广州、上海、天津等海关即如此。实际上，在航空运输开始之前，这是一个世界性的特征。开埠之后，沿海口岸的进出口航运日趋繁荣，中外商船往来频仍。船难在水路航运中是难以避免之事，古今皆然。由于海关常设于港口，故发生在这些港口、河道的船难便与海关事务关联起来。港口、河道的水深有限，沉船无疑会妨碍通行，甚至造成新的船难。海关要管理进出口贸易，就要保证港口水域的航行通畅和安全。如其不然，商船难以通行，进出口贸易就会受阻。因而，解决海关附近的沉船和水路堵塞问题也就成为海关业务的一部分，方式是打捞或清除沉船。这在19世纪西方国家已是惯例。

清朝海关建立之初，对此类问题并无专门规定和解决方案。随着贸易的发展，各口岸海关逐渐意识到沉船这个问题已经严重影响了贸易船只的航行安全。最初的海关相关规定订立于1886年，该年4月3日，时任总税务司的赫德颁布《清除沉船（总税务司通令332号）》，令各海关对辖区内任何失事的船只的残骸需要及时拆散、移走。[①] 清政府自身没有沉船打捞的相关制度，1886年的总税务司通令实际仅是海关系统的一个措施，并无更高权威的授权。

1895年，因外国商船“飞马”号、“哪阿”号先后沉没于上海吴淞口，“沉搁积淤致碍轮帆各船往来”，总理衙门致函总税务司赫德，要求“即行妥议办法”，解决由沉船造成的航道淤塞问题。赫德就此答复总理衙门道：“中国宜奉英国之章为楷模，核定沉船起除之章程”[②]。此时西方一些国家对于处理港口、河道沉船事宜已有

① Removal of Wrecks: I. G.'s instructions regarding steps to be taken, etc. 见于中华人民共和国海关总署办公厅编：《中国近代海关总税务司署通令全编》第4卷（1886年：第322-353号），中国海关出版社，2013，第55页。

② 海关总署《旧中国海关总税务司署通令选编》编译委员会：《旧中国海关总税务司署通令选编》（第一卷 1861—1910年），中国海关出版社，2003，第368页。

诸多的法律和实践经验,相关制度较为完备。赫德为英籍的清朝海关总长,对西方国家,尤其是英国的经验颇为了解,故而建议仿照英国的相关法律制定沉船打捞规则。1894 年,英国制定了《商船航运法案》(Merchant Shipping Act 1894),这部法案一共 14 部分,748 条。其中第 9 部分的第 530、531 条是关于沉船打捞清除的规定。第 530 条规定了港口或水利管理局对沉船的打捞和移除;第 531 条规定了灯塔部门对于沉船的打捞。[①] 1896 年,赫德即参照这两条法律制定了《海关总税务司署通令(第 724 号)》,通告各地海关遵行。同时,赫德还将此文件提交总理衙门,要求批复。他还在此《通令》末尾注明,待总理衙门批准此文件后,将"另发通令凭以资遵行"[②]。但直到清政府垮台,总理衙门都未予批复。

二、颁行《起除沉船章程》

1915 年,上述《通令》方获中华民国北京政府"官方批准"。同年 7 月 3 日,时任总税务司安格联(F. A. Aglen)发出通令(2384 号),颁行《起除沉船章程》。此为中国海关建立以来第一个由中央政府批准的沉船起除法律。批准的《章程》与当年赫德提交给总理衙门的"724 号通令"几乎完全相同,除个别措辞存在差异。该《章程》主要内容为三条,包括:"第一条,凡船只沉溺或搁浅或因别故致船主暨水手等离开其船,在河内或在港口、或在出入港口之水道及海面船只来往之卫衢,均应由附近之海关税务司查勘,酌订该沉

① https://www.legislation.gov.uk/primary + secondary? title = Merchant%20Shipping%20Act%201894

② 《海关总税务司署通令(第 724 号)》,见海关总署《旧中国海关总税务司署通令选编》编译委员会:《旧中国海关总税务司署通令选编》(第一卷 1861—1910 年),中国海关出版社,2003,第 366 页。

船是否与他船行驶或当时或将来有所妨碍;第二条,若税务司酌订该沉船是与他船行驶有碍,则立即将该船并货物一并扣拿,随通知船业主。若该业主出具切实保结,注明情愿按税务司酌度情事所定限期,自行用费将沉船起除,并未起除之前用费、安置警船之浮标等件等语,方准按照办理自行打捞货物。若该业主自通知之日起,限三日不具切结,即由海关将沉船起除。所有船料暨货物等件,俱由海关存留;第三条,沉船若由海关用费起除,则打捞之料货等件即由关拍卖。将所得之价银补偿起除之经费,及安设警船之标记等费用。如有盈余,即将所余之数付还业主。倘有不敷,即令业主出资补足其数。若该业主不服,即可据情上控。"[①]这三条可简单归纳为如下原则,由海关决定沉船是否必须打捞或移除;打捞或移除工作可由船主自行操作,否则将由海关强制起除;打捞或移除沉船的费用可由海关先行垫付,但最终由船主承担,或可将捞起的货物抵价。

自清政府被迫开埠通商起,中国已加入当时的世界贸易中。往来各口岸海关的商船中许多是西方国家的船只。英国 1894 年《商船航运法案》的相关内容是海关沉船处理的规则,符合国际通行的惯例。进出英国的各国商船熟悉和认可这种规则,而造访他国的英国商船也会接受类似规则。美国 1899 年的《河流和港口法案》(River and Harbor Act of 1899)中就有类似于英国上述法律的

① 《改订天津口理船章程》,天津档案馆编:《天津海关档案》四,天津古籍出版社,2013,第 2391 页。可参看中华人民共和国海关总署办公厅编:Wrecks:removal of instructions.(总税务司通令 2384 号),《中国近代海关总税务司署通令全编》第 14 卷(1915 年:第 2317~2460 号),中国海关出版社,2013,第 42 页。

规定。[1] 可见,赫德按照英国法律拟就的 1896 年“章程”即考虑到这是通行原则,各国商船易于接受。实际上,赫德就此明确表示:“以上章程构成中国(有领土权)之法律,对此与中国有贸易关系之国家无理由不予承认。”[2]

虽然赫德制定的《章程》迟至 1915 年方才成为法律,但实际上由海关负责沉船起除的做法从 1886 年起已经开始,1896 的《章程》当时就是各地海关的适用原则和行事依据。1892 年,上海吴淞地带有德国的北京轮船在附近的白节山海面沉没。海关为此安置了灯和浮标来警示其他船只,这样维持了十个月。最终起除沉船的费用达到了一万二十余两,花费甚巨。同年,英国的飞马轮船在吴淞口内的拦沙地方沉没,在水中两年没有起除。虽然也设置了警示标志,挪威的轮船仍然不慎与该沉船相撞。海关起除此沉船花了七千余两白银。[3] 此两例中,沉船起除均由海关负责和支付费用,但船主仍是最终的费用承担方。可见,从 1886 年到 1915 年前,尽管没有最高的法律规范,海关也有可实际操作的沉船起除规章。1915 年《起除沉船章程》不过是将过去的海关规定法律化了。因而可以认为,从 1896 年开始 1915 年《起除沉船章程》已经实际施行于中国各地海关。而在此之前,1886 年的赫德《通令》也起到了类

① Thomas B. Anderson Jr. “Removal of Obstructions from Navigable Waters: Shipowners’ Liability and the Wreck Act”, *North Carolina Law Review* ,Vol. 48,No. 3,1970. p. 553.

② 《海关总税务司署通令(第 724 号)》,见海关总署《旧中国海关总税务司署通令选编》编译委员会:《旧中国海关总税务司署通令选编》(第一卷 1861—1910 年),中国海关出版社,2003,第 366 页。

③ Coasting vessels wrecked: rules for Duty treatment of cargo salved from. 参见中华人民共和国海关总署办公厅编:Wrecks:removal of instructions. (总税务司通令 2384 号),《中国近代海关总税务司署通令全编》第 6 卷(1893 年:第 601-622 号),中国海关出版社,2013,第 77 页。

似作用。

海关有权决定沉船是否起除,并可强制执行。虽然法律规定船主可以自行起除沉船,但失去船货的业主经常不愿或不能处理。因而,沉船实际常由海关负责起除。因起除沉船是相当专业的事物,非海关人员可以操作,所以,海关通常是将具体工作承包给非海关的专业人员或企业。

三、津海关的沉船起除管理

上述沉船起除的规章和法律是全国海关统一执行的,天津海关并无例外。

1924年,天津海关曾发文称,轮船撞毁民船事案层见迭出。[①]可见,沉船事故在各地海关应多有发生。一艘名为"Mao-Yee"(本书译为"茂业")的拖船"沉于天津港",具体沉没日期不详。但"该船残骸对海河交通已构成严重障碍",天津海关不得不决定予以起除。[②] 起除工程承包给"大沽拖船公司(Taku Tug & Lighter Co. Ltd.)"具体实施。该公司在香港注册,但主要业务在天津或中国北方。1930年6月14日,天津海关港务局(The Harbour Autority of the Chinese Maritime, Tientsin)与该公司签订了打捞协议,文本为英文。从协议内容可以了解当时天津海关是如何操作打捞沉船事务的。而这样的程序应该同样适用于全国其他海关。协议双方的权利和义务如下:

---

① 《函请将理船厅规定之各种条例译汉送署》,天津档案馆编:《天津海关档案》四,天津古籍出版社,2013,第2414页。

② F.O.678/1612, The National Archives(英国国民档案馆),另因该档案并未注明"Mao-Yee"的中文,故本文仅使用英文原文。但根据英文发音可知该船名号本来应是中文,如"茂业""贸易"之类。

1. 签约公司将尽一切所能，并用其所有设备在最短的时间内打捞沉船，但在尝试失败的情况下，公司不承担任何责任。

2. 港务局保证支付打捞工程中产生的所有费用，无论打捞是否成功。

3. 港务局将在其职权范围内为签约公司的打捞工作提供各种帮助，也将在签约公司的起捞工程师要求之时阻断或延滞交通。

4. 如果沉船升起，港务局负责提供适宜之所用于沉船登陆，以起捞工程师合意为准。

5. 在签约公司成功完成打捞工作的情况下，签约公司将会在港务局和签约公司的起捞工程师双方商定的地方把沉船交付港务局，以此相抵预估产生或当时评估的6000两关平银近似开销的偿付，见后附规划表。

6. 根据港务局所合意的成功完成之起捞，或失败之起捞，港务局将支付签约公司所有打捞过程中产生的开销，以及按照后附规划表产生的所有费用。

7. 在尝试失败或水位上涨或其他不可预见状况的情况下，签约公司有权放弃起捞作业。这种情况下，签约公司应该因所产生的所有开销和上述费用得到补偿。①

协议中的"签约公司"即"大沽拖船公司"，"港务局"即"天津海关"一方。该协议约定由"大沽拖船公司"打捞"茂业（Mao－

① F. O. 678/1612, The National Archives.

Yee)”号沉船,同时天津海关承诺根据实际情况支付全部费用并提供相应协助。所需打捞费用涉及潜水员、打捞技师、普通工人等的工资,打捞设备的开支,租赁驳船,作业过程中的饭费等,总估计成本6000两关平银。参见表4-1。协议内容符合1915年《起除沉船章程》的原则。打捞费用按合同由海关支付,而根据《章程》天津海关最终有权向船主方要求承担所有成本。船只沉没后,船主未必有能力支付这笔钱。依照《章程》的规定,海关可通过拍卖沉船上起出的货物抵偿打捞成本。在这则案例中,由于没有进一步的史料发现,“茂业”号的最终打捞结果和船主方是否以某种方式支付了打捞成本都未可知。1915年《章程》虽然规定了由船主承担打捞费用,但海关在这方面可能面临诸多变数和风险。船主会因打捞成本巨大,放弃对船货的权利,拒绝支付费用。为支付打捞成本,海关有权强行拍卖出水货物,然而是否能够抵偿也存在不确定性。

表4-1　茂业(Mao-Yee)打捞费用表

项目	预计或实际	金额(关平银)
雇佣苦力	预估	210
木匠	预估	15
潜水员(入水匠)	预估	100
锅炉制造者	预估	15
工人的额外饭费	预估	100
在大沽架设设备	预估	70
租赁舢板	预估	110
绳缆	预估	250
起捞工程师	预估	500
工人的酬金	预估	150
租赁拖船	预估	2250
租赁驳船(两艘)	一艘租一个月	1200
	一艘租一周	280

续表

项目	预计或实际	金额(关平银)
打捞设备	预估	750
总计		6000 两关平银

数据来源:F. O. 678/1612,"MAO-YEE" SALVAGE SCHEDULE OF EXPRENSES,1933 年。

1933 年 8 月,总税务司发出《海关总税务司署第 4683 号通令》,再次就沉船打捞事务颁布规则。该规则的前三条重申了 1896 年《724 号通令》、1915 年《起除沉船章程》的主要内容。同时新增五条,对海关处理沉船打捞事宜做出更详尽的规定,其中一条规定:"打捞工作必须交由海关批准之机构承担,必须令船主及其他有关方面知悉,未经海关书面允许不得与任何打捞公司签订合同。"①即海关要求即使船主承担打捞工作,也必须由海关认可的、有资质的公司施工,否则将不予批准。从此条可知,在此《通令》之前聘请打捞公司应该已成处置惯例。1930 年天津海关的"茂业"号打捞合同便是证明。海关增加此规定无非是为了避免因不专业的打捞施工而造成新的危害。另新增一条也值得关注,其曰:"为减少海关遭受损失之风险,应即请法院颁发一项禁制令,在海关之一切请求得到满足前,禁止支付船货主应得之保险赔偿金。"②西方各国商船历史上早有船货保险的做法。中国海关建立以来,来华的西方船只通常会购买保险。该新增规定是为了避免船货主放弃船货权利而获取保险赔偿,从而将打捞的成本风险全部转移给海关。

① 《海关总税务司署通令(第 4683 号)》,参见海关总署《旧中国海关总税务司署通令选编》编译委员会:《旧中国海关总税务司署通令选编》(第三卷 1931—1942 年),中国海关出版社,2003,第 243-244 页。

② 《海关总税务司署通令(第 4683 号)》,参见海关总署《旧中国海关总税务司署通令选编》编译委员会:《旧中国海关总税务司署通令选编》(第三卷 1931—1942 年),中国海关出版社,2003,第 244 页。

它保证了在船主无法支付费用、出水货物价值也无法抵偿打捞成本的情况下,海关可从保险赔偿金中获得补偿。

总之,中国海关的沉船起除制度最初形成于1886年,1896年已建立全国通行的规章,该规章到1915年成为法律。到20世纪30年代,无论是最初的规章还是后来的法律都为海关起除沉船事务提供了制度框架。这一点在天津海关的案例中得到了验证。而且,这套规章和法律一直以来都在不断完善,以求妥善解决沉船打捞事宜。

第二节　口岸理船规定

沉船事故虽不经常发生,但一旦出现,对海关管辖水域的通航就会造成相当长时期的不利影响。对于海关来说,防患于未然总胜过亡羊补牢。于是,海关对进出口岸的处置做出航行、停泊、标志等方面的要求,目的是为了尽可能保证航行安全、消除隐患、避免事故。开埠之初,各地并无专门的海务管理章程,大多根据1858年11月签订的《中英通商章程善后条约十款》第十款:各口划一办理,是由总理外国通商事宜大臣或随时亲诣巡历,或委员代办,任凭总理大臣邀请英人帮办……判定口界派人指泊船只,及分设浮桩、号船、塔表、望楼等事,毋庸英官指荐干预,其浮桩、号船、塔表、望楼等经费在于船钞项下拨用……[①]1918年宁波海关制定了本口

① 黄月波、于能模、鲍釐人编:《中外条约汇编》,商务印书馆,1935,第11页。

的理船章程——《宁波理船章程》[1]，共七类三十条，大致内容与天津口理船章程相同。天津的理船章程则比较早。

光绪二十五年(1899)六月二十四日，津海关会商各国驻津领事，颁布了天津口理船厅章程十四条：

一、凡洋船停泊起下货物界限共有三处：一在紫竹林，上自法国租界内，靠炮台街起，下至小孙庄以下止，名曰天津停泊处所；一在塘沽自塘沽村以下起，至炮台止，名曰塘沽停泊处所；一在拦江沙外，应自拦江沙计起，往海以十里为限，名曰拦江沙外停泊处所。惟各船吃水过深不能过沙者，准其就地起下货物外，其余均不准在该处起下。

二、凡洋船停泊或在塘沽或在天津，皆应遵照理船厅所指之处停泊，除领红单后开出口外，不准擅自移泊他处。

三、凡欲将船移泊他处，如在天津须禀明理船厅；如在塘沽即禀明副理船厅方准移泊。

四、凡各船口内停泊，于日落后至日出时必要将白灯择挂众人最易观看之处，并离船面二丈之高，务照三里之遥。

五、凡各船于抛锚时，应用两链，其长务足使用，以免移动该链。该链务须理顺不得扭绞，再遇有移泊时，如用长绳或拴在码头、或拴在别船，务于用竣后赶紧撤回，以防不虞。

六、凡驳船以及各项民船等，不准多只在大船旁停靠致碍来往各船行驶，至塘沽停泊处所，只准华式驳船三只、洋式驳船一只停靠大船旁，以免阻滞行船之路。

七、凡口内商船，除理船厅特准外，其余无论停泊界限内

[1] 任与孝主编，《宁波海关志》编纂委员会编：《宁波海关志》，浙江科学技术出版社，2000，第348-350页。

外，一概不准擅放枪炮。

八、凡各船于进口时，倘有炸药等项，不拘多寡或炸子或火药，至百磅以上者，或枪子至二万以上者，或枪子不拘大小多少，内装火药至一百磅以上者，该船应遵理船厅在口界外所指之处所停泊，白昼须在前桅之首悬挂红旗以示区别，其出口船只欲装以上炸药等项，亦照此章办理。

九、凡各驳船装有以上第八条各项有限之物，行驶天津、塘沽以及河面一带等处，均应在前桅之首悬挂红旗，尺寸须足四尺，惟该船若无桅杆，亦须设法悬挂距船面高一丈之处。

十、凡船于进口时，内有患瘟疫者，必须在前桅之首悬挂黄旗，并在于家堡以下两炮台以上停泊，除奉有理船厅特准外，即责成该船主无论何人不准上下。

十一、凡压载各物并煤灰，即责成船主不准任意抛弃，停泊各界内并界外口内各处。

十二、凡各船进口时，急速将船头支出之桅收进，嗣后除奉有理船厅特准外，该船在停泊界内不准再行支出。

十三、凡各轮船或在塘沽、或在天津停泊处所行驶河面者，务须缓轮轴而慢行，以免波浪颠簸有损他船。

十四、凡各船载有以上第八条章程内所列之轰炸危险各货物，如逾限定数目，擅运界内，即由理船厅指示在界外应泊之处，该船亟应遵往。违者立将开舱起货下货各准单并出口红单暂停准发。如各船有不遵理船厅指示停泊处所，擅停他处以致违犯第二、第三条章程者，亦可将开舱起货下货各准单并出口红单暂停准发，俟遵章停泊后即行发给各单。①

① 《天津口理船厅》，交通铁道部交通史编纂委员会：《交通史航政编》（第二册），1931，第780-781页。

1915 年 12 月 24 日，天津海关修订《天津口理船章程》[①]，制定此章程主要用于洋式船只的管理，同时将此规定抄送各国领事馆。天津港口内的理船厅管辖界限为万国铁桥到大沽拦江沙外，向海域延长三英里，这个水域内的洋式船只均应接受理船厅的管理，对于服务于洋式船只的华式船只亦应遵守此章程中的规定。1925 年 3 月，对《天津口理船章程》进行了条款增加和修改。[②] 该《章程》主要在如下方面对所辖水域船只做出规定，目的就是保证天津海口和海河水道的航行安全。

一、规定船只的抛锚停泊界限

《改定天津口理船章程》的第三条至第七条规定了对进入所辖水域的船只划定抛锚停泊区域，禁止随意停泊。希望以此尽量消除船只碰撞隐患。西洋新式轮船是此类规定的主要对象。这类船只体积大，随处停船对航行会造成更大的风险。该《章程》对一般运输船只规定了三段水域可以停船抛锚，一是天津城界内万国铁桥到比利时租界；二是塘沽界内是由招商局码头到北炮台为止；三是港口外从拦江沙（拦江沙属于碍航物，是水流夹带泥沙淤积而成，经常迁移，阻碍船舶航行[③]）向海域延伸三英里止。如果船只体积太大、吃水较深，不能顺利驶入拦江沙，或者船上所装载的货物

① 《改订天津口理船章程》，天津市档案馆编：《天津海关档案》四，天津古籍出版社，2013，第 2393 页。

② 《天津口理船章程增加及修改各节》，天津市档案馆编：《天津海关档案》四，天津古籍出版社，2013，第 2426 页。

③ 《中国人民解放军司令部航海保证部》编制：《中国航路指南：东海海区》，中国航海图书出版社，2006，第 58 页。

不多,不愿意进入港口,可以向税务司申请,在拦江沙外装卸货物。除一般运输船外,两类特殊船只的抛锚地是有严格规定的:一是"凡装载爆裂物料之船只,均须下椗于塘沽火药准至之界内,或下椗于大沽拦沙江外,远离他船"①;二是"凡因听候查验有无疫症,应行隔离之船只,均须下椗于大沽拦江沙外"②。船只进入港口必须由理船厅安排人员登船查看,根据实际情况制定"下椗地点"。船只停泊事宜,均须听由理船厅指示。所有停泊之船只,除已出界者可以任意行驶之外,其余并未领有特发准单的各船只均不得擅自移动停泊。船只欲下椗或欲迁移,须报告天津或塘沽理船厅,听候其指导一切,如有船只已经下椗,理船厅令其迁移到他处,该船亦须遵照。凡指定船只转码头处所,各项船只不得停留以备该处所得随时应用。

二、行船规条

《章程》关于航行的规定共五类,从第八条至第二十九条。四类规定分别为:普通行船、载有军火的行船、出现传染性疾病的行船、保护水道及其他杂项类。

1. 普通行船。此类条款主要是规定:船只要按规定线路航行,且在必要情况下必须低速行驶。在拦沙江水道中心线两侧各 1500 英尺界线内,一般船只的行船规条是"须施行之该界线自进口浮标

① 《改订天津口理船章程》,天津市档案馆编:《天津海关档案》四,天津古籍出版社,2013,第 2394 页。

② 《改订天津口理船章程》,天津市档案馆编:《天津海关档案》四,天津古籍出版社,2013,第 2394 页。

往海一英里半至水深处止"[①]。对于载有爆炸物以及发现有疫情的船只,行船规条是从海港水域水深处至天津城为止,不得再前行。船只于天津码头下椗,若值他船驶近之际,不得解缆展轮,尤不得掉头转向。在需要慢行的水域,设立慢性标志提醒往来船只。"凡在口内往来之船只均不准任意速行驶,由船后涌起波浪,致靠近轮船及并未逾额装货之驳艇小船或出危险。遇有竖立木牌,上书慢行字样,或悬万国通行旗号,以标慢行之意者,即须遵守慢行。凡必须轮船慢行处,如各轮船码头及海河工司设立抽水机器处,一律迫令妥置慢行木牌为记。"[②]

各船经过拦江沙最好聘用有执照之引水人,以期格外平稳。由水深处起至天津止,这一航段的航船规条:所有船只必须遵守《万国航海避撞章程》[③],这里所说的船只是指航海轮船和拖船。两艘轮船在航道相遇,需要各自向右转向,细致观察无相撞的危险才能相向而行。特别是浅水轮船和深水轮船相向而行且相遇,要彼此顾及对方的实际情况,平稳行驶。"逆流之船只如遇顺流船只,此船须觅一稳妥处所,让彼船开行。若必须遵照本章第二条所载各节或缓轮或停轮紧缆,或停轮靠岸时,须遵行之。当彼船可以通行时,此船须鸣号长声三响。所谓紧缆者,系指将缆紧岸而言,所谓停轮者靠岸,系指将船紧靠于岸,不再移动而言。顺流之船只如遇逆流之船只,须即缓轮以待彼船鸣号示明行止。两轮船对遇由左边开行或由右边开行必须按号声规则鸣号示明。船只靠岸停轮

---

① 《改订天津口理船章程》,天津市档案馆编:《天津海关档案》四,天津古籍出版社,2013,第2395页。

② 《改订天津口理船章程》,天津市档案馆编:《天津海关档案》四,天津古籍出版社,2013,第2396页。

③ 《重编日用百科全书》,商务印书馆,1934,第80页。

亦须按此鸣号。”①

2. 军火类。天津海关还对进出港口的特殊船只和特殊状况做出了规定。一种特殊船只是运载军火的船只。这类船只承载着大量爆炸物，可能对很大范围造成危险。一旦发生事故，很可能造成爆炸，不仅毁及自身，还会殃及临近船只。所以，该《章程》规定："凡进口之船载有各宗炸药，不拘多寡或炮弹或火药数在 100 磅以上，或枪子炮弹数逾 20000 颗，或子弹内装火药多至 100 磅者，进口时应泊拦沙江外，或泊于塘沽火药准至之界内。应俟海关发给准单方准起卸，若不于 48 点钟提取，即须取出，存入炸药官栈，如出口之船装载以上各项炸药出口，应于拦沙江外停泊不得与他船相近，待海关发给准单方准起椗。"②无论何项船只载运炸药或他类危险易燃之品，昼则应悬红旗，夜则应悬红灯，必须悬于最易瞭望之处，高距船面最高处 12 英尺。

3. 传染病类。另一种是发生传染疾病的船只。在这类船只上，船员或旅客中出现了某种传染性疾病。一旦这些人入关、登岸，将会导致传染病输入本地，造成更大范围的传播。相关规定即为防范此类事件发生："凡船内有传染疾病或疑似传染疾病者，或船内停有死于此种疾病之尸身或疑似死于此种疾病之尸身者，该船必须遵照验疫章程，于将近到口时悬挂有疫旗号，并应在……所定下椗之地点停泊，如未领有卫生员验放之执照，不准将旗放下。"③

---

① 《改订天津口理船章程》，天津市档案馆编：《天津海关档案》四，天津古籍出版社，2013，第 2406－2407 页。

② 《改订天津口理船章程》，天津市档案馆编：《天津海关档案》四，天津古籍出版社，2013，第 2397 页。

③ 《改订天津口理船章程》，天津市档案馆编：《天津海关档案》四，天津古籍出版社，2013，第 2398 页。

4. 保护水道。船只不得有损害河道的行为。此类条款一方面规定理船厅同时负责对于河道通常的保护。“凡海河及通海河之支河口停泊，趸船或安置浮桥、订立木椿建筑码头及填筑两岸淤滩，或兴修别项一切有占水面等工程，均应预先绘图，禀呈本口理船厅，俟经理船厅会同海河工司核准，方可照行。对于设置浮标须经理船厅许可后，方可照行浮标，当无用时，自日落起至日出止须燃号灯。”①河道之上的所有浮标都归理船厅管理，如其浮标所设之地有碍船只行驶，或多占泊船位置，理船厅可令该标主将浮标迁移。若不遵行或有耽延等情况，理船厅即可自行代移，其迁移一切费用则仍归该标主人照缴。

另一方面的规定则针对船只。“凡船只压载重物暨煤灰污秽等物或泥土，无论其是否由濬河而来者，均不准抛弃江内，如欲将所装上列各物卸下时，须于前桅顶上悬挂通语旗书中 Y② 之号旗，以便招致领有准单之灰船按照定价起卸。”③“凡船只在内或进出口船只往来处所撞沉，有碍行驶之水道者，如该船东不遵理船厅斟酌情理所定之期限将该沉船动工移置，海关海政局即代为移置或轰毁。”④

① 《改订天津口理船章程》，天津市档案馆编：《天津海关档案》四，天津古籍出版社，2013，第 2398-2399 页。

② Y——为用灰船之旗号；L——为请关员之旗号；G——为请医官之旗号；B——为船内装有危险之旗号；Q——为请验疫之旗号；P——半旗为结关之旗号；U——为驳船公司用驳船之旗号；W——为太古船行用驳船之旗号。

③ 《改订天津口理船章程》，天津市档案馆编：《天津海关档案》四，天津古籍出版社，2013，第 2399 页。

④ 《改订天津口理船章程》，天津市档案馆编：《天津海关档案》四，天津古籍出版社，2013，第 2399-2400 页。

三、拦江沙水道内的航船规条

拦江沙实际上就是碍航物，作为天然形成的障碍物，对于航船来讲具有潜在危险，所以海关对于拦江沙水道制定了专门的航行规定。即水道中心线两边各1500英尺界线内施行的航船规条，区域界线是自进口浮标往海1英里半至水深处止。各类船只抵达拦江沙外的时候要留意水道潮水情况，停泊地点不能妨碍其他船只航行，更不能遮挡航道上的一切标记。轮船行驶过拦江沙之后，船主和引水人都必须要仔细观察潮水的水位和海关所设水位的标记，是否匹配轮船吃水的标准。“凡轮船拖船驶进拦沙江之水道者，必须预行放汽，以一长声为号，若遇有拖船或挖泥船在彼工作，即以汽筒答一短声或悬红旗示意不得前进”①，该轮船或拖船船主或引水员都要注意，到可以驶入时，都要立即放汽为号，提醒其他船只后方可行驶进入。如果遇到轮船在拦江沙处搁浅，船主和引水员应该立即禀报理船厅，轮船搁浅时间、吃水水位深度等细节皆需准确。如果理船厅安排船只上的货物要卸载船主必须遵照指令办理。驳船不能停泊在河道中央卸载货物，要服从管理人员的一切安排。其他船只无特殊情况不能随意抛锚，如遇特殊情况需要抛锚，要立刻设立浮标以示提醒，如果妨碍了其他船只的正常行驶，需要服从理船厅的安排起锚转移。此外，关于轮船航行还有具体要求：

一、一拖轮只准拖带驳船一只。

---

① 《改订天津口理船章程》，天津市档案馆编：《天津海关档案》四，天津古籍出版社，2013，第2404页。

二、凡轮船拖船行驶之际，彼此应离600码之遥，每遇海河工司之小轮并挖泥船，应即远避，或该小轮等有以各种记号相示，即当随时遵守。

三、轮船食水确实深度，若遇管河员司询问，各该船主与引水人应即随时陈明。①

四、规定行船标志和信号

该《章程》对所辖水域内的行船标志和信号也做出了专门规定。船只在口内停泊或行驶时除遵照避碰章程应放汽号，暨或因警示他船特放汽号外，其余所有汽管汽雷等物均不准擅行放用。船只均须备足用之水手，以便当他船经过时松放船缆及收置锚链，其左右锚链不得互搭，亦不得缠绕。无论何项船只寄椗之时，务将所抛之锚栓用浮标，倘所下之锚于河道有碍，应随时撤起以便他船畅行无阻。凡船只除兵舰外，均不准于船边支用横杆，所有兵舰支出，亦应自日落起至日出止概行收进。凡船只如欲移泊，可准该船于移泊应用时，间以绳索接力于他船或浮标或码头，不得稍有延搁，至移泊已毕，即须将所用之绳索收回。凡商船不准在口内鸣炮、放枪。其兵舰在天津口内停泊，亦请免其升炮。凡驳艇及小船等靠拢大船不准太多，暨或因有他故致碍别船之行驶至拖轮，在海河内拖带驳船，每次不得数逾两只，该两只并不得排列而行。凡船只在口内如遇失慎即当鸣钟示警，在日间须悬各国通语书中NH号旗号，其上下停泊之船亦须同时鸣钟悬旗，如遇夜深，则将号灯扯

① 《改订天津口理船章程》，天津市档案馆编：《天津海关档案》四，天津古籍出版社，2013，第2405页。

上扯下，不得稍有间断，并应一面飞报本口理船厅。”①

所有船只需领有津海关通语旗书中之号头，应于驶至大沽口外及进口时按所领之号头悬挂号旗，以示分别。如果船只航行见有危险之礁石、沙滩等类，发现后即请由该船主报知本口理船厅。船主如有不满意于引水人时，应立即具文向本口理船厅申诉。凡巡工司所出之警船示暨本口理船厅所出之通告，均存于本口理船厅处以备随时阅看。

如此船欲开，遇彼船先行。

> 甲、此船须鸣号长声一响，谓本船可遇否。
>
> 乙、彼船若许可此船之开过，须察看有无阻碍，即答号长声三响，至由左边或由右边开过，须鸣号示意。②

两彼船既鸣许可号后，即须缓轮此船亦须稳轮开过，不得太速。船只顺流行驶书须于前桅置一黑色标球，夜须于桅灯上高6尺之处置一绿色号灯。下列各号声所示之意如合用时得施用之：

> 甲、短声一响，谓本船现已靠向右岸。
>
> 乙、短声二响，谓本船现已靠向左岸。
>
> 丙、短声三响，谓本船现已倒轮快退。
>
> 丁、短声五响或以上，谓有险不通过。
>
> 戊、长声一响，若由应当开船只鸣放，即谓本船前行矣，若由一欲开过别船之船只鸣放，则谓本船可过否？

---

① 《改订天津口理船章程》，天津市档案馆编：《天津海关档案》四，天津古籍出版社，2013，第2400-2401页。

② 《改订天津口理船章程》，天津市档案馆编：《天津海关档案》四，天津古籍出版社，2013，第2408页。

己、长声三响，谓通过无阻。[①]

以上章程凡有不遵本章关于拦江沙水道内行船规则和水深处需要聘用有执照的引水员进行行船的规定，即将该轮处以相当罚金，其数至多不过关平银250两。其悬挂外国旗号者，即由该管领事官罚办，若系华船，则由华官办理。

五、1925年的修订章程

1925年2月，葛尼尔任天津海关税务司期间，对于《天津口理船章程》进行了增加和修订。增加了三条规定：一是挖泥机在河上工作时，所有船只路过必须降低速度避让，避免发生危险。尤其是逆流行驶的船只。这里所说的挖泥机者，系指所有挖泥船抽水机建设所拖船浮管、绳索等而言。[②] 二是挖泥船在海河或大沽拦江沙工作时，应明确设置信号：日间于挖泥船一边悬一黑球，表示船只可以由该处行驶；夜间于挖泥船一边悬一白灯，表示船只可以由此处行驶；如果不可通行，就要悬一红灯。挖泥船停泊时应挂船只下椗所悬之平常号灯。[③] 三是凡船只与开冰船一同行驶，须遵照开冰船所发之一切信号，只要开冰船的信号是符合规定的，除非证明船只驾驶人不能控制船只，一旦船只不遵守此条规定，该船之船主或代理人应按规定处理。凡船只遇险将沉没，应沿河驶向无风之处，

---

① 《改订天津口理船章程》，天津市档案馆编：《天津海关档案》四，天津古籍出版社，2013，第2408-2409页。

② 《天津口理船章程增加及修改各节》，天津市档案馆编：《天津海关档案》四，天津古籍出版社，2013第2426页。

③ 《天津口理船章程增加及修改各节》，天津市档案馆编：《天津海关档案》四，天津古籍出版社，2013第2427页。

不得占用河中要道。①

修改的条款,原理船章程第五条“凡指定船只转头处所,各项船只不得停留,以备该处所得随时应用”②,修改为“如遇任一船只转头处封闭时,即将旗号表示于海河工程局办公处屋顶桅杆之上”:

> 上流船只转头处封闭时,昼间悬一红色标球,夜间悬一红色号灯。
>
> 下流船只转头处封闭时,昼间悬一绿色标球,夜间悬一绿色号灯。③

另外规定“凡轮船暨拖船相随行驶海河之时,彼此须有600码之遥,尤应远避离河道中之挖泥机,并遵守该挖泥机所表示之任何信号而行”④。

六、民船行船章程

民船,在海关的英文文件中写为“junks”,一般翻译为“中国式帆船”。针对此种船只,海关特别制定了行船章程。

---

① 《天津口理船章程增加及修改各节》,天津市档案馆编:《天津海关档案》四,天津古籍出版社,2013,第2428页。

② 《改订天津口理船章程》,天津市档案馆编:《天津海关档案》四,天津古籍出版社,2013,第2395页。

③ 《天津口理船章程增加及修改各节》,天津市档案馆编:《天津海关档案》四,天津古籍出版社,2013,第2429页。

④ 《天津口理船章程增加及修改各节》,天津市档案馆编:《天津海关档案》四,天津古籍出版社,2013,第2429页。

(一)民船夜间悬灯章程

另外,《天津口理船章程》是1915年12月颁布,在此之前由于海河夜间行船经常发生碰撞事故,天津海关在1915年7月,专门制定了关于民船的标志和信号的规章。

1915年7月,海关发布文件函致各机构,要求查沿海沿河各船悬灯问题。9月,津海关查沿海地区轮船黑夜行驶多有碰撞之事,在津沽码头一带张贴章程。各类民船在行使的时候,或者在航线附近停驶抛锚,需要在最高处的桅杆上悬挂白色的球形灯,即国内所制的保险灯。如果船只没有桅杆,就需要树立木杆挂灯,具体要求是木杆需要有四尺高,在木杆顶端悬灯。如果船只停驶在距离航线较远的地方,不会造成船只相撞就可以不悬灯。1916年1月1日实施的《民船悬灯章程》规定"大民船应悬球式灯之直径至少须有六寸(法定尺),该灯之灯芯至少须有六分之宽(十分为一寸),无桅之划艇等船应悬球式灯之直径至少须有三寸,该灯之灯芯至少须有四分之宽。"[①]如果有船只没有按照相关规定悬灯,海关会根据船只大小进行处罚,大船处以一元至五元之罚金,无桅之船艇处以二角至一元之罚金。

(二)民船航行章程

1916年11月15日,天津海关为了避免轮船与民船碰撞,制定了《海河民船行船章程》(Navigation of Junks in the Haiho),具体内容如下:

一凡来往民船夜间不论停泊行驶,均须悬挂放白光灯一

① 《民船夜间悬灯章程》,天津市档案馆编:《天津海关档案》四,天津古籍出版社,2013,第2363-2364页。

盏,四围至少须光照五里远。

一凡往来民船或抛锚停泊必须在浅水之处,以便轮船于深之处行驶。

一凡来往民船不准在河湾之处停泊即或停泊必须离河湾一里,远河直之处。

一凡来往民船不准并排停泊,每处只准停泊一船,愈靠岸近愈妙。

一凡来往民船抛锚之水面上须安设浮标,以免他船有损。

一凡来往民船下锚必须坚固,若停泊码头等处,当轮船经过时,本船之锚须留意守护,如必须松解时亦须松解。

一凡来往民船于轮船来往驶近时,不准民船任意横驶前往对岸,如此横驶诚恐与轮船相撞。

以上所订章程不特于各项船只有益且于民船船户尤为获益良多,嗣后各船户人等务须熟记此章,以免临时忽略合特布告,仰各项船户人等一体遵照,勿远此布。[①]

《民船行船章程》的制定一方面是为了保障民船行驶安全。民船在体积和速度上与现代轮船相比都处于下风,且不易被轮船观察到。一旦发生碰撞对民船极为有害。另一方面,民船习惯了随意行止,对通航也不利,需要加以规范。尽管制定了针对民船的章程,但民船与轮船间的事故仍时有发生。从下述的案例中可以看到,事故由民船违章所致者有之,由轮船违章所致者也有之,两者均有违章情节者恐怕也有。海关等方面即根据《民船行船章程》等判定责任,提出赔偿建议。当然,虽有明确的章程条款,判定是非

① 《海河民船航行船章程》,天津市档案馆编:《天津海关档案》十,天津古籍出版社,2013,第 7091 页。

仍非易事。因为事实和真相经常难以辨明。不过这些案例能够证明,相关章程不是空文,是规范航行的依据,也是判定责任的依据。

1921 年,民船船户何金章称四月初二夜二点时分,载有虾米的民船停在西沽摆渡口时,由于轮船隆顺号不走正道撞毁了他的船,并致船上的水手掉入河中溺毙。船户将此事告至天津海关,要求隆顺号的所有者进行赔偿。此事函致津海关监督、天津警察厅,由于隆顺号属于日本一家公司,此事外交部特派直隶交涉公署也介入其中。案查民船当时在夜间抛锚于离左岸三十尺、水深八尺之处。隆顺号船主认为民船停泊处“阻碍行轮水道”[①],又据隆顺船主辩称“相撞之时,该民船适来自河湾之上,意欲越过伊之船头,按此隆顺轮船并无过失,缘该轮船以避碰而后退,旋即停轮”[②]。税务司认为按照理船厅行船规条:“凡在内口往来之船只,均不准任意速行,又轮船在口内停泊或行驶时,应遵照避碰章程,施放汽号,各条规是该轮于行驶之际,既知有民船在前而仍任意速行致使民船遇险,该轮船实违行船条规。”[③]此次失事民船之生命财产与嗣后航路小民之生计攸关,自不能以片面不充分之理由轻易裁判,以失事理之平而开玩视民生之渐,所有该民船所受之损失应如何责令赔偿,隆顺船主应如何严予罚办,函请查照转饬理船厅再行切实秉公办理……天津海关税务司威厚澜在给海关监督的回复中认为理船厅办理一切案件,素秉公正,此次案件该理船厅前已切实研审,惟船只相撞而起争执,双方所举情形,各不相符,此亦常事。该民船船

---

① 《函交涉公署咨隆顺轮船将何金章民船撞毁请秉公办理见复》,天津市档案馆编:《天津海关档案》九,天津古籍出版社,2013,第 6135 页。

② 《函交涉公署咨隆顺轮船将何金章民船撞毁请秉公办理见复》,天津市档案馆编:《天津海关档案》九,天津古籍出版社,2013,第 6135 页。

③ 《函交涉公署咨隆顺轮船将何金章民船撞毁请秉公办理见复》,天津市档案馆编:《天津海关档案》九,天津古籍出版社,2013,第 6137 页。

户说的是停泊在河岸,那轮船行驶的航线是横穿河道冲向河岸,如果如此轮船必定搁浅在河岸。轮船船主辩称民船是起锚并想超越轮船才发生碰撞之事。理船厅调查轮船行驶速度在三至四海里之间,没有违反《天津口理船章程》,经过理船厅的调查,民船当时是横渡河道又未按照规定悬挂绿色灯。轮船在黑暗中看不清有民船航行,避之不及。经理船厅公正处理,隆顺号船主愿意赔偿民船船户何金章 30 元,但是何不愿意接受。

津海关监督在给直隶交涉公署的公文中禀明,此案责令惩罚隆顺号,并需要赔偿船户并赔偿抚恤金。税务司所说的"民船于夜深黑暗之中,横渡河身,致碍轮船航路,此实事理所必无,即使解碇以行,亦必为防碰撞而起,事实昭然,曲直自在……此案应如何进行交涉之处,相应照录图说(见图 4-1)咨会"。①

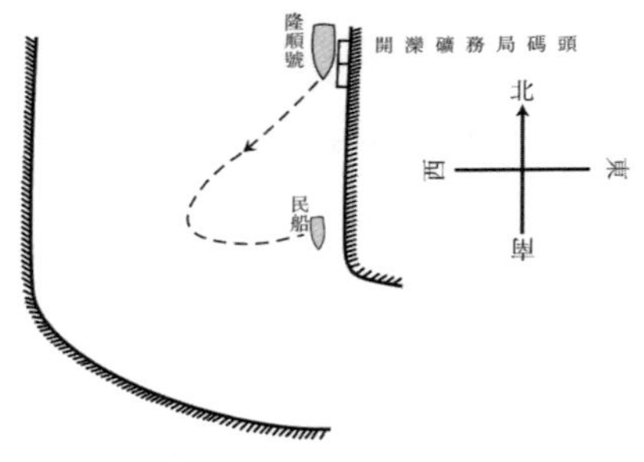

图 4-1　隆顺号与民船位置示意图

天津人李国祥,年 40 岁,居挂甲寺村,其所拥有的摇船被英国带水公司的永顺号所带驳船撞沉,船上水手落水溺毙。船主告至津海关监督,其本人叙述 1921 年 7 月 28 日中午十二点左右,摇船装载有新记灰厂元石子 20 吨,顺水下行至田庄渡口,永顺轮船带二

① 《咨何金章木船被隆顺轮船撞毁海河工程局办理情形》,天津市档案馆编:《天津海关档案》九,天津古籍出版社,2013,第 6148 页。

号驳船走舵，将其船撞翻，无名氏水手全部落水，四人获救，水手赵库溺毙，年 26 岁。损失摇船一只，记洋 400 元；新记灰厂石子洋 60 元；水手新旧衣服洋 50 元。[①]

1921 年 11 月 22 日，渔船船户唐元庆禀诉津海关监督，其船载有鲜鱼，行至詹家庄河旁，利达小轮船撞散其渔船，其子唐生溺毙。唐元庆要求其船主赔偿自己的损失。1921 年 11 月 26 日，理船厅函致利达小轮船的业主——英商大沽驳船有限公司，要求其说明情况。该公司称 11 月 22 日下午九点三十分，利达小轮带驳船新三号往大沽，在二段新河处与一民船相撞。英商称相撞是因为民船没有按照《民船悬灯章程》的规定悬灯，且当时正在涨潮加上西南风，轮船虽然鸣笛了三次并尽力更改航线，仍没有避免驳船的右舷与民船相撞。

税务司威厚澜回复除非洋商可以认同其任意裁判，否则理船厅无权勒令洋商赔偿民船损失。建议与英领事商议彻查，如果是利达小轮的责任，英商责无旁贷必须赔偿。[②]

津海关监督回复直隶交涉公署，此事已经委托税务司，由理船厅调查处理，从优抚恤，并请与英领事商议处理此事。[③]

1923 年 4 月 21 日，船户王振田装载有鲜虾的渔船在塘沽被英国怡和洋行的景星号拐弯时撞沉。王诉至天津海关，此次事件造

---

① 《禀永顺轮船所带二号驳船撞翻淹毙人命请饬令赔偿》，天津市档案馆编：《天津海关档案》九，天津古籍出版社，2013，第 6153 页。

② 《函唐元庆船被英商利达轮船轧散查复》，天津市档案馆编：《天津海关档案》九，天津古籍出版社，2013，第 6174-6175 页。

③ 《咨复唐元庆渔船被英商利达轮船碰撞一案理船厅查复情形》，天津市档案馆编：《天津海关档案》九，天津古籍出版社，2013，第 6182 页。

成286元的损失[1],要求赔偿。英商称是因为民船未悬灯造成碰撞。王称撞船是发生在下午六点钟,彼时太阳尚高照,不必悬灯。英商称撞沉是发生在凌晨四点半左右。经税务司葛尔尼函称,经理船厅再次调查,引水人说失事是发生在22日凌晨四点半至五点之间。船户又称为22日天明后系五点二十分相撞。是日,日出为四点五十分左右。理船厅认为是渔船未按照规定悬挂灯造成相撞事件。[2] 渔船船主不认可此说法再次向津海关监督申诉,海关监督则饬令理船厅核办此事。

1923年4月9日,王盛发的煤船被撞成。王居住于元纬路同庆里八号曹宅。煤船被撞沉损失甚巨,当时停泊在东河沿的煤船装好40吨煤,刚起锚出发之际,恰逢同和轮船公司的北河轮船由南驶来,同时有一火轮由北而来,北河轮船为了避免与火轮相撞而急转舵撞向了煤船,船首竖起,船尾没入水中,复被船撞成三段均没入河底。轮船公司经理将煤船主约至大来饭店,先行花了150元雇人打捞了10吨煤,允诺赔偿"查此船系去年置买,价洋八百元,添桅一根,一百六十元,修理洋一百五十元,烟煤三十吨,二百四十元,盘费洋二十六元,家具衣服等约值洋一百元,统共损失洋一千六百元有奇"。[3] 据王称理船厅审理后只判赔偿220元,遂诉至津海关监督。津海关监督函税务司秉公办理。葛尔尼函复:"理船厅曾经亲往察勘,该船委系旧破船只,仅估其该船伤损需洋九十元足敷修理之费,至于损失煤斤一切等物,无证可据,可令该船户与轮

① 《咨复景星轮船撞沉王振田民船一案海关正查明具复》,天津市档案馆编:《天津海关档案》九,天津古籍出版社,2013,第6418页。

② 《交涉公署咨请转函查明王振田民船被撞时间》,天津市档案馆编:《天津海关档案》九,天津古籍出版社,2013,第6424-6427页。

③ 《禀轮船撞沉民船恳令赔偿损失》,天津市档案馆编:《天津海关档案》九,天津古籍出版社,2013,第6438页。

船公司磋商办理。”①

1923年5月,王仲元居天津小站,向津海关监督诉称:5月9日上午三点四十分,载八百担大粪至小站镇,中途在海河法国工部局对面,被日本大阪轮船公司的汽船大新丸号撞毁,货品损失200元。理船厅总办英人审查估价船价值240元。日船违背章程,“在落潮时间进口,载货过多,吃水颇重,舵机致失运用,船头乱摆,任意横行”②,民船无法躲避,致使被撞。天津海关税务司葛尔尼在公函中称:“勘察估其修理之费约计洋二十五元之谱,至于所装货物价值无从核估,该大阪公司因彼时该民船并未燃灯且于轮船鸣笛等号,伊亦毫不经心,是以对于该船之赔偿,碍难承认。”③

第三节　管辖水域的引水章程

引水,即领航,是为进出港口的船只做航线导引,引领船只到达相应地点或水域。航船进出港口,船长多不了解当地的水文情况,为了船只的行船安全大多雇佣当地熟悉水域情况的引水员协助船长出港或停泊。近代北方将之“称为‘带水’,长江一带称为‘领江’,华南则称‘领港’”④。关于近代中国港口引水问题,国内

---

① 《禀民船被北河轮船撞毁已致关核办》,天津市档案馆编:《天津海关档案》九,天津古籍出版社,2013,第6452-6453页。

② 《海关咨复理船厅查复北河轮船撞毁王盛发煤船》,天津市档案馆编:《天津海关档案》九,天津古籍出版社,2013,第6459页。

③ 《交涉公署咨日轮大新丸撞沉王仲元民船请函海关理船厅查复》,天津市档案馆编:《天津海关档案》九,天津古籍出版社,2013,第6474页。

④ 《海上门户看守人》,《大公报》1947年9月25日,05版。

学者已经有过相关研究。一直以来担任海关引水员的大多是外籍人员,可以说各国的列强垄断了开埠口岸的引水工作。李恭忠对于《中国引水总章》以及中国近代时期航运港口的引水权问题做过诸多研究,由于引水是否合理关系到整个港口的工作效率、行船的安全和海关的秩序,所以引水权实际上就是国家主权的一部分。[①]另外,海港为国家海上门户,引水即为此海上门户之看守人。港口地形地势涉及军事安全,其他各国的引水员都是由本国人担任,要求所有轮船驶入港口必须雇佣当地海关引水员引水,防止本国的水文资料被其他国家掌握而不利于国家安全。

引水权在开埠之后不断丧失,这是清政府任用外国人管理海关的一个连带结果。同时也反映出,无论是朝廷官员还是普通百姓缺乏现代主权观念,没有认识到引水和水文信息对于国家的重要性。直到20世纪初,随着国人民族意识和现代国家观念的出现,相关制度改变的要求才开始出现。

一、清政府时期的引水规章演变

引水权丧失是从鸦片战争开始,1843年《中英五口通商章程:海关税则》中第一条:"进出口雇佣引水一款 凡议准通商之广州、福州、厦门、宁波、上海等五处,每遇英商货船到口准令引水即行带进,迨英商贸易输税全完,欲行回国,亦准引水随时带出"[②],《中英天津条约五十六款附照会》第三十五款规定,"英国船只欲进各口,

---

① 李恭忠:《〈中国引水总章〉及其在近代中国的影响》,《历史档案》2000年第9期,第103页。

② 王铁崖:《中外旧约章汇编》第1册,生活·读书·新知三联书店,1957,第40页。

听其雇觅引水之人，完清税务之后，亦可雇觅引水之人带其出口”①。1858年《中法天津条约》签订，其第十五款“凡大法国船驶进通商各口地方之处，就可自雇引水，即带进口，所有钞饷完纳后，欲行扬帆，应由引水速带出口，不得阻止留难。凡人欲当大法国引水者，如有三张船主执照，领事官便可着伊为引水，与别国一律办事，所给引水工银，领事等官在通商各口地方秉公酌量远近险易情形，定其工价。”②“与别国一律办事”一句，就直接将引水权交予其他各国。费正清曾在《剑桥中国晚清史》中评论“依靠条约法规使各种权利成为制度”。③ 1867年，担任海关总税务的赫德宣布实施海关总税务司署通令第3号《中国引水总章》，各口引航唯一的管理机构是理船厅，全权负责各口引水员的名额确定、引水员的资格考评、引水学徒的培养、其他的日常管理，以及违规处罚等。1868年对此章程又进行了修订，此次修订，与1867年相比最大的变化就是废除强制引水。之后，各开埠口岸以1868年的《引水章程专条》十款为基础框架，制定了本地海关的引水章程。

> 凡各口应定知分章及定明引水之界限，并应用引水者若干名，其引水各费一切事宜，应由理船厅准情酌理，约与各国领事官并通商总局（洋商总会）妥为拟定。
>
> 凡华民及有条约各国之民欲充引水者，均准其一体充当；遇有缺出，即应由考选局……拣选充补。
>
> 考选局包括作为主席的理船厅，老资格的引水人和两个

---

① 黄月波、于能模、鲍釐人编：《中外条约汇编》，商务印书馆，1935，第8页。

② 《津海关考试引水之感想》，《大公报》1933年9月30日，02版。

③ ［美］费正清编，中国社会科学院历史研究所编译室译：《剑桥中国晚清史》上卷，中国社会科学出版社，1983，第238页。

由理船厅会商领事与洋商通商总局提出并公布的名单中签掣二人。

备考官,其国领事官……均可在局从旁监同考试。[①]

关于由税务司代地方官发给引水字据一条与旧章同。关于引水俱归理船厅管理一条虽与旧章同;但理船厅的管理权力则大大削弱了。同治七年(1868)九月初十,赫德呈给总理衙门的公文中称"各口引水人计二百零三名,内华人一百零三名,英人四十名,美人三十五名,葡人十名,丹人六名,瑞人六名,荷人二名,奥人一名。"[②]由此可知在引水总章颁布之处,引水者国人应有50%左右。之后随着时间的推移,华人引水者越来越少,直至全部被洋人所取代。

1868年,崇厚为新政改引水章程事札津海关税务司,称"前据赫总税务司新改引水章程十条并英、俄、法、美、布国照复,允饬各口领事官试等因,当经本衙门(总理衙门)于十一月二十二日抄录照会五件,咨行贵大臣在案……札到该税司立即遵照办理可也"[③]。1869年,天津海关颁行了《天津就地引水条例八款》。[④] 该《条例》在《交通史航政编》(第三册)中被其冠名为《天津口引水分章》[⑤]。

① 《引水总章》,交通铁道部交通史编纂委员会:《交通史航政编》(第三册),1931,第1418-1419页。

② 《津海关考试引水之感想》,《大公报》1933年9月30日,02版。

③ 《崇厚为新政改引水章程事札(同治七年十二月十七日)》,天津市档案馆编:《三口通商大臣致津海关税务司札文选编》,天津人民出版社,1992,第247-248页。

④ 李恭忠:《〈中国引水总章〉及其在近代中国的影响》,《历史档案》2000年第4期,第106页。

⑤ 《天津口引水分章》,交通铁道部交通史编纂委员会:《交通史航政编》(第三册),1931,第1422页。

据1869年的引水条例所规定，天津口引水人员名额为九名；引水界限自紫竹林新开码头北第一船坞起至大沽拦江沙外十五里止；明确规定了引水费用按照船的尺寸收取；引水人员的考选由理船厅办理；对于搁浅的船只引水员要立刻施救，不得讲价，且明确报告理船厅；水路更改、浮标变化要报理船厅处理。①

1903年4月，津海关与各国领事、通商总局商议修订了《天津口引水章程》，计十款、十四条。天津引水员名额不敷应用时，可由八名引水者增加至十名；引水界限改为天津万国铁桥至大沽拦江沙外十五里止；引水费用标准修订；引水员的选考要首先登报广而告之，理船厅选考之人要体检、不超过45岁，符合条件才能录取。年迈的引水员要及时取消其引水资格，不再能从事这个行业；不同船只停泊后要按照规定悬挂不同旗帜以示区别。②

修订后的《天津口引水章程》，关于投考者的资格要求甚为严格。其中第八专条明确规定，报考者须有胜任船主大副之凭照，或业经充当二年船主大副者；第九专条规定，在考试期前二年内至少需有六个月之久常川行驶船只来往天津，或随同引水人学过引水事业四个月者，或在本口充过小轮船主四个月者。③ 这两条规定使得华人水手很难具备资格。当时，天津海关共有引水员六人，其中英人四名，日人二名。④ 天津港至1903年为止，尚无华人引水员，华人很难具备资格成为重要原因。

---

① 《天津口引水分章》，交通铁道部交通史编纂委员会：《交通史航政编》（第三册），1931，第1422-1424页。

② 《天津口更订引水章程》，交通铁道部交通史编纂委员会：《交通史航政编》（第三册），1931，第1424-1426页。

③ 《天津口更订引水章程》，交通铁道部交通史编纂委员会：《交通史航政编》（第三册），1931，第1425页。

④ 《津海关考试引水之感想》，《大公报》1933年9月30日，02版。

二、国民政府时期总章的基本原则

关于引水权不应操诸外人之手，这是国际公例。之前在中国的畸形是由于清政府的原因，辛亥革命后，政府方对此进行权力的争取。一是培养本国的引水人才，使其尽力参与本国各口岸的引水工作。人才充裕了就不会再借助外人的力量，则通商各口岸会从根本上收回引水权力。二是对于之前的引水章程的废除和修订，引水章程为本国规定，非国际条例，只要对通商事务不产生阻碍，本国政府有权进行废止或修改。但是，当时收回引水权力的最大障碍，就是本国引水人才的缺乏，华人引水员一直受到洋人引水者的排挤，从事引水者的华人一直屈指可数。

1911 年，民国政府制定了《引水总章》，作为全国海关的领航制度的指导性规章。按照《总章》，各口岸海关须通过考试选拔专业引水员（即领航员）；引水员需要取得海关税务司发放的执照作为职业资格证，才能从事引水行业；具有职业资格的引水员办理引航事宜，无论是个人还是公司，都要服从海关的理船厅管理，需要遵守引水相关的管理规章制度；引水船应由引水人将其船名、船式、大小及该船船员姓名缮列清单，呈报理船厅注册，由理船厅发给各该船之号数并船照；船只停泊需服从海关安排。①

《总章》是全国海关的引水规章指导性原则，各地海关要根据自身的具体情况制定相应的细则。该章程的出台是争取引水权的肇始。

① 《引水总章并天津口引水分章》，天津市档案馆编：《天津海关档案》四，天津古籍出版社，2013，第 2543-2555 页。

三、《天津港口普通领港（引水）章程》及地方规则

1919年，天津海关制定了《天津港口普通领港章程》。1926年天津海关对其进行了修订，制定了《天津口引水章程》。后者是对前者的修订，两者相较，《天津港口普通领港章程》在选用人员、领港人与船主之间的关系、职责都有较大不同。

（一）领港人资格

1919年8月天津理船厅长饶伯尔·岛葛拉斯（Robert Douglas）签署的《天津港口普通领港章程》中明确规定“凡有约国人民和或其保护国人民或华人皆可不分国籍，有充当领港人之资格，但须由委任所根据现在议定之普通章程及各港口之实行规则任命”。[1] 对于考试资格也有了进一步详细的规定：

子、遇领港人有缺额之时，即登本埠报纸招考，委任所宜于八日后举行考试，择优录用。

丑、凡曾充领港之人，因事取消执照或无领事证明品行书者，委任所得拒绝其入考。

寅、此种考试必须公开择优录取，不分国籍，不论私情。

卯、有关系之领事得亲自或派代表参加考试。

辰、请领领港执照须以委任所多数所员投票决定之，各所员得每人投票一次，倘该有关系之领事未曾出席，则理船厅长

① 《照译天津普通领港章程及地方规则》，天津市档案馆编：《天津海关档案》四，天津古籍出版社，2013，第2592页。

当代为投票。[①]

对于所颁发的领港执照强调了中国主权:“领港执照由海关税务司以中国政府名义代表发给,若该领港人非中国籍,其执照须在该国领事馆注册签证”[②]。

(二)停泊要求

由中国香港、日本或中国内地各口岸所到之船,可悬第三号红白旗帜。由外国口岸所到之船可悬第二号蓝白色旗帜。倘系载有重物之船,可悬第十号黄蓝色旗帜。倘船中载有火药或他种引火物者可悬第五号红色燕尾形旗帜。

领港人(引水员)的职责,理船厅与各类船只之间的管理与被管理的关系也做了规定:

子、港口领港人之职务系负责指导停泊口外之船只,遵照理船厅命令管理船只出入船坞码头或碇泊所,协助及报告理船厅办理一切。

丑、关于停泊船只,理船厅长须尽力尊重船上指挥员及代运货物人之意见,惟船只之出入行动及结关等,若无理船厅长之命令擅自办理者得制止之。

寅、一切船只行动须根据理船厅长之命令,未经许可者不得擅动。

卯、应向理船厅长纳付港口领港费之各项开列如左:船只

① 《照译天津普通领港章程及地方规则》,天津市档案馆编:《天津海关档案》四,天津古籍出版社,2013,第2602-2603页。

② 《照译天津普通领港章程及地方规则》,天津市档案馆编:《天津海关档案》四,天津古籍出版社,2013,第2604页。

转头及出口；船只出入船坞及停泊等；船只移易地点；船只靠近及离开码头。①

四、1926 年的《天津口引水章程》

1926 年 2 月 24 日，津海关税务司将修订的《天津口引水章程》呈交海关监督查核批准公布。

（一）引水员人数、引水领域及引水费

天津港口常备引水员额定八名，如确实因为贸易需要，理船厅可以安排增至十名。天津港口引水界限从本港上段界限起至大沽口拦江沙外五英里止。关于引水费如下：

子、从拦江沙外至东沽小码头地方，篷船每艘吃水每一英尺，应缴引水费银五两，轮船或所拖篷船每艘吃水每一英尺应缴引水费银四两。从拦江沙外至东沽小码头以上新河码头以下，其间任何地点每艘吃水每一英尺较上列各引水费加银一两。

丑、从东沽小码头、大沽、塘沽或新河码头至天津，篷船每艘吃水每一英尺应缴引水费银六两，轮船货所拖篷船每艘吃水每一英尺应缴引水费银五两。

寅、如船只注册净吨位超过一千二百吨者，则每逾一吨，除子丑两项外，应加收吨位费银三分。

① 《照译天津普通领港章程及地方规则》，天津市档案馆编：《天津海关档案》四，天津古籍出版社，2013，第 2612-2613 页。

卯、船只吃水以六英尺为最低限度,例如吃水五尺之船当以六尺计算之。

辰、船只吃水度数凡不足半英尺者当以半英尺计算之。

巳、凡业已寄椗口外之停泊处所,以及寄椗大沽、塘沽、天津等处之船只或在河口或河口以上至塘沽码头或新河码头以下,其间任何地点之船只由引水引导移动,改泊他所者,每艘应缴引水费银二十五两,如船只注册净吨位超过一千二百吨者,除应缴前项二十五两外,每逾一吨须加银一分。

午、在大沽口拦江沙外五英里以内之船只,如引水人登船引导至口外停泊处所寄椗,每船吃水每一英尺应缴引水费银二两,如船只暂时停泊以待涨潮,俾得驶过拦江沙者不在此列。

未、如将引水人留住天津过三十六小时,则每二十四小时该引水人例得费银二十五两。

申、倘引水人引船离其原驻地点,在中途遇有特别事故,非因自己过失,如天气暴变、河内冰冻等项稽延时日,除其遄返川资外,每日应得津贴银十两至抵天津时为止。

附注 以上银两均以天津关平银两计算之。[①]

(二)引水员管理

引水员所收引水费数目按照海关的规定不得增减,但是长期往来天津港口的船只可以和理船厅订立合同,引水费在得到理船厅核准后,可以另行订立。引水员考选处由理船厅召集组织,考选

① 《天津口引水分章》,天津市档案馆编:《天津海关档案》四,天津古籍出版社,2013,第2556-2560页。

官除理船厅外，其他考选官员每日每人付给办公费关平银十五两。

引水员缺编可以招补，但是需要理船厅预先在本地报纸登载招募广告，如果有必要还要在报纸上登载声明并发布考试日期。1933 年 9 月 29 日，《大公报》登载了《海关明日考试“引水”》，标题醒目地标注“交通部电派林实监试，此次考试有华人一人，为收回‘引水’权之嚆矢”①。当年的招考广告为“兹天津港‘引水’有二名出缺，照章由海关港务处招考，其资格须充当船长五年，并在本港水上有两年经验，方能投考。闻现有投考者有华人一人，日人三人，英、俄籍者各一人，定明日开始考试，业由交通部电派天津航政局长林实充任监试，此事为向来所未有，故社会人士对此事极为注意。据查津港‘引水’共八人，英籍者四人，日籍者二人，其他二人”②。

凡是第一次参加选拔的引水员，必须提交医生证明，身体强健、视力佳，天津海关的医官也会再次检查，认为其适合担任引水员，参选者才能参与考试，缺一不能参选。凡是参选引水员的人必须持有船长服务证书，一般持有证书的人还需要通过持有执照的引水员引荐成为引水学徒，学习拦江沙及河道引务达到三个月。或者持有船长服务证书的人在参选前两年内曾经担任过来往天津的轮船船长超过一年，才能参加考选引水员。此外，对于参加考选的人还有年龄限制，不能超过 45 岁，凡是报名者超过的，一律注销其考试资格。考取了执照的引水员“初次领受执照，应向海关缴费关平银十两，嗣后每年七月一日换领新照一次，每次缴费关平银五

① 《海关明日考试“引水”》，《大公报》1933 年 9 月 29 日，10 版。

② 《海关明日考试“引水”》，《大公报》1933 年 9 月 29 日，10 版。

两”①,后改为每年换领执照缴纳十两关平银。倘引水人因年老或久病不能够再履职,理船厅可以撤销其执照,但仍准该引水人向其本国领事暨船行代表并本口洋商总会代表合组之团体呈诉撤销原委。

1933年的招考,《大公报》专门登载了对于此次考试的社评——“今津口考试引水,国人投考者虽仅一人,吾人亦不禁有空谷足音之感也!”②

(三)引水员职责

领有执照的引水员见到有危难的船只,应该尽力施以援助,不能在引水费上讨价还价,不得因要求酬报多少而有意延缓逗留,如事后或因报酬之多寡,有所争执,就根据打捞沉船的规定来解决。对于已经搁浅的船只,该船上的引水员应将各种情形:如测定“遇险地点之方位,该船吃水之深浅潮流之时刻,船底之状态等项,立即呈报理船厅”③。引水员发现经过的河滩、河道有变化,或者浮标、灯标、标杆等有损坏的,都应该立即向理船厅报告。

对于履职不力的引水员,津海关亦有相关规定。“倘引水人办事疏忽,或才力缺乏,或犹豫寡断致船只有搁浅暨碰撞情事,以及任事时举动乖张,秩序紊乱,船长得具报理船厅,查明核办。”④如领事官船长船东或船行代理人告发引水人办事不良,或理船厅自己业已侦知某引水人并不遵照定章行事,理船厅得召集审查委员会

① 《天津口引水分章》,天津市档案馆编:《天津海关档案》四,天津古籍出版社,2013,第2562页。

② 《津海关考试引水之感想》,《大公报》1933年9月30日,02版。

③ 《天津口引水分章》,天津市档案馆编:《天津海关档案》四,天津古籍出版社,2013,第2563页。

④ 《更改本口引水分章第十一款及所增之第二十三、二十四款》,天津市档案馆编:《天津海关档案》四,天津古籍出版社,2013,第2565页。

检查该案情事。审查委员会以理船厅为会长，加上高级引水一人及船长二人，同国籍者充之，除理船厅外每人每月应付办公费关平银十四两。如引水人不服理船厅判决，向其本国领事署呈诉，如经该领事受理，则当由该领事一人、天津洋商总会指派代表一人及引水方面同一国籍之商会指派之代表一人合组法庭审理，如引水方面无商会，则天津洋商总会当指派二人充之，此项特别法庭须自行委派熟谙驾驶事务陪审员数名处理之。①

五、1929 年天津海关引水情况调查

1929 年天津海关查引水情况，查引水职务就是指示船舶航路及领导出入港口责任，这是至关重要的，引水情形颇有不同，海关详加调查。

1. 诸关对于引水，包括领港领口之考选任用办法。

2. 诸关区域内之引水定额及递补办法。

3. 诸关现时考验合格之引水名单或核准挂号之引水名单。

4. 诸关区域内有无华洋引水团体，其内部组织如何？

5. 如有引水团体，该关所有监督管理之办法及章制。

6. 船舶雇用引水之手续及费用。②

① 《更改本口引水分章第十一款及所增之第二十三、二十四款》，天津市档案馆编：《天津海关档案》四，天津古籍出版社，2013，第 2566-2567 页。

② 《令查该关管理引水情形》，天津市档案馆编：《天津海关档案》四，天津古籍出版社，2013，第 2617-2618 页。

1929 年 5 月 8 日,津海关回复了海关监督引水章程说明书一份及名单一份。说明书具体罗列了:

1. 津海关对于引水员的选拔章程。

2. 引水区域内的引水定额及逮捕办法。

3. 津海关现任引水员考核情况。

4. 津关区域内有些华洋引水团体,其内部组织如何,现查有私人组织纸团体系为其互相之利益,惟其内部如何,无从查获。

5. 引水团体,津关所有监督管理的办法及章程。

6. 船舶雇用引水员的手续及费用,至于各轮船愿否雇佣领港人,完全听其自便。①

表 4-2　天津港口内合法引水人名单②

姓名	国籍
格拉夫特(T. Groft)	英国
哈柏林(F. H. Hamblin)	英国
今村(B. Imamura)	日本
约翰逊(G. L. C. Johnson)	英国
林伯格(A. Lindberg)	德国(limited Pilot)
望月茂(J. Moohizuki)	日本
拉菲(J. A. Rurphy)	美国

① 《引水章程并说明书、引水人名单》,天津市档案馆编:《天津海关档案》四,天津古籍出版社,2013,第 2636-2637 页。

② 《引水章程并说明书、引水人名单》,天津市档案馆编:《天津海关档案》四,天津古籍出版社,2013,第 2638 页。

续表

姓名	国籍
波尔金霍恩(S. Polkinghorn)	英国
史密斯(W. G. H. Smith)	英国

1929 年 4 月 30 日,安东关来函询问,通商口岸轮船进出口,向来有委托熟悉水性并具有相当资格的人承办领港事务,以防危险。是只用华人还是华洋并用,各轮船对遇领港者是否可以自由委托,津海关是否有规定或专门的章程来提供参考。[①] 5 月 14 日,津海关回复,天津港之轮船其所雇佣之领港者,皆系洋人,华人有此项相当资格的人也得不到雇佣,且各轮船是否愿意雇佣领港人是完全自由的,至于本港领港事务曾订有引水章程。

从 1867 至 1947 年,天津港引水业务历经 80 年的历史,自始即由外籍人员把持。七七事变之前,天津港因受不平等条约的束缚,引水业务多由英日籍人员办理,1935 年开始才有国人黄慕宗担任引水员。日军侵略期间都由日本人掌握引水权力。二战胜利后政府颁布了引水法,收回引水权。津港实施的是强制性引水制。凡是明令强制雇佣引水的港口,应该遵照引水法令雇佣引水员。

海港为国家门户,引水员则是门户的看门人。各口岸的引水员近代以来一直是外籍充任。二战胜利后,天津引水公会扩充为冀鲁区引水公会,塘沽、青岛、秦皇岛均分设事务所。彼时,该会有会员 18 人,天津港 12 人中,中国籍 9 人,英籍 3 人。[②] 津港口的引水员短缺问题最为严重,津海关实行强制引水,人员不敷分配,为

① 《安东关监督公署公函询问关于领港事务如何办法请见复》,天津市档案馆编:《天津海关档案》四,天津古籍出版社,2013,第 2574 页。

② 《海上门户看守人》,《大公报》1947 年 9 月 25 日,05 版。

推引水业务的发展,须培养本港引水人才。

本章小结

津海关建立之初已经由清政府委托给外籍人进行管理,沉船打捞,海关签订的是英国公司;船只管理从天津海关的几个案例中可以看到中国的舢板船经常受到外籍大轮船的撞击而沉没,但是从20世纪20年代的案例中可以看出,中国人现代国家的民族意识产生并逐渐增强,从中国船主王仲元向津海关监督对于日本船只撞沉其船的申诉状中可窥一斑,“苟容如此野蛮,将来我国内河川直无贫民船只生活之路,我国民财产不啻尘埃,命犹如蒿草,于我国主权亦受影响”。[①]引水权关涉国家安全问题,这一常识性问题从政府到民众都没有得到重视,直到20世纪30年代收回引水权,这一状况才有所改变,但是国人担任引水员的情况一直不乐观,外籍引水员一直把控着引水事务。

① 《海关咨复理船厅查复北河轮船撞毁王盛发煤船》,天津市档案馆编:《天津海关档案》九,天津古籍出版社,2013,第6459页。

第五章

津海关关税制度

19 世纪,清末海关的建立成为当时的政府一个相对稳定的财政收入的来源,用于赔款、军事、工程建设等。1896 年 12 月出版的《时务报》,引述一名俄国少将铺加脱的观点,说当时中国的国库财源有三种,即直税、厘金税和间税;其中,“直税”包括田赋和丁税,“间税”以海关税为要。[①] 整个中国近代史过程中,这个新的财政官僚机构雇佣西员,采用西方的官僚制度,相对于清末的政府形象,更多呈现出了专业、高效的特点。在不断地行政扩张中,海关的发展构成了国家财政的一个重要部门。19 世纪 20 年代,对外贸易在中国的 GDP 中占据很小的比例。晚清各省都纷纷自治,洋人管理的海关却能给中央政府提供可靠的税收。清政府和民国的后继者们,通过掮客、行会以及买办的贸易方式,阻隔了西方贸易者与内地基层生产者和消费者的直接接触,除了煤油、香烟和火柴,中国的消费模式基本保持了不变。直到 20 世纪初,中国本土的市场结构一直保持着活力,外国商人在中国本土扩张市场的努力基本都失败了,中国商人经营的土货基本都能满足本土的消费需求。1922—1931 年的中国海关所做的十年报告中写道:

> 中国本土手工制品无论品质还是价格都更符合本地需求,因此更受本国人的喜爱。中国成为英国纺织品消费国的

① 林美莉:《西洋税制在近代中国的发展》,上海社会科学院出版社,2020,第 17 页。

> 最大障碍在于,中国可以生产更为优质耐用的商品,更能迎合人们的需求,而这些商品的价格却与同类洋货持平,甚至更为低廉。土布很粗糙,纹理不均,凹凸不平,且未经处理,但土布制成的衣服却比用一般的曼彻斯特产的布料制成的衣服耐穿两三倍。英国的工厂主们感到左右为难:如果增加棉线用量以使布料结实耐用,其价格就会飙升;如果想走廉价路线,势必无法兼顾布料的品质和耐用度。[①]

1907年,英国时事评论人 A. J. 萨金特(A. J. Sargent)认为签订不平等条约的欧洲列强并没能让他们的贸易商行在中国站稳脚跟。[②] 清政府的那些官员对不平等条约中有关商业的条款采取了不同方法来抵制实施,欧洲列强发现靠军队和条约并不能应付这些手段。萨金特认为,欧洲人难以将写在法律条款中的贸易权利变为凌驾于中国生产者、销售者和消费者之上的经济实权。从鸦片战争后,清政府被迫签订了一系列不平等的条约,欧洲人的坚船利炮迫使中国的许多口岸开放国际贸易,但是这些国家的商人并未因此大发横财。比如,英国商人宣称兰开夏郡纺织厂的产品行销全世界,但是在中国,产自那里的衣料却遭遇了滑铁卢。与之相反的是汪敬虞的观点,外国的商品通过不平等的条约让中国的传

---

① 《通商口岸贸易、工业等状况以及各通商口岸省份发展状况十年报告(1922—1931)》(Decennial Reports on the Trade, Industries, etc. of the Ports Open to Foreign Commerce, and on Conditions and Development of the Treaty Ports Provinces, 上海:海关总税务司署,1933年,以下简称《十年报告》第1卷,第114页)转引自[美]斯蒂芬·哈尔西:《追寻富强:中国现代国家的构建1850—1949》,赵莹译,中信出版社,2018,第67-68页。

② [美]斯蒂芬·哈尔西:《追寻富强:中国现代国家的构建1850—1949》,赵莹译,中信出版社,2018,第62页。

统手工业收到了巨大冲击，自给自足的经济结构逐渐瓦解。汪敬虞认为对外贸易是披着合法外衣的偷窃，靠着压榨中国为欧洲、美国、日本带来了滚滚财源。[①] 马克思认为：一般来说，人们过高地估计了中国人的消费能力和支付能力。在以小农经济和家庭手工业为核心的当前中国社会经济结构中，根本谈不上大宗进口外国货。[②] 妨碍对华出口贸易迅速扩大的主要因素，是那个依靠小农业与家庭工业相结合而存在的中国社会经济结构。[③] 另外，当时的国民购买能力有限，文化的阻力也使其消费结构和方式不易发生改变。如英国人常用的羊毛制品行销不畅，是因为中国人更多地使用棉纺织品，特别是结实耐用的土布。来自欧洲的一些制品，更多的消费人群是富裕阶层。还有就是当时的中国“中介经济”使欧洲商人不能直接接触消费者或生产者，商品的交换要依赖于买办之类的“中介”。日本学者则着力讨论了19世纪东亚区域经济的形成问题，特别关注了中国和邻国间的贸易联系对该国内陆市场的重要影响。[④] 按照日本学者的结论，就是西方的影响集中于通商口岸，内陆的贸易基本上还是由本土商人把持，外国企业很难取代中国商人的地位。19世纪，丝绸、茶叶、鸦片将中国卷入了全球贸易体系，新的贸易为清政府带来新的商贸税收，清政府的政权未能瓦解，也没能使中国沦为完全的殖民地。

---

① ［美］斯蒂芬·哈尔西：《追寻富强：中国现代国家的构建1850—1949》，赵莹译，中信出版社，2018，第63页。

② 《马克思恩格斯文集》第二卷，人民出版社，2009，第641页。

③ 《马克思恩格斯文集》第二卷，人民出版社，2009，第672页。

④ ［美］斯蒂芬·哈尔西：《追寻富强：中国现代国家的构建（1850—1949）》，赵莹译，中信出版社，2018，第63页。

第一节　协定关税

关税，就是对于通过国境或国境内的货物进行征收的税。现代意义上关税是指进出口税，但是开埠前清朝的税收一般是指针对国内外所有货物征收的税。关税制度是指一国制定关税税则所采用的制度。[①] 明清时期，海禁解除的时候，政府是拥有关税主权，"翕然无缺，税则厘订之后，或改或减，或增或免，操持自由，并不受任何牵制"[②]，至鸦片战争失败后，列强皆侵略而至，中国经过英法联军武力胁迫、中日战争、八国联军的入侵，中国屡战屡败，先后签订了《南京条约》《天津条约》《马关条约》及《辛丑条约》，这些条约均意在夺取中国关税主权。太平天国运动之后，列强更是控制了中国海关的行政权。协定关税下一直执行值百抽五的税率，再加上国内连年战争，"政府亏累甚巨，税收所得仅足偿借贷利息，或为借款至抵押品"[③]，近代中国采用的是单一税则制度，清晚期由于签订了不平等条约采用了协定关税，即清政府不能按照自己的意志单独订立税则，要与他国协商订立税则。由于清政府与多国签订了不同的条约，协定税则也是多边的。直至第一次世界大战后，德国、奥地利、俄国三国协约相继失效，其他列强签订的条约亦将届期满之时，巴黎和会上中国政府始要求恢复关税主权。

---

① 李育民：《近代中国的条约制度》，湖南师范大学出版社，1995，第119页。

② 《最近颁布关税税则之内容及其厘定之经过》，《大公报》1931年10月11日，06版。

③ 《最近颁布关税税则之内容及其厘定之经过》，《大公报》1931年10月11日，06版。

一、海关税税种及其征收制度

清季，天津设有海税，系天津的土税之一。设关卡两处，一处在天津闸口，系为上关；另一处在大沽，为下关。专门用来对海船所载进出口杂粮杂货课税，每年定额银4万两，解度支部银2.34万两，以1.4万两留予天津道开支各项杂款之用，另2600两留给地方。① 1894年中日甲午海战、1900年庚子之变后，海船损毁较多，运输业受挫，加上东北铁路的开通，无生意可做，税银锐减。

清末海关税的税种主要是进出口税、子口税、复进口税、船钞和厘金。天津自开埠伊始新成立的海关实行的就是协定关税，关税没有自主权。众所周知，1842年签订的《南京条约》，其中一条就是税课"英国商民居住通商之广州等五处，应纳进口出口货税饷费均宜秉公议定则例，由部颁发晓示，以便英商按例交纳，今又议定英国货物自在某港按例纳税后，即准由中国商人遍运天下，而路所经过，关税不得加重税例，只可按估价则例若干，每两加税不过某分"②。值百抽五的税例是在1858年11月8日《中英通商章程善后条约十款》中的第一款"税课"中明确的。1860年10月24日《中英续增条约九款》签订天津开埠，"大清大皇帝允以天津郡城海口作为通商之埠，凡有英民人等至此居住贸易，均照经准各条所开各口章程比例画一无别"③。

1. 进口税。《南京条约》《中英通商章程善后条约十款》规定了

---

① 天津市地方志编修委员会：《天津通志·财税志》，天津社会科学院出版社，1996，第140页。

② 黄月波、于能模、鲍釐人编：《中外条约汇编》，商务印书馆，1935，第5页。

③ 黄月波、于能模、鲍釐人编：《中外条约汇编》，商务印书馆，1935，第11页。

进口税率为值百抽五。无论是何种类的货物一律是按照所谓估价进行纳税。天津开埠后,根据贸易总册记载。光绪十一年(1885)天津关征收各项税收攻击四十三万一千二百三十二两一钱九分八厘;1886年为四十四万八百五十九两五钱二厘;1887年六十五万五千三百三两一钱八分四厘;1888年五十九万一千四百九十四两九钱六分六厘;1889年五十九万四百五十五两六钱四分四厘;1890年六十万九千九百五十五两八钱八分三厘。1891年天津进口正税洋货七万二千九百九十八两四分;国货一万八千一百八十五两九钱六分;复进口半税洋货十万八千六百四十两四钱八分五厘、国货五万三千三百六十七两七钱二分六厘。①

2. 出口税。出口税亦称为输出税,天津出口的产品从品种和数量上来看都远远少于进口商品。天津口岸1863—1865年间,大宗的出口物品包括白矾、青矾、苹果和梨、枣、米粮、肥皂、烟草、棉花等。1861开埠以来至1865年间,天津海关出口值(不含金银)由四十六万一千五百七十三海关两增加到一百六十九万一千九百六十一海关两。到1891年天津口出口正税洋货十三万七千二百十四两三分七厘,国货七万七千八十九两七钱三分六厘。②

3. 子口税。子口税属于国内关税,主要针对进入中国境内的洋货以及洋商贩卖中国土货出口征收的税,征收此税的洋货即可免除一切厘金。子口贸易是天津重要的业务,子口税的多寡反映了洋货在天津腹地是畅销还是滞销,土货通过天津出口的增减,也折射出土货的生产效率和生产力。子口贸易是否繁荣也直接影响

---

① 《光绪十七年通商各口华洋贸易情形总论》,天津市档案馆编:《天津海关档案》一二,天津古籍出版社,2013,第8082-8084页。

② 《光绪十七年通商各口华洋贸易情形总论》,天津市档案馆编:《天津海关档案》一二,天津古籍出版社,2013,第8084页。

了天津口岸的兴衰。“查验确实照纳内地税项，该关发给内地税单，该商应向沿途各子口呈单照验、盖戳放行，无论远近均不重征至运货出口之例，凡英商在内地置货到第一子口验货，由送货之人开单注明货物若干，应在何口卸货，呈交该子口存留，发给执照准其前往路上各子口查验、盖戳至最后子口，先赴出口海关报完内地税项方许遇卡，俟下船出口时再完出口之税。”[①]子口税保护了洋商的利益，中国商人、货物由于要缴纳清政府的层层重税，在市场中的竞争力很弱，加上后来设立厘金，清政府对华商的横征暴敛，使土货丧失了竞争力。

4. *船钞*。顾名思义，是按照一定规则对船只进行征税。道光二十三年(1843)六月中英《五口通商章程：海关税则》中规定“向来系丈量船身，按丈输钞，今议改查照船牌所开此船可以载货若干，每吨(积方计算以一百二十二斗为一吨)输钞银五钱；其丈量旧例及出口、进口日月等规，全行删免”[②]……凡英国进口商船，应查照船牌开明可载若干，定输税之多寡，计每吨输银五钱。[③] 规定“最小者以七十五吨为率，最大者以一百五十吨为率，没进口一次，按吨纳钞一钱……倘已逾一百五十吨者……每吨输钞五钱”[④]。1858 年 150 吨以上的船改征税银四钱。1891 年天津口船钞洋船七千九百

① 黄月波、于能模、鲍釐人编：《中外条约汇编》，商务印书馆，1935，第 11 页。

② 李济琛，陈加林主编：《国耻录——旧中国与列强不平等条约编释》，四川人民出版社，1997，第 12 页。

③ 王铁崖：《中外旧约章汇编》第 1 册，生活·读书·新知三联书店，1957，第 41 页。

④ 李济琛，陈加林主编：《国耻录——旧中国与列强不平等条约编释》，四川人民出版社，1997，第 7 页。

九十四两三钱,华船二千四百九十九两五钱五分。[①]

5. 复进口半税。也叫沿岸贸易税,内地半税,是针对外国商船从一个通商口岸贩运土货到另一个通商口岸所征收的关税。咸丰十一年(1861)开始征收,复进口税率是进口税的一半。根据《南京条约》等一系列不平等的条约,洋商进入中国的货物只缴纳一次关税即可在各通商口岸通行,而当时清政府又没有关于转口税则的规定,洋商船只上的货物转运到口岸时也无法判断是出口国外还是转销国内他地;华商的货物运销全国通常每个关卡都要上税,土货出口税只是进口税的一半,此时如果洋商购买土货不是出口而是销往他省,则会对华商造成很不利的影响,所以对于从通商口岸装载的土货都按照出口对待征收半税。出口税和复进口税在装货口岸一并缴纳。1891 年天津复进口半税洋货为十万八千六百四十两四钱八分五厘;华船为五万三千三百六十七两七钱二分六厘。[②]

二、清朝关税税则

1516 年到 1842 年之前,清廷的关税完全自主。其他国家来到中国,仅可以在粤境内进行贸易,彼时清廷一直闭关锁国,且“毫无对外贸易之心;且于外人视同蛮夷,殊不愿与其平等交易”[③]。1684 年设江浙闽广四海关监督,到 1689 年制定了四海关征税税则。1728 年再定洋船出入中国期限以及携带米粮货物的限制。1753

① 《光绪十七年通商各口华洋贸易情形总论》,天津市档案馆编:《天津海关档案》,一二,天津古籍出版社,2013,第 8086 页。

② 《光绪十七年通商各口华洋贸易情形总论》,天津市档案馆编:《天津海关档案》,一二,天津古籍出版社,2013,第 8084 页。

③ 李培恩:《关税自主问题》,《新时代民众丛书》,商务印书馆,1938,第 2 页。

年，以粤海关为例，“分征税则，例为三部：即正税则例、比税则例及估价册是也”①。1757 年，闽浙总督喀尔吉善奏“外商获利甚多，请增其税”②。浙江海关对洋船的税款翻番征收。

1842 年，《南京条约》签订后，进入了协定关税时代，进出口关税则是值百抽五；船钞是 150 吨以上的每吨征收五钱。1860 年，《天津条约》签订后，进出口税则仍是值百抽五；子口税税率值百抽二点五；船钞税率减轻——五十吨以上船舶，每吨纳税四钱，五十吨以下的纳税每吨一钱。1867 年，《烟台条约》规定租界洋货不收厘金。1895 年，《马关条约》，日本“各种机器任便装运进口，只交所定进口税”③；日本在中国各通商口岸购买货物时，“只完出口正税，所有内地税赋等一律豁免”④。1901 年，《辛丑条约》，通商口岸五十里内常关归海关管理；清政府自《天津条约》后，“进口从量税从未改订，今照约定切实值百抽五之旨改订税则”⑤。

从 1842 年到 1901 年，清关税一直是协定关税，税率为值百抽五，但是 1901 年，始定进口货税增至切实值百抽五，“并将向例进口免税各货，亦列入切实值百抽五货内”⑥。1902 年，中国政府会同英法美日等国，在上海商议修改税则，其估算货价之法，业经和约

---

① 李培恩：《关税自主问题》，《新时代民众丛书》，商务印书馆，1938，第 2 页。

② 李培恩：《关税自主问题》，《新时代民众丛书》，商务印书馆，1938，第 3 页。

③ 李培恩：《关税自主问题》，《新时代民众丛书》，商务印书馆，1938，第 5-6 页。

④ 李培恩：《关税自主问题》，《新时代民众丛书》，商务印书馆，1938，第 6 页。

⑤ 李培恩：《关税自主问题》，《新时代民众丛书》，商务印书馆，1938，第 6 页。

⑥ 李培恩：《关税自主问题》，《新时代民众丛书》，商务印书馆，1938，第 19 页。

指定，应以1897至1899三年卸货时之价值计算，故税则成立之时，按实际价格计算尚不及值百抽五。列强均通过不平等条约使中国的关税主权丧失。辛亥革命后，海关关税自主成为政府当务之急之事务。

第二节　国定关税

辛亥革命后，中国一直争取关税自主，协定关税变为国定关税，以及废除厘金制是国民政府视为税制改革的两大成果。从民国初经过北洋政府到国民政府，争取关税自主，并数次修改关税税则。这期间经历了曲折和斗争。

一、北洋政府时期争取关税独立

武昌起义后，清王朝灭亡，原清廷的税收系统大多处于瘫痪状态。至二次革命，袁世凯为了解决国库空虚的问题，对于旧税进行整顿，增加苛捐杂税。从1912—1914年，中央财政收入集中于常关税、各省解款、印花税等，还有一部分就是找各国的借款。海关税收一直掌握在外籍税务司手中。

税务处作为海关税收的管理机构并不掌握税款的实际控制权力。辛亥革命前，外籍总税务司只是照税则收税，除去赔款外剩余税款要交给各地的海关道，税务司对于税款没有直接管理权。武昌起义后，各口岸税务司以保障赔款为由，直接将税款划入外国银行，革命政府拿不到税款，直接失去了海关税收入。1902年订立的

《通商进口税则》十年期满，于是北京政府于 1912 年 8 月，要求与列强商议改定税则——将值百抽五改为值百抽十二点五。[①] 实际上由于通胀等原因，实际估值也发生了变化，那么实际上的税收并没有增加多少，但是各国仍是不同意增加进口税率。至 1918 年，中国政府第三次修改税则，设定标准年度、定价方法、分类方法、计算税率方法。[②]

1919 年的巴黎和会，中国政府代表提出“条件内于关税则力主恢复自主之权”，理由有四：一是无交换利益。条约片面最惠国条款让各国均能在中国享受协定关税，而中国运往他国的货物则不享受对等利益。二是税率无区别。1858 年后无论何种物品均值百抽五。三是收入不足。协定税则，值百抽五相较于他国来讲是十分低的，造成我国关税收入甚微，如果裁撤厘金后，我国财税收入会锐减。四是有名无实。1902 年至 1918 年所谓改定税则，“不过重估货价，而税率五十年来从未更改”[③]。当时我国代表提出：一要最惠国待遇要对等；二要货物要区别税率征税；三要日用品税率不得低于 12.5%；四要新条约届满，中国政府有权自由更改税则。同时，中国政府要废除厘金。

1921 年，华盛顿会议上中国政府再次提出：现行 5%的进口税要增加至 12.5%；中国于 1924 年 1 月 1 日裁撤厘金，同时各国需要履行 1902 年的《中英条约》、1903 年的中美、中日条约所规定的进出口附加税切实缴纳；与各国重新订立条约，中国可以自由设定税

---

① 李新，李宗一主编：《中华民国史（1912—1916）》第二卷，中华书局，2011，第 405 页。

② 李培恩：《关税自主问题》，《新时代民众丛书》，商务印书馆，1938，第 20 页。

③ 李培恩：《关税自主问题》，《新时代民众丛书》，商务印书馆，1938，第 8 页。

率，最高不超过25%；废除其他子口税等税收项目；中国政府承诺履行偿还外债的义务，海关现行的行政管理制度不变更。①

1925年冬，北洋政府召集各国代表在北京召开关税特别会议，商谈关税自主事宜，最终各国承认中国关税主权，允许中国政府自主制定关税税率，计划于1929年1月1日生效。1927年8月，政府设立的关税自主委员会制定并颁布了《国定进口关税暂行条例》，共八条，其主要规定如下：除正常缴纳关税值百抽五外，另行征税如下：普通品值百抽7.5；甲种奢侈品值百抽15；乙种奢侈品值百抽25；丙种奢侈品值百抽57.5，按照规定从量或从价征收税款。

北洋政府时期虽数次修改税则，但仍限于原值百抽五的税率，并无实质性的改变，因物价飞涨，税则定后，通货膨胀物价又涨，始终无法切实达到值百抽五的税率。国家财税收入亦无真正增长。

二、国民政府时期的关税自主

1928年起，国民政府先后与英法美等十一个国家签订了关税自主的新约，于1928年12月7日颁布海关税则，这是近代中国国定税则之始。但由于日本迟迟不签订新的协定，该税则并未能真正颁布实施。直至1930年国民政府正式宣布国定关税，并从1931年1月1日起正式实施，同时国定关税将关税简化为进口税和出口税，其他子口税、复进口税等一概废除。1932、1933、1934年国民政府又几次修订和完善了《中华民国海关进口税税则》《进口税税则暂行章程》，改从量计征为从价计征；进口最高税率从50%提高到80%；奢侈品税率及日用品税率均有调整。

---

① 李培恩：《关税自主问题》，《新时代民众丛书》，商务印书馆，1938，第10-11页。

(一)进口税税则

1931年国定税则,共16类,647项,大致可以分为四大类别:一是工业建设用品,包括金属品及其制品、化学产品及染料、木材、煤、燃料、沥青、石料、泥土及制品。二是教育及文化事业用品,包括书籍、地图纸及木造纸类,凡已经装订或未装订成本或抄本书籍、教孩童乐谱、海图、地图、地球仪、教授用的标本等,完全免税输入。但是用于卷烟纸、画图纸、钞票纸则需纳税15%。三是日常用品,包括除衣物、食品外的金属品、蜡烛、皂、油脂、皮革、瓷器、玻璃等。四是奢侈品,包括丝织品、烟酒、各种装饰品。[①] 这四类货物中奢侈品关税税率最高,日常用品次之,工业建设用品最低,而教育所用之品可以免税输入。

1. 海关呈验

货物呈递进口报关单时应呈验真正发票,厂家发票亦包括在内,该发票应载明该货售于进口商之价值,并由进口商证明无错讹,所有运费、保险费及其他各费亦应详载无遗。货物于未报关之前,业已售出亦应检验真正合同,与报关单一并呈验。发票与合同均可视为货价之凭证,但非必要,可以视为确定之凭证。关于此点其解释应由海关酌定之,海关除责令商人呈验发票、合同外,并得任便行驶一切有效方法,例如检查与估价有关的其他各种文件调查。双方验明详细售货单据,检查商家簿册、考察货色,暨于必要时从事一切访问以及延请任何私人协助以便确定完税价格。

进口商对于海关所定价格、或分类、或其所征税银、或费用数目认为不满意时,可于报关单或海关他项登记备案以后二十日内,

---

① 《最近颁布关税税则之内容及其厘定之经过》,《大公报》1931年10月11日,06版。

用书面形式向税务司提出抗议,详细说明反对理由。在该案未解决以前,该商得呈缴押款,请将货物先予放行,该项押款之数须足敷,完纳税银,全数及海关所定其他加征之款。但此项办法以经海关许可者为限,税务司于接到抗议书后十五日内,应将该案重行审核,倘认该商抗议为不符合,应将该案呈请总税务司转呈关务署交由税则分类估价议会审定之。

关于货价争执案件,如经税则分类估价评议会决定该货实价,较抗议人原报之数超过百分之二十或以上者,则海关在征收其应缴纳的正税之外,饬令遵缴匿报税银十倍或十倍以下之罚款。关于价格上发生争议之货物在未输入以前,业经出售者当报关时并未呈验合同,则该合同日后如向税则分类估价评议会呈验拟作为该货价格之凭证时,须经商人或其代理人证明该合同于报关时确实不在输入商手中,并经税则分类估价评议会全体会员认为完全满意后,方为有效。倘于进口以前,已经出售之货物查明其合同在进口时故意隐匿未向海关呈验,则该项抗议案作为无效。所有单据合同上必须明确注明"兹谨证明上述事项及数目均系确实无讹"。

1938 年,美国公懋洋行对于汽车的进口零件关税问题提出了建议。此公司坐落于天津法租界中街 18 号。该公司在写给评议部门的信中提及:"1938 年 6 月 1 日开始施行的税则,关于汽车和卡车的进口税率从 15% 到 30%。新的税则目的是为了恢复贸易,使区域通过减少对于贸易的限制和负担来使贸易恢复活力。然而对于汽车来说作用是相反的,税率增加了 100%。我们不相信中国海关的目的是提高汽车及其零部件的税率。这一增加仅仅是由于恢复了 1931 年的关税表,当时一些商品的税率高于 1934 年的进口关税。华北地区的克莱斯勒公司进口部门,克莱斯勒、德索托、道奇、普利茅斯汽车和道奇、法戈卡车,许多美国的汽车制造者、配件和设备,对这类商品征收新的进口税对所有汽车和卡车车主都是一个巨大的困难。上述备件税率的提高将大大增加车队运营商的成本,并将增加地方当局的修复成本,因为地方当局将不得不在卡车备件上投入大量资金。同样私人汽车、卡车的维修成本也会增加。关税的增加同样会影响我们,特别是当我们进口客车零部件在天津进行客车组装,我们对装配厂进行了大量投资,这是在海关知情和同意的情况下进行的。零部件关税的增加将使在这里组装汽车变得非常困难。总之,关税增加造成两个问题:一是造成公共交通设备生产和维修成本增加;二是由于我们在汽车装配厂的大量投资无效,给我们自己造成了巨大的损失。在整个关税修订时,这是无意中增加的,因为我们认为,当局不希望在恢复该地区问题上增加自己的费用。汽车业的发展对于华北地区的发展是有益的、必要的。我们希望这一问题能反映给当局,希望汽车税率降回 15%的从价税。"①

2. 免进口税物品

最初,凡外国运来之米以及各色杂粮和面粉并金银以及金银各钱印字书籍、水陆各图、新闻纸等均准免税放行,凡船只进口货物,虽经专载免税之米及各色杂粮、面粉等亦应输纳船钞,凡油煤等物,进口报关纳税后,如实为复,需自用之故,转运下船则海关即将已完之税以存票发还。后改为小米、燕麦、穀米、裸麦小麦、麦粉、金银条、币等物品;已装订或未装订印本或抄本、书籍(电报密码书、教图书写图书簿、习字簿教孩童用乐谱在内的他种乐谱、账簿及其他公务用或学校用、私家用之文具不在内);海图、地图、报

① 《公懋洋行为汽车零件之进口税则有所建议》,天津市档案馆编:《天津海关档案》二十三,天津古籍出版社,2013,第 15632-15633 页。

及杂志;动物肥料,这些全部进口免税。凡满载或一部分装载免税货品之船只于进口时所有船钞,均应照纳但如所载货品全系金银大条或他国货币时,免征其应纳之船钞。

原为凡食盐不准贩运进口;洋枪枪子等一切军械等物,只可由华官自行贩运进口或由华商奉特准明文亦准放行,进口如无明文不准起岸,倘被查拿即行充公。后改为食盐不准进口,各种枪械、子弹、火药,除政府自运或经明文特准起岸者外,不准进口,如违反此项规定应查拿充公。鸦片及罂粟子不准进口,各种除经特准之医生、药商、化学商具有保结外不准进口:吗啡、可卡因注射针、含吗啡和鸦片或可卡因之戒烟丸、海洛因、麻药、大麻、鸦片、酒精,及其他含有麻醉性之鸦片或可卡因所制成之物品。

(二)出口税税则

1931年5月7日公布,6月1日起实施的新出口税则与旧税则相比,分类更细,从价者原来是值百抽五,新的改为值百抽七点五,而且正附税合二为一;从量征税的物品需要重新估价,这样一来理论上会增加税收。

> 第一条,凡应从价完纳出口及转口税之货物,应以当地海关查验该货时之平均趸发市价作为完税价格,此项平均趸发市价包括该货包装及整理该货等项费用,但税项并不包括在内。倘该货在输出口岸无趸发市价可考者,得以国内其他主要市场之趸发市价作为计算完税价格之根据。
>
> 第二条,凡出口运往外洋货物业已订立合同,售出应(者)将载列该货售价之真正合同与报关单一并呈验,该项合同可视为货价之凭证,但非必可以视为确定之凭证。关于此点其解释应由海关酌定之,海关除责令商人呈验合同外,并得任便

使用一切有效方法。例如检查与估价有关之其他各种文件调查详细售货单据,检查商家簿册考察货色,暨于必要时从事一切访问以及延请任何私人协助,以便确定完税价格。

第三条,出口商对于海关所定价格、或分类、或其所征税银或费用数目认为不满意时,可于报关单货海关他项登记归案以后二十日内用书面向税务司提出抗议。明白声叙反对理由在该岸未解决以前,该商得呈缴押款,请将货物先予放行。该项押款之数目须足敷完纳税银全数及海关所定其他加征之款,但此项办法以经海关许可者为限,税务司于接到抗议书后十五日内应将该案重行审核。倘认为不合,应将该案呈请总税务司核夺,如经总税务司查明该税务司办理允当,即转呈关务署交由税则分类骨架评议会审定之。

第四条,税则分类估价评议会开会时,关于手续等事发生一切问题应由多数议决,此项多数议决案须陈经关务署批准并于十五日内(例假在外)公布一体遵照。

第五条,关于货价争执案件,如经估价评议会决定该货实价较抗议人原报之数超过百分之二十或以上者,则海关得于征收其应纳之正税外,饬令遵缴匿报税银十倍或十倍以下之罚款。

第六条,凡于价格上发生争议之货物业已订立合同,售出者当报关时并未呈验合同,则该合同日后如向税则分类估价评议会呈验拟作为该货价格之凭证时即不予承认该项抗议案作为无效。①

---

① 《出口(及转口)税则暂行章程》,天津市档案馆编:《天津海关档案》二十二,天津古籍出版社,2013,第15604-15605页。

对于本国的国产货物出口应是免征关税的。但中国土货出口,从没有受补助的优惠政策,除了少数的货品外,不论原料制品,没有不纳税的。新旧出口税则皆是如此,可谓是“物物有税”①。但对于特殊的货品,新税则也进行了修改。如按照旧税则,第一类第十六号红绿茶每担需要征收税银二两五钱,砖茶每担须纳税六钱,新税则完全自定税则,不用受他国掣肘,茶叶列为第二类,可以免税。但有些土货新税则却增加了税额,如丝织品,宫丝原每担征收五两,现征收七两五钱。② 土货出口是要与外国货进行竞争,如此征收税银不利于本国该产业发展。

总的来说,关税自主制定税则已经是争取国家主权的一大进步和胜利,对于国民政府的财税增加创造了有利条件,同时对于民族工商业的发展也创造了宽松的环境。

此外,由于灾祸连年,政府“又值国库支绌一时”③,国民政府于1931年增加救灾附加税。救灾附加税税率自1931年12月1日起至1932年7月底止,按照关税税率征收百分之十专为救灾赈款之用,自1932年8月1日起,按照关税税率征收百分之五专为偿还美麦价款本息之用,至偿清之日为止。救灾附加税全部收入由国民政府救济水灾委员会支配用途。④ 1933年5月16日起,以前一切免征救灾附加税的进口货物一并征收救灾附加税。直到1943年,

① 诸青来:《出口税则评论》,《新社会半月刊》1931年第一卷,第一号,第2页。

② 诸青来:《出口税则评论》,《新社会半月刊》1931年第一卷,第一号,第3页。

③ 《中政会通过蒋之提案:举办关税附加税赈灾》,《大公报》1931年10月30日,03版。

④ 《国民政府救灾附加税征收条例》,天津市档案馆:《天津海关档案》二十二,天津古籍出版社,2013,第15021-15023、15041、15044页。

水灾附加税废止。

从1919年巴黎和会提出关税自主到1931年国定税则实施，历经十余年，关税自主本应是独立国家具有的天然属性，但是自晚清与他国签订了不平等条约，关税之权力为外人所夺取。与他国重新订立互惠条约，是中国与西方各国站在了同一舞台平等对话的结果。同时裁撤厘金，也有利于本国商品的正常流通，增加了本国土货与洋货的竞争力。由此也可见，关税自主是中国作为主权国家进行争取自主权利的成果。

第三节　津海关与“二五”附加税

1919年巴黎和会中国政府代表提出改协定税则为国定税则，并主张分类收税，允诺“中国所望于和平会议之同意者，为两年后废止现行税则，两年内中国亦愿与各国磋商……中国以废止厘金为交换条件，以冀除去商务之障碍”[①]，未能有果。1921年的华盛顿会议上，中国政府代表再次提出此主张，其他各国方才同意并签订《九国公约》。中国政府提出1924年1月1日，裁撤厘金，各国于同日允将1902年的中英条约、1903年的中美、中日条约所载进出口附加税切实征收。

一、“二五”附加税

1922年，北洋政府根据华盛顿会议达成的协议，邀请各国派员

① 贾士毅：《关税自主与新税则》，《商务期刊》第二号，第2页。

参与筹备拟定裁撤厘金的办法,各国允许北洋政府加收值百抽二点五的附加税用于弥补裁厘的亏损。但是在此问题的具体执行上,列强没有与中国政府达成一致,拒绝签订新约。

至1924年,“二五”附税未能实施。当时根据多方面估计,实行“二五”附税每年至少可以增加2400万元的税收,至多可以增加2900万元。[①] 北洋政府打算使用“二五”附税来整理旧债,对于当时财政捉襟见肘的政府来讲是一笔大宗收入。但是各国代表认为中国有漠视外债的嫌疑,要求用所有关余来偿还无抵押的外债,否则不予讨论“二五”附税问题。北洋政府的意见是:一是民国十年(1921)开始整理公债,公债购买人大多为中产阶级、慈善机构等;二是民国十年(1921)时,内债情形危急,整理内债刻不容缓,且内债只是政府债务的一部分;三是内外债均应整理,否则国家信用会尽失;四是外债有关税作抵押,北洋政府并不能转作他用,也没有控制权。五是中国作为主权国家是有权力处理关税余额。[②] 北洋政府以此理由督促各国代表尽快与其签订新约,改定税则的过渡期间切实实行“二五”附税。

二、津海关实行“二五”附税

天津作为华北地区的巨埠,轮轨相接,交通便利,其贸易区域,北控直隶全省及外蒙古,西连山西、陕西、甘肃、新疆,南达鲁豫之北部,东部为滨海,所以对外贸易甚为发达。1928年的天津外贸统计中,与天津对外贸易最多的国家是日本,其次是美国,再次是英国。所以津海关开征“二五”税,日本占据有重要地位,日本在地理

① 《外部为二五加税致使团照会》,《大公报》1924年3月22日,03版。

② 《外部为二五加税致使团照会》,《大公报》1924年3月22日,03版。

上与天津临近，占据了天然的优势。

（一）日本阻挠开征“二五”附税

天津为北方出入口货物之集中点，津海关每年征收关税为数巨甚。1925年，中国政府根据华盛顿会议的条约征收普通品的“二五”附加税。至1928年7月25日，在北京签订了中美关税新约，之后德国、挪威、比利时、丹麦、荷兰、葡萄牙、英国、西班牙等国均与中国签订关税新约，唯独日本没有同意签约。

1927年1月13日，顾维钧曾就2月1日起实行附加税决定，照会各国驻华使馆，内称：关税特别会议常处于停顿状态，关税自主延不宣布，附税不克实行，中国财政经济之发展无从促进，不得已自动宣布关会已议决之实行国定关税率日期及实行增抽进口附加税。[①] 北洋政府定于1927年2月1日征收“二五”附税，但是那日天津海关并未执行征收“二五”附税，接收“二五”附税的交通银行也没有收到任何附税。且日本商人拒绝缴纳“二五”附税。[②]

中国关税会议后，1925年，日本以对华贸易额甚巨，增加“二五”附加税后，日本品入中国必须多纳税，日本拒绝缴纳“二五”附加税。[③] 1924年，中国进口总额中，日本一国就占了43%，那么，日本也会承担“二五”附加税的43%。[④] 1926年，日本的社会舆论认为附加税的提案是英国对于日本的陷害，日本《东方每日新闻》称“此项增收附加税办法，对英之在华商务无任何重大影响，因其航来中国之货均属高级物品，而中国入口之日货则是咸为下级极价

① 韩信夫，姜克夫主编：《中华民国史（1925—1927）》第四卷，中华书局，2011，第2607页。

② 《天津尚未实行征收“二五”附税》，《大公报·经济新闻》1927年2月5日，04版。

③ 《二五税增收后之数额统计》，《大公报》1925年9月7日，03版。

④ 《二五税增收后之数额统计》，《大公报》1925年9月7日，03版。

廉之物，故日本对华商务受其损失比任何国家为巨，并云日政府绝不承认此种附加税，否则必须中日双方成立一特别条约”[①]。

1927 年 1 月 13 日，日本驻北京使馆对于中国政府征收“二五”附加税一事提出了单独抗议。[②] 1927 年 2 月 10 日，天津海关开征“二五”附税，日本驻津总领事署向津海关税务司提出抗议，拒绝缴纳，因为至 1925 年天津与日本贸易额占总贸易额的 22%，居于各国之首[③]。为此事政府特颁布了津海关“二五”附税征收规则：

> 第一条，津海关为实行征收附加税，特设监理处监理之；
>
> 第二条，监理处设处长一人，由省政府委任之；
>
> 第三条，监理处职员之组织，按照海关办法分内班、外班，各依事务之繁简呈请省政府审定委任之，监理处之组织章程由各该处长陈请省政府核定，海关之管辖各处设置分处，由处长具述理由呈请省政府酌定办法；
>
> 第四条，附加税之征收由监理处遵照条约，根据海关入口征税单，按照入口货物之海关估价，普通商品收 2. 5%，奢侈品征收 5%，奢侈品种类另行公布；
>
> 第五条，附加税单之式样准照海关入口征税税单，其发行手续亦同，但须盖省政府印信。[④]

天津日本商业会议所告各会员：天津海关监督已被任为附加税征收监理处长，另设附加税征收处……用汉文英文告知日本如

---

① 《二五税案与日本舆论》，《大公报》1926 年 12 月 25 日，02 版。

② 《征收赋税与日本态度：日使馆决计单独抗议》，《大公报》1927 年 1 月 15 日，02 版。

③ 《近三十年天津对外贸易统计》，《大公报》1928 年 1 月 1 日，10 版。

④ 《天津开征关税与日本》，《大公报》1927 年 2 月 13 日，01 版。

无附加税收据者，不能缴纳正税。[①] 为此天津的日本总领事馆立刻向津海关提出抗议。

中国政府认为，关于附加税对于日商的影响，在津日商认为并无太大影响，因为附税最终要由中国买主承担，而日货本就有销路，不会因为附加税而减少。也是希望本埠日商对于此事要早日解决，因为不缴纳附加税不能提货。日本官方的抗议乃是外交问题，不是因为附加税的重大影响。

1927 年 2 月 11 日，开征即有“美商某洋行大宗油类进口……应纳‘二五’附加税二万五千……当日西洋商进口货，大部均已照缴，惟日商悉未遵纳”[②]。直至 1930 年 5 月，此问题才解决，日本才同意按照新税则缴纳关税。

（二）津海关发行“二五”库券

1928 年 7 月 1 日，政府决定通过津海关在京津发行“二五”库券 900 万。[③] 1928 年 1 月至 6 月，津海关“二五”税收额逐月递增，1 月为 86700 两，至 6 月已经增至 148800 两。可见津海关的进出口贸易量十分可观。政府以津海关税收作为偿还利息，发行国库券，并由京津银钱商会会同财政部派员组织基金委员会，从 1928 年 9 月起还本三十分之一，1931 年 8 月全部还清。[④] 国民政府在发行国库券的同时颁布了津海关“二五”附税国库券条例，共十八条，主要条款：

---

① 《天津开征关税与日本》，《大公报》1927 年 2 月 13 日，01 版。

② 《津海关开征“二五”附加税》，《大公报·经济新闻》1927 年 2 月 14 日，04 版。

③ 《新发二五库券》，《大公报》1928 年 6 月 27 日，02 版。

④ 《津海二五库券别报》，《大公报》1928 年 6 月 28 日，02 版。

(一)本库券定名为国民政府财政部津海关“二五”附税国库券;

(二)本库券由财政部呈请国民政府核准发行;

(三)本库券发行总额为九百万元;

(四)本库券以充国民政府本年度预算不足及筹付临时要需之用;

(五)本库券定为月息八厘;

(六)本库券十足发行,但认购者准按九八交款,即每额面百元,实收九十八元;

(七)本库券于民国十七年(1928)七月一日发行;

(八)本库券发行时,预付利息三个月,自购券人交款之日起,至十七年(1928)九月底止,应给库券利息,按日计算,于交款时照数预扣;

(九)本库券还本付息办法,自十七年(1928)十月份起,每月底还本五十分之一,并付息一次,利随本减,至二十年(1931)三月底,本息如数偿清;

(十)本库券基金以津海关“二五”附税全部收入作抵,至全部清偿为止,由国民政府财政部命令津海关监督,自民国十七年(1928)九月起前预拨;

(十一)本库券之基金,如因关税征收有变更时,由财政部命令津海关监督在关税增加收入项下按月照数拨足,悉照本条例数目及时期办理,毫不变更。倘此项基金有不足时,亦由财政部先期以他项税收补足之;

(十二)此项本息基金,由天津北平银钱公会及商会等推举代表,由国民政府及财政部分别派员共同组织基金保管委员会保管之,并由该委员会经理还本付息事宜;

（十三）本库券发行机构由天津北平中国银行、交通银行及其他指定之劝募机关经理之，凡认购人交款时，由中交银行出给预约券，著名认购券额、种类、张数，并交银款数目，俟库券印就，再行通告在原地中交行，凭预约券再换库券；

（十四）本库券面额定为万元、千元、百元、十元四种；

（十五）本库券为不记名；

（十六）本库券得为银行之保证准备金，及随意买卖抵押并其他公务上须交保证金时，均得作为担保品；

（十七）对于此项库券如有伪造及毁损信用者，依法惩办。[①]

“二五”库券发行后，由津海关按照上述条例按时偿付本息，至1931年3月31日，津海关“二五”国库券最后本息偿清。[②] 原预计是1931年8月偿还清本息，实际上是年3月已经还清，从这个现象可以推测津海关的“二五”附加税额收入客观，可以补充当时的国库空虚，作为北方的经济中心，贸易往来在近代历史上占据重要地位。

本章小结

晚清关税根据与列强的不平等条约一直执行协定关税，税率为值百抽五，这一状况持续了80年左右，结果就是关税自主权利丧

① 《津海关二五库券条例》，《大公报》1928年6月29日，03版。

② 《津关二五库券还清》，《大公报》1931年3月27日，06版。

失,从而洋货畅销,土货滞销。辛亥革命后,政府一直争取关税自主。1917年12月25日政府颁布《国定关税条例》,未能实施。继而在1919年的巴黎和会,中国代表提出改协定关税为国定关税,两年后废除现行关税税率,两年内与各国磋商执行新的税则,但是遭到反对,使之成为泡影。1921年华盛顿会议,中国国人迫切希望关税自主。1922年订立了九国间关于中国关税税则之条约,按照约定中国裁撤厘金,征收"二五"附加税,但亦未能生效。1925年关税特别会议在北京召开,国民痛陈历次关税自主制定税则无效,各国代表均想尽办法将中国关税自主无限延期,虽承认中国关税自主权利,但新税则一直没能切实实施。直至1931年,国民政府制定了进出口税则开始实施新的税则。对于国定关税问题,国人强烈意识到"增进国际地位,仍在自强,而全部不平等条约之废除,犹待艰难之奋斗"①。中国政府争取国定关税,废除厘金,增加进口货物征收"二五"附加税,以弥补厘金裁撤之税收减少。当时政府通过津海关发行"二五"国库券,以津海关"二五"税收作为抵押,筹措资金补充国库。天津作为近代华北地区的经济重镇,海关税收额必然可观才能作为支付国库券本息的来源,而且津海关的"二五"库券提前偿清,说明当时天津的对外贸易的体量巨大。根据1928年对1907—1925年的统计数据称:"中国各商埠对外贸易占全国贸易总额之百分数,向以上海为最大,天津次之"②。但是,天津也毫无例外地被操纵在列强手中,也是在列强的控制下发展成为中国北方最大的贸易港口。在这样的环境下,国民的自主权利意识越来越强,争取独立自主贯穿了海关的演变历史。

---

① 贾士毅:《关税自主与新税则》,《商学期刊》第2号,第8页。

② 《近三十年天津对外贸易统计》,《大公报》1928年1月1日,09版。

第六章

津海关船只防疫管理制度

天津，北方的通商口岸与疾病的故事有赖于学术研究的融汇：医学史、城市史、制度史等。第二次鸦片战争，“西医”随英国海军传入，政治事件与防疫行为的转变——隔离、检疫、消毒，相互交叠，这些都成为海关制定防疫制度的基础。

第一节　津海关晚清船只检疫制度

疫病传播在人类历史上屡见不鲜，会造成大规模的跨区域危害。16 世纪地理大发现以来，欧洲人曾将天花等疾病从欧洲传到美洲，也将美洲的梅毒等带回欧洲。1918 年的大流感曾自美国传到欧洲大陆，造成大量人口死亡。预防医学早已有之，1936 年沈其震在《大公报》发表《预防医学之史的考察》，文章涉及认识疾病的传染性来自犹太民族——对于麻风病的认知。[①] 这篇文章中引用《旧约圣经》，记述“凡有麻风现已之人，必须受僧侣检查，隔离时间，久暂不一，有暂时隔离者，有终身隔离者……”[②]及至中世纪，随着十字军的移动，麻风病传至整个欧洲，强制隔离所遍布欧洲各地。20 世纪早期，中国境内也曾多次发生瘟疫，这使中国官方认识

① 《预防医学之史的考察》，《大公报》1936 年 6 月 16 日。

② 《预防医学之史的考察》，《大公报》1936 年 6 月 16 日。

到传染病防控的重要性。检疫作为一种带有强制性的公共卫生举措，其在中国，显然是晚清时从西方（包括日本）逐渐引入并推行的。[①] 而中国海关是从最初就由洋人把控，当时的海关是人、物跨国流动的主要通过之所，引入西方的检疫措施能够有效防止外来传染病的输入。洋人从自身的健康和利益出发，在海关建立检疫制度，同时使该口岸获益。

中国历史上传染病的流行并非罕有，但是正像余新忠所说的“历代对于瘟疫的救治，基本缺乏制度性的规定”[②]，“国家虽然也有所作为，但并没有从制度建设上担负起其责任”[③]。余新忠认为中国历史上，历朝历代的政府都非常重视“荒政”的构建，在水灾、旱灾、蝗灾等问题的赈灾问题上还是具有十分完备的救济制度和机制，由中央到地方的各级政府来分发钱粮；灾荒年进行减免税赋；在灾区由政府、地方士绅组织施舍粥食等，这些措施都能一定程度上救济灾民，缓解社会矛盾，巩固皇朝统治。传染病大规模传播亦是灾情的一种，尤其是威胁到生命的疫病极其容易在民众中引起恐慌，可是普通的赈灾措施并不能消除疾病传播，而历代政府对于疫情的防控和检验并未有制度建设上的成就。[④]

人们现代日常卫生观念的形成、公共卫生体系的构建与防疫制度和体系的逐步建立是近代以来才开始的。特别是随着开埠口

---

① 余新忠:《清代卫生防疫机制及其近代演变》，北京师范大学出版社，2016，第234页。

② 余新忠:《中国历代疫病应对的特征与内在逻辑探略》，《华中师范大学学报（人文社会科学版）》2020年5月，第3期，第125页。

③ 余新忠:《中国历代疫病应对的特征与内在逻辑探略》，《华中师范大学学报（人文社会科学版）》2020年5月，第3期，第125页。

④ 余新忠:《中国历代疫病应对的特征与内在逻辑探略》，《华中师范大学学报（人文社会科学版）》2020年5月，第3期，第125页。

岸不断增加以来,对外贸易增多,使传染病扩散的速度增快,同时传播范围也更为广泛,霍乱、鼠疫、黄热病皆是舶来品。霍乱源于1860年间印度,20世纪初国内的报道称:“有一种奇病西人命之名曰 Cholera[①],即日本所谓虎列剌症也由印度传染东方各国”[②]。

晚清海关作为贸易航务的管理机构,一直掌握在洋人手中,所以比较早地根据西方的近代医疗观念和技术建立起防疫的管理系统,面向各口岸医官传达疫情资讯。1870年12月31日,赫德在北京发布1870年第19号《总税务司通报》(Inspectorate General's Circulars No. 19 of 1870):“应该很好地利用海关所处之环境,处理有关在华外国人和本地人的疾病信息。由此,我已经决定,每半年出版所有能够获得的消息。如果按照所希望的程度实施此计划,将可以证明这对于中国和我国的医疗业非常有用,对公众也如此。”[③]英国人对海关相关区域内的卫生健康状况相当重视。最早可能从1871年开始,海关就定期编写《中国海关医官报告》,记录和统计相关的疾病和卫生情况。[④]

天津海关对当地的疾病和流行病情况的调查记载始于1871年。1871年的天津海关医疗报告主要是关于海关和天津居住的外国人的状况,其中提到:“1871年,到3月为止的六个月中,天津的健康状况是良好的。外国人中只有两例死亡,一个是因慢性肾病,另一个是因心脏病。本地和大沽口,以及两地船运业的外国人口,

---

① 译为霍乱。

② 《霍乱症预防法》,《大公报》1902年7月12日,01版

③ *Medical Reports for the Half Year ended 31st March* 1877, Shanghai: Statistical Department of the Inspectorate General of Customs, 1877, p. iii.

④ Surgeon-General C. A. Gordon, *An Epitome of the Reports of the Medical Officers to the Chinese Imperial Maritime Customs Service from* 1871 *to* 1882, London: Bailliere, Tindall and Cox, 1884, p. 281.

共约500人。在外国或本地社区都没有传染病。天津常见的疾病呈现与欧洲相同的症状,所需的治疗也一样。"[①]这一年所记录的时间里,不仅外国人社区,而且天津整体上都没有发生传染病疫情。另外,当时天津居有500名外国人,确实堪称一个可观的数字。天津海关记录的第一例传染病发生的情况是在1879年。1880年3月,海关医官埃尔文(A. Irwin)医生报告了天津海关相关的健康状况。报告中提到,在过去的一年中,有33名外国人因各种疾病住院治疗,另有一人死于肺结核。埃尔文医生还注明该肺结核死亡案例"非在中国感染"[②]。因而可以推断,这例肺结核病患应该并未引起进一步的感染情况。

1880年,天津海关开始谋划为海关防疫建立相应的规章。这一年的6月,津海关税务司德璀琳致函津海关道郑藻如,申明为防日本瘟疫而要稽查船只,信中说:"……查各国凡运别国有瘟疫传染之症,即留船在海口查验,不准病人进口,法至善也。"[③]即此前西方各国均有章程在海关进行检疫防疫。对于此次日本瘟疫,德璀琳特别强调:"日本国瘟疫甚巨,凡得病者半日即死,所有由该处驶来船只,自应照例前查,以免津人传染。"[④]同时提出了具体措施:

---

① Surgeon-General C. A. Gordon, *An Epitome of the Reports of the Medical Officers to the Chinese Imperial Maritime Customs Service from* 1871 *to* 1882, London: Bailliere, Tindall and Cox, 1884, p. 281.

② *Medical Reports for the Half Year ended* 31*st March* 1880, 19th Issue, Shanghai: Statistical Department of the Inspectorate General of Customs, 1880, p. 5.

③ 《德璀琳为防日本瘟疫而稽查船只等事札津海关道郑藻如》,天津市档案馆、天津海关编译:《津海关秘档解译——天津近代历史记录》,中国海关出版社,2006,第219页。

④ 《德璀琳为防日本瘟疫而稽查船只等事札津海关道郑藻如》,天津市档案馆、天津海关编译:《津海关秘档解译——天津近代历史记录》,中国海关出版社,2006,第219页。

“本司今早与各领事商议，拟派扦手在大沽口外转司稽查，惟本馆者小轮船，特为函致贵道查照，即布转饬‘掺江’‘镇海’船暂借扦手乘坐，假半月后再察访该国病势减少，再当酌撤也。”[①]扦手，本是海关进行货物检查的人。当时，津海关还没有设置专门的专属检疫医疗机构，所以由扦手担任了病患的检查工作。这一年，虽然津海关还没有制定出相应的章程，但是实际上已经承担了港口的具体防疫工作，防治输入性疫病。根据《天津通志·港口志》记载天津海关检疫建制：清光绪二十一年(1895)，天津海关始设天津海港检疫所，聘用英籍检疫官1人。1912年以后，检疫所曾先后隶属于北洋政府的北洋卫生处、法租界的巴斯德细菌研究所和国民政府时期设立的天津公用局。1928年天津海港检疫所再度划归天津海关管辖。1932年天津、塘大、秦皇岛分设检疫课，1935年三处合并统称天津海港检疫所。[②]

从1871年的定期卫生报告到1880年检疫措施，天津海关为海关防疫积累了工作经验。这些都为后来一系列章程的制定奠定了最初的基础。这些章程包括1883年的《进口船只传染病症章程》、1898年的《天津口总体防疫章程》、1907年的《天津口暂用防护病症章程》，以及1907年的《大沽口查船验疫章程》。

一、《进口船只传染病症章程》

国内诸多学者对于近代的疫情包括海关的检疫机构都做了丰

① 《德璀琳为防日本瘟疫而稽查船只等事札津海关道郑藻如》，天津市档案馆、天津海关编译：《津海关秘档解译——天津近代历史记录》，中国海关出版社，2006，第219页。

② 天津市地方志编修委员会：《天津通志·港口志》，天津社会科学院出版社，1999，第489页。

富的研究，认为牛庄是第一个建立检疫医院的口岸。纪焱、钟照华、李志平在《中国海港检疫的开端：牛庄检疫医院》中阐述了牛庄检疫医院筹建于 1918 年，1920 年正式投入使用，是重要的海关防疫机构，开创了中国近代的海港检疫。① 关博的《近代海关检疫略史》，1872 年《牛庄口港口章程》的第十条规定了凡是船只上发生疫病，一律要远离港口停泊，检疫官员同意后才能装卸货物、上下客。这个章程标志着中国近代检疫制度的诞生。② 闽浙沪等海关也随着疫情的爆发先后制定了本关的防疫制度。

1883 年 3 月初，北洋大臣李鸿章给津海关道周馥的札文要求："欧洲自主诸国皆由国家订立妥章，通饬遵办，无论何国船只进口无不遵行，中国南洋各口闻已有举办者，皆系监督与领事酌议，未奉上宪核准明文，故各口不能一律……今就两处（上海、厦门）定章略加增减，议立章程六条……"③即，根据欧洲国家和上海、厦门的防疫章程为天津海关拟定专章，以规范口岸防疫事务。津海关道奉命拟定了《进口船只传染病症章程》，并发给津海关税务司好博逊（H. E. Hobson）。这就是 1883 年的天津海关《进口船只传染病症章程》，该《章程》共六条：

一、中国通商各口如有传染病症，即由税务司通致各关监督、税务司查照，如外洋各埠有传染病症船只径抵南北洋各口，上海为通商集总之区，得信较早，应以上海之信为准。凡

① 纪焱、钟照华、李志平：《中国海港检疫的开端：牛庄检疫医院》，《医学与哲学》2020 年 7 月，第 41 卷，第 73 页。

② 关博：《近代海关检疫略史》，《文物天地》2020 年第 8 期，第 110 页。

③ 《津海关道周馥为免疫章程事函津海关税务司好博逊》，天津市档案馆、天津海关编译：《津海关秘档解译——天津近代历史记录》，中国海关出版社，2006，第 220 页。

遇此等船只进口，即照后开章程，由监督、税务司知会各国领事，并饬新关理船厅照办。

二、各船如系从传染病症海口而来，或系船上自染此等病症，应令挂黄色旗号，不得抛锚。俟所派医生上船检查，除医生所准之人外，其余船上之人不准上岸，岸上之人不准上船，并行李货物一切亦不得起卸。

三、查明该船从有传染病症之口开行，及在路上之时，船内并无一人患过此病，可准其进口；如船内曾经有人患过传染病症，而患病之人已在半路卸去，不在船上，亦准该船进口；如船内曾经有传染之病已故者，应令该船在泊船界停泊一、二日；如船内现有多人患传染之病，查船医生令其离口停泊，即将有病之人设法离开，安置别处，并将船只货物妥为熏洗，所有在船人货仍不准上岸，亦不准外人上船，须听医生吩咐方准上下，其停船时日如需多定几日，医生与该船本国领事官酌办。

四、医生查船后，将查验各情函报理船厅，由理船厅转报上宪，暨该船本国领事官查阅。

五、查厦门章程有停泊十日之限为时，似觉太多。然以后中国通商各口及外洋各埠如有异常病疫，亦应仿照办理，以重民命。

六、有人违犯以上各章者，华人送地方官查办，洋人送领事官查办。①

根据该《章程》，染疫船只不得进港，染疫人员不得上岸。诊

① 《进口船只传染病症章程》，天津市档案馆、天津海关编译：《津海关秘档解译——天津近代历史记录》，中国海关出版社，2006，第223-224页。

断、治疗以及判断是否解除防控等事宜均由专业医师负责。1883年《章程》是天津海关建立相关规章文本的开始。此后,防疫类的规章不断得到完善。

1894年4月,津海关税务司英国人孟国美(G. F. Montgomery)函致津海关道盛宣怀,报告当时天津海关采取的一些防疫、检疫措施:"监督应派医院学生一、二人与税司所派理船厅始为委员,在拦江沙外轮船守候,另派一兵船帮同弹压,又另需小轮舢板一只,以备查船之用,并预备各项药料,委员应一日两次查看疫地来船,并商议按照医生所定应付药物,只准说话不准登船。曹妃甸所有网鱼户人等,尽行驱逐,不准在该处逗留。甸内和尚及看守灯塔人,夫亦不得任意出入。甸内搭盖大席棚数座,俾病人栖止,并预储药饵。凡有愿住照料病人之苦力或兵丁人等,应厚给工资。俟瘟疫减尽八日以后,方准归来。如教士及乐善之人愿住照料,应推为管领。再须小轮舢板一只,两三日运送食物、药饵一次。在彼照料之人应用油擦身体,多嗅鼻烟或用烧酒涂唇。如有病死之人不可掩埋,用麻袋包好坠石沉海。所需费用由海关道禀请、筹备、支出。"① 孟国美报告的这些措施并不是正式的规章,而是当时这对所发疫情采取的具体做法。总结起来,这些措施可分如下方面:一、由专业医疗人员对船只在入关前进行检验;二、对染疫船只和人员提供某种医疗帮助;三、将曹妃甸辟为隔离和医疗区域,提供医护并处理病亡;四、所需费用由海关承担。从中不难发现,这些措施就是1883年《章程》在现实状况下具体应用。《章程》第三条规定:"将有病之人设法离开,安置别处。"将曹妃甸辟为隔离和治疗区在章程中虽无所载,可以视为第三条的应用和延伸。防疫、治疗等一切

① 《译津海关防疫办法》,天津市档案馆、天津海关编译:《津海关秘档解译——天津近代历史记录》,中国海关出版社,2006,第226页。

工作都需要花费人力、物力，所造成的开支必须有承担方。1883年《章程》并未规定由哪一方承担相关费用。但实际操作中，费用应该由海关道负责筹措，且每次未必有固定的来源。

1896年6月到1899年9月，天津没有发生过自口岸传入的疫情，卫生状况相对比较乐观。津海关医官罗伯逊（H. Rennie Robertson）在卫生报告中这样描述："天津口未出现任何称得上严重的流行病疫情……天津在整体上可以算作一个相当卫生的口岸……值得庆幸的是，没有出现瘟疫，死亡率也很低"。[①]

二、《天津口总体防疫章程》

1898年，天津海关制定了《天津口总体防疫章程》。审视该章程内容，可以发现它包含了1883年章程的基本原则和后续工作经验的总结。1898年章程得到了各国领事的认可。由于口岸涉及商贸等各类外事往来，在当时情况下不得不征询外国的意见。这基本已成为海关制度建设上的常见做法。《天津口总体防疫章程》共九条，包括：

> 一、如果到达天津口的任何船只来自于出现疫情的港口，海关监督将会在各有约国领事的同意下，声明出现疫情的口岸，而港务长将实施以下章程。
>
> 二、来自于出现疫情口岸的所有洋船及华船到达外锚地

① 《罗伯逊医生关于1896年6月—1897年12月天津卫生报告（译文）》，《罗伯逊医生关于1898年1月—1899年9月天津卫生报告（译文）》，天津市档案馆、天津海关编译：《津海关秘档解译——天津近代历史记录》，中国海关出版社，2006，第228、233页。

时,应在船头挂起有疫旗号,并驶进港口,在大沽炮台和 Yu-chia-pu[①] 村间河口内由港务长或副港务长指定的检疫锚地停泊。

三、这些船只不得与海岸有任何接触,即从这些船只到达外锚地开始,如果没有卫生官员或其副手的许可,船上所有乘客或船员不得离开其船只,任何人不得登上这些船只,所有包裹或货物也不得从这些船只卸下。

四、卫生官员应在这些船只到达检疫锚地时立即登船检查乘客和船员。卫生官员履行这项职责的时间应从早 7 点一直到晚 6 点,包括星期日和假日。鉴于确定华船的发航港较为困难,所有到达大沽的华船都须接受检疫官员的检查,而相应措施应由具体情况具体确定。

五、如果在检查后,卫生官员没有发现任何病例或疑似病例,相关船只将立即得到船只无疫通行证。

六、如果检查发现有疑似病例,或发现船只已经感染疫情,相关船只应接受如下处理:

①如果发现疑似病例,受怀疑人应在卫生官员的指示下带走并隔离,而相关船只应被隔离检疫直至确定疫病属性。

②如果有船只感染疫情,应采取措施带走并隔离受感染者、运走受感染尸体,以及对相关船只进行消毒;船只检疫时间应从最后一例受感染者或尸体被带走算起,或从相关船只消毒后开始算起,不超过 10 天。

③只有在 48 小时监控后或包括航行时间在内的 48 小时后,从受瘟疫感染的口岸驶来的船只才可以被给予船只无疫

---

① 笔者认为应翻译为“于家堡”。

通行证。

七、卫生官员应对每一情况做出报告，一式三份，对于洋船情况，卫生官员应尽快将一份报告提交至相关船只的领事；对于华船情况，卫生官员应将报告提交给海关税务司，并最后提交给海关监督。

八、如果任何人等违犯本章程，应交与相应机构处理。

九、海关监督和卫生官员应在检疫锚地附近选择适当的地点，妥善安排到来的传感病患者。①

1898 年《章程》的主要内容基本上是在重申 1883 年《章程》的原则。章程的条款中有些更为细化，可以解读为将过去的一些实际做法规章化，如对染疫船只的隔离，对感染者、对尸体的处理办法等。

这一年，津海关税务司在大沽口建立了检疫站，使天津有了固定的检疫场所。由于天津到牛庄的铁路在当年建成，陆路交通已较过去便利。因而一旦疫情自海关传入，向内陆传播将更为容易。津海关医官罗伯逊医生便说过：

天津一旦出现疫情，会很快传到北京。而北京和天津内肮脏的地带正是适合这种疾病滋生、肆虐的场所。②

1898 年《章程》和大沽口检疫站有利于防止这种情况发生。

① 《天津口总体防疫章程》，天津市档案馆、天津海关编译：《津海关秘档解译——天津近代历史记录》，中国海关出版社，2006，第 238-239 页。

② 《天津口总体防疫章程》，天津市档案馆、天津海关编译：《津海关秘档解译——天津近代历史记录》，中国海关出版社，2006，第 239 页。

三、《天津口暂用防护病症章程》

光绪三十三年(1907)五月,由于当时香港、神户口岸已经出现疫情。同年,上海地区发生霍乱疫情,起因是由于当地小贩的食物不洁引起的,很快霍乱疫病就传播至天津,长江沿岸的许多口岸亦同时出现疫情。[①] 上海口对于进口船只的防疫措施严格,津海关税务司墨贤理亦制定了本口的传染病防疫章程——《天津口暂用防护病症章程》。通过津海关道转直隶总督,时任直隶总督的袁世凯饬令卫生局。袁世凯要求大沽口医院准备华洋男女医士,照章对于进口的所有船只进行严格检查。本章程共七条:

一、凡由患痒子瘟、霍乱、发痧及黄病等疚之埠运来之各种皮货、皮张、毛发、破烂纸布、鲜果、菜蔬,以及沾有泥土之花草并沙泥杂土等类禁止进口。

二、凡由患疾之口来津之华洋船只于未到拦江沙之先,应即在前桅悬挂黄旗,一进大沽口内即在防疫医院前面理船厅所指之处停泊,听候医员到船检查。

三、该船驶至拦江沙外之时,非有医员特准船上之人,不得上岸,岸上之人不得上船,并行李货物一切均不准起卸。

四、凡船只抵口医官总以愈速到船开验为妙。

五、凡医员验疫如查船上及自开船以后并无染疫情事,应即给予准单放行进口。

六、凡有疫之船,必须遵防疫医员指示,将患疫之各病人

① 王灿:《行动者网络视野下晚清海关疫情资讯的传播与应用:以〈海关医报〉〈北华捷报〉为中心的考察》,《文化与传播》2021年4月,第10卷,第2期。

离去，或须将疫死之尸移埋他处，以便将其船如法照熏，至该船于病人起净之后须再扣十天放行。若该船尚在未经熏透之时，不得予以放行，必俟医员给有准单，方可进口。

七、凡华洋人等如有远背以上各款者，华人则送地方官，洋人则该管领事官分别罚办。①

从以上章程可以看出随着瘟疫的出现，首先从交通管理开始，特别是西方国家渗透最深的海关开始，逐步按照西方常规化的防疫管理经验进行检疫检验。来自疫区的特别是容易带有细菌病毒的货物一律不准进口岸。对于来自疫区的人，也要经过海关设立的专业防疫医院的检查后才能进行处置。

四、《大沽口查船验疫章程》

将传染病在第一时间隔离，在只有水路和陆路交通的时代，对于进港船只进行检查、隔离是最有效的措施。大沽口作为当时进入天津的海路入口，是第一道隔离屏障。光绪三十三年（1907）的清政府制定了专门的查船验疫制度——《大沽口查船验疫章程》，章程共九条：

一大沽海口奉准北洋大臣设立防疫医院，原为保卫商旅，消弭疫病起见，院中设华医官二员，又华女医士一人，又美国医士裴志理一员。其医官二员，谙习西学，为北洋医学堂毕业学生；华女医士为北洋别女医学馆毕业学生。

① 《天津口暂用防疫症章程》，交通铁道部交通史编纂委员会：《交通史航政编》（第二册），1931，第920页。

一凡商轮进口先停泊口外,华医官等每日趁潮乘小火轮出口到轮,专验华人如果验有疫病,即带回医馆,分别男女,专归华医及女医等诊治。

一西人之搭船者另有洋医查验,华医官概不过问,惟查有疫病之西人,亦送本医院,专交美医裴志理诊治。

一查验之法,凡坐头等官舱人等,自与坐下舱、上舱之人有别,头等者由美医官挨次诊视。其下舱、上舱人数拥挤,气味熏蒸不得不令其齐出船,面其神色充足者一看而过,违淡者,查其脉理,果系疫病,不难立判。此外并无他项验法。

一以上所查船只皆指装载客货之商轮而言,其挟板扯帆之民船随时进口,亦由华医官妥慎查验。

一凡经查过之商轮,如无疫症,即由验船之华医与验洋人之西医同签执照给船放行,如有疫症,除将病人送医院诊治外,应将该船在验船处停泊七日,暂缓进口以消其气,其民船验过者,专由华医官给照放行,倘于疫症亦应停泊。

一医院中除裴志理一员系美国医士外,其除医官司事夫役人等,一概系华人。

一医院中除西人患病者另有住所外,其华人男女亦各分别住所,雇佣服役并雇女仆伺候洗濯便溺等事,其饮食一切皆由医院妥为备给,使病者无苦。

一病人到医院内即由司事将姓氏、里居详细记册,仍准来人探望,但所来之人须通知医官方准入内。[①]

从以上章程的具体条文可以看出海关是一如既往的华洋分

① 《大沽口查船验疫章程》,交通铁道部交通史编纂委员会:《交通史航政编》(第二册),1931,第920–921页。

治，但是在防疫上，海关检疫的目的是不让病患继续扩散传染健康者。在这方面，海关作为西方管理体制的复制者，同时也将西医的一些做法引进实施，通过实践证明是有效的、可行的。但是，从上述章程的第四条，明确规定，除了洋人由美国医生诊治外，头等舱的客人也由美国医生来诊断，而平民只是看其气色来诊断，并无科学诊断的统一标准，如此粗陋的方法并不能将防疫起到切实有效的作用。西人把控的海关也是最大限度保护自己的利益，对于其他就只能是简单粗暴的一刀切了。

1911 年国内发生鼠疫疫情，最初发生地是山东。天津为此也采取了措施，《大公报》新闻称："卫生局以此次鼠疫来自东省不得不严加防范，故在秦王岛及大沽两口岸派有医官，凡由大连、龙口、烟台等处转来津沽各民船均应一律查验，以昭慎重。"①"本月十三日本埠寻常病故三十二人并无患疫者，又北洋防疫医院留验仍系十七人，又十二日山海关留验客旅共七十人，至晚又到关四人，十三日早离开七人，现在山海关与绥中县均无疫症，防患未然。"②《大公报》对于疫情的报道，几乎每年都有，防疫也成为海关的常态化工作。

同年东北地区又发生鼠疫，并蔓延至奉天。为了防止疫情通过海运和海关传播至京津等地，12 月清政府外务部施右丞、英使馆医官德来格等共同商议防疫办法。因口岸人员物资往来涉及各国，外务部指令将防疫办法照会各国大使、领事沟通。天津海关道钱明致函奥国大使，并通过该大使与其他各国大使协议防疫办法。津海关道在 12 月 14 日的照会云："近来满洲里哈尔滨一带疫气盛行，已经传及奉天，则山海关以内及天津、北京亟应先事预防，切实

① 《本埠新闻》，《大公报》1911 年 3 月 14 日，04 版。
② 《本埠新闻》，《大公报》1911 年 3 月 15 日，04 版。

经理，俾免受传染之患。……惟此事关系民生甚巨，想各国大臣同一注重必于中国应办之件，均愿协力赞助，以期收效。”[①]此后，津海关道与奥国大使反复照会商议具体的口岸防疫条款。最终，津海关道制定了针对此次瘟疫的六条防疫措施，将其通告各国使馆，称：“即希贵领衔大臣转达各国大臣查照，此外如有应行防疫之法，仍随时由本部知照，可也。”[②]同时，钱明指令津海关税务司欧森(J. F. Oiesen)照章执行。六条防疫措施具体如下：

> 一、自今日为始，因奉天至天津全行停止各色客车、各色货车。本部查，山海关至天津一带并无疫象，且有京津取道秦王岛前赴南方各口往来客货，若竟禁绝交通，必致诸事窒碍，应改为由奉天至山海关二三等车全停。惟中国调遣军队不在此内。头等客车不停，货物如皮货、毡货、水果菜蔬、麻包、废纸、碎布、泥土、河石、牲畜及已死禽兽暂不装运，其余货物须由防疫局医官验明然后放行；
>
> 二、在山海关并过长城往南各条来路设立查疫驻宿所。本部议定，在山海关车站设立查疫驻宿所，其附近各土路亦派军队查阻人货来照，过长城往南所包太广，自应指明；
>
> 三、在奉天、山海关两处设立卫生会，云云。本部查此节业经举办，并延聘西医，按照本部华历本月十四日照会所开办法办理；
>
> 四、来照内开：于海面来往船只，如东三省地方及大连湾、

① 《津海关道与奥国顾使为拟防疫办法事来往照会》，天津市档案馆、天津海关编译：《津海关秘档解译——天津近代历史记录》，中国海关出版社，2006，第246-247页。

② 《照录津海关道复奥国顾使照会》，天津市档案馆、天津海关编译：《津海关秘档解译——天津近代历史记录》，中国海关出版社，2006，第249页。

安东应声明此处为传染之区，本部已请税务处饬总税务司分行照办。惟安东一埠向无防疫章程，并令恭仿烟台现行章程拟定；

五、由欧洲过西伯利亚所来之邮件、各使馆特别信件及送信专人，此项邮件应在山海关受熏蒸之法。本部查由欧洲过西伯利亚所来之邮件、各使馆特别信件应在山海关或他处受熏蒸之法，惟送信人一节已饬医官查复办理；

六、邮政包裹应过十点钟功夫用佛马林气熏蒸，包裹内各物件不动，此熏蒸法可于路上办理。本部查此节饬由防疫局医官酌办。[①]

上述防疫六条，津海关照例执行。条例中特别规定交通限制不得妨碍中国军队调遣，防疫医师对判定疫情相关事宜有很大决定权等。条例之外，津海关还为防疫和治疗采取了进一步措施，包括：一、允许口内外国企业为防疫订购一般情况下不允许进口的物资。当时有德国洋行“因疫症危急由外洋购定硝粉一桶，以便用水化开防遏微生物之险”。海关为此特别通融，允许其进口。[②] 二、对相应的物资免除关税，支持防疫医院建设。天津卫生局为这次疫情计划建立专门医院，就所需物资向海关申请免税，其公函曰：“西营门外敝局所设防疫医院现经禀奉帅准添盖房间五大所，以备病

① 《照录津海关道复奥国顾使照会》，天津市档案馆、天津海关编译：《津海关秘档解译——天津近代历史记录》，中国海关出版社，2006，第248-249页。

② 《津海关道钱明训为防疫症从外洋购硝粉消毒等事函义理迩》天津市档案馆、天津海关编译：《津海关秘档解译——天津近代历史记录》，中国海关出版社，2006，第245页。

房之用……所需木料、铅铁灰斤应请概免税厘，函请饬知税卡放行。”[①]海关道钱明为此指令税务司欧森予以免税。

根据不断完善的规章和防疫经验，天津海关通常会及时调整防疫、检验的措施和要求。1920 年的七八月间，日本神户畏崎地方发生疫情。天津海关依据规章加紧防范，据报道称："凡由上海开来船只由大沽医院于入口时，派员出口查验。"[②]这意味着，日本疫情已自其他口岸传入中国，天津海关对国内来津的船只也要检验。这次疫情到 11 月份开始缓解，海关根据事态相应地降低了检验要求。"凡船只来津者，已一律免验，以期便利商民"。[③] 1926 年，青岛出现霍乱流行，天津也偶现这种病例。津海关及时采取了防范措施。《大公报》报道称，天津海关"对于由该处开来船只、自应援照防疫章程、一律查验、以重卫生、而免传染……闻防疫处已令知大沽口秦皇岛防疫院对于青岛开来船只、援照防疫章程一律检验、并令知天津唐山防疫院一体知照。"[④]

1929 年国内发生霍乱疫情时，天津海关检测到来港船只上确有染病情况，于是及时将情况上报天津市卫生局。这是一艘自上海开来的轮船，船号"临安"，载有虎列拉(即霍乱)病患者一名。海关检疫医官确诊病情后，将病患人员送到医院治疗。"临安"号被就地扣留、隔离，按规定在全船消毒后才能放行。而当时天津应该尚无其他霍乱病例。为了让公众放心，卫生局还告知："本市前传发现霍乱之说、经检查结果，均系类似霍乱之病。"卫生局为了加紧

① 《钱明训为设防疫医院所用物料免税放行等事札欧森》，天津市档案馆、天津海关编译：《津海关秘档解译——天津近代历史记录》，中国海关出版社，2006，第 249 页。

② 《入口船免检疫》，《大公报》1920 年 11 月 26 日，09 版。

③ 《入口船免检疫》，《大公报》1920 年 11 月 26 日，09 版。

④ 《青岛来津船只亦须检疫》，《大公报》1926 年 9 月 10 日，07 版。

防疫，需要配备专用消毒船只和隔离医院。但由于经费窘困，卫生局实际难以承担这些开支。于是卫生局与海关方交涉，希望海关承担这些费用。交涉结果似乎还比较乐观，海关理船厅“已有允意购消毒船一只，约需款三万余元，价目虽大，实为防疫上万不可少之物”①。

第二节　收回津海关检疫主权与《海港检疫章程》

当时的中国城市公共卫生体系和个人卫生观念尚未接受现代理念，对于卫生的认识和措施也是十分有限。这些原因都使疫病经常发生。原本中国仅能通过一些传统的中医手段控制病疫，防疫也不够有效。但是随着西方医疗技术的进步和传播，防疫措施开始改变和逐渐现代化。政府对防疫更为重视，卫生防疫工作逐步纳入政府统一管理，检疫权从而收回。

一、收回海关检疫主权

自晚清到民国，政府逐渐认识到检疫、防疫也是国家主权的一部分。检疫“涉及一个城市的商贸利益和民众的权利，所以决定是否启动检疫程序，以及由谁和怎样实施检疫，是一种权力”②，“西人

① 《在海港检疫发现虎列拉》，《大公报》1929年8月13日，11版。

② 余新忠：《清代卫生防疫机制及其近代演变》，北京师范大学出版社，2016，第262页。

掌控这种权力，显然有利于保证租界当局及其侨民利益的最大化”[①]。将西方把控的检疫权争取到本国政府手中，也是海关主权斗争中的一项。实现检疫自主一直到1930年代才真正实现。之后，检疫制度修订，更为具体、细化。1907年，津海关为口岸防疫建立了大沽防疫医院，聘用洋华医师。1929年，国民政府将这所医院收归卫生局管理，并计划再行统筹。1929年10月15日的《大公报》报道："大沽防疫医院，专司海口检疫事项，此项机关自前清以来即交由外人管理，实为丧失主权，现值训政开始，此项资政亟应收回整顿。大沽为津埠门户，中外商船必经之途，所有海港检疫事项，闻卫生部已咨令在本部正式海港检疫机关未成立前，由市府卫生局暂行接办，以一事权，一俟本部统筹就绪，再行遴选员接办云。"[②]。

清末多地海关均已建立海港检疫处，由海关负责管理。1900年，八国联军占领天津市，曾开办卫生局实施管理。民国初年，政府在北京设内务部卫生司，规定卫生行政章程多种，颁行各省。后改设卫生部，并在1930年冬，将卫生部改为卫生署，"所定之组织为四处，曰秘书、曰行政、曰海港检疫、曰中央卫生实施"[③]。1931年7月，卫生署到天津、青岛、大沽等，检疫拟收回。[④] 同年8月，卫生署拟于十月间将先后接收天津、青岛、安东等处海港检疫所。[⑤]

---

① 余新忠：《清代卫生防疫机制及其近代演变》，北京师范大学出版社，2016，第262页。

② 《大沽防疫医院 部令卫生局暂行接办》，《大公报》1929年10月25日，11版。

③ 《卫生行政》，《大公报》1931年2月12日，10版。

④ 《海港检疫 天津大沽均将收回》，《大公报》1931年7月20日，04版。

⑤ 《领港与检疫：领港归海关管理 检疫所即将接收》，《大公报》1931年8月24日，03版。

1932 年 4 月，津海关税务司奉国民政府令，将天津、塘沽、大沽及秦皇岛等处检疫事交海港检疫处管理。① 天津海关防疫医院等机构划归当地医院管理即属于这类权力转移的一部分。原由海关管理的检疫权力逐步由政府接管，实现了主权的收回。

二、制定《海港检疫章程》

1930 年 6 月，政府发布了新的《海港检疫章程》。相对比 1907 年各地制定的章程，此次全国统一发布的章程更为具体化。1930 年之前，有关防疫的章程、措施都是由各地海关单独制定。这意味着，在防疫上各口岸基本是各自为政的。1930 的《海港检疫章程》实际上是在综合和汇总过去各地防疫规章和措施的基础上，制定了全国海关普遍适用的统一法规。该《章程》的制定有利于全国海关在疫情发生时共同协调，共同行动。同时，国民政府通过颁布新章程，进一步统一规范港口检疫措施，将该项权力集中在自己手中。这方面的意义也特别值得关注。

《海港检疫章程》共九章七十二条，章程中对于检疫中的名词给予了具体界定，如章程中所称的检疫是指施行检查隔离及其防检疫病所采取的必要手段，以及对船只、人员、兽类、货物等进行消毒，防止人与动物之间发生传染病；指定人员系指由卫生部或检疫所委派的或本章程许可的人员；检疫医官系指由卫生部或检疫所委派的医师；船长系指除了领港人之外可以在船上发号施令的人和负责人；医员系指在船上服务的医官医师；隔离系指羁留于一定场所，不准与他人、他地接触；监视系指于船上或陆地随处施行隔

① 《北方四处：海港检疫由伍连德办理》，《大公报》1932 年 4 月 7 日，07 版。

离;就地诊验系指不羁留于一定场所,就其所在地进行检验;交通许可证是指检疫医官所签发的放行证。[①]

该章程中关于区域制定,由卫生部斟酌情形或依据检疫所所长的指定,具体为:

> 一、国内外地方发生应施检疫之传染病或其他有传播病毒之虞时及指定该地为疫区(Proclaimed Place)至指定取消时为止,此项指定须在港务通告内发表并登载重要日报。
>
> 二、指定国内任何海港为第一入境海港,凡自疫区驶来国境之船只,应令该船长除有特别危险或具有充足理由外,将其船只未进其他港之前,先近指定之第一入境海港。
>
> 三、指定陆地或海面之任何地点为检疫处所,俾得施行船只、人员、禽兽、物品及货物之检疫。
>
> 四、会商港务当局指定应施检疫船只之抛锚地点。[②]

此次制定的章程包含了检疫原则——检疫要求、检疫疾病种类、检疫方式、不同传染病处置的不同方法。同时公布的还有《海港检疫标式旗帜及制服规则》5 条、《海港检疫消毒蒸熏及征费规则》22 条。

必须施行检疫的疾病包括鼠疫、霍乱、天花、斑疹伤寒、黄热病。除此之外,卫生部认为必要时需要检疫的疾病还包括“凡旅客之患水痘、白喉、伤寒、赤痢、猩红热、流行性感冒、流行性脑脊髓膜

---

① 本档案记载为:伍连德医博士寄赠本署备查者。《海港检疫章程》,天津市档案馆编:《天津海关档案》四,天津古籍出版社,2013,第 2772 页。

② 《海港检疫章程》,天津市档案馆编:《天津海关档案》四,天津古籍出版社,2013,第 2773 页。

炎、麻疹于普通隔离医院不能施以适当治疗时，得送人检疫所”。对于疫病采取的措施最简单的也最有效的就是隔离，针对不同传染性疾病隔离时间不同。

表 6-1 接触病人者隔离期限①

疾病名称	隔离时间
鼠疫或黄热病	六日
霍乱	五日
天花	十四日
斑疹伤寒	十二日

对于来自疫区的船只都需要施行检疫，船长在疫区期间也要采取预防疾病传播的措施，以免疫病在船上传播，船只抵达港口后，检疫医官要求船长必须提供采取预防措施的证据，或者有疫区海关检疫官员发放的证明。

需要检疫的船只在进港停泊之前就必须悬挂标志，在获得检疫医官发放的通行证之前都不能撤下。如果是白天就在前桅杆上挂上黄旗，旗上书写“Q”；如果是夜晚就悬挂串在一起的三盏红灯，在等候检疫检验的时候，要在一定时间内反复鸣放长笛三声。任何人不能阻止检疫医官上船工作，没有进行检疫的船只不能随意有人上下船，船长还要给予检疫医官便利，易于进行检疫工作，船长需要将航海日志等一系列文件主动交予检疫医官备查。驶入施行检疫海港之船只，若检疫医官询问其船长或船上医员关于航行期内船客及船员之健康，船上之卫生状况，及于发航港、或寄港、或曾接触之船只有没有应施检疫之传染病或其他之传染病发生，以

① 《海港检疫章程》，天津市档案馆编：《天津海关档案》四，天津古籍出版社，2013，第 2775 页。

及船上有无破布或旧衣及其他物件,该衣物等在何处或何海港装载等事应分别详明答复。检疫医官上船检查后认为船上无疫情时,可立即发给船长交通许可证。施行检疫海港之船只在未得交通许可证以前,除发送信号外,若非遇险,其船长及船上人员均不得与岸上或别船交通。其岸上或别船人员亦不得与该船往来,但领港者及指定人员不在此限。于日出至日落时,即日间施行检疫或发给交通许可证,无须纳费,但在日落以后至次日日出,即夜间施行时须照章纳费。凡在施行检疫各海港停留之船只,如遇船上有传染病发生或有死亡时,船长应以书面通告检疫医官。各项船只其船上发生传染病或死亡时,检疫医官应将发生的病例、已经采取的防疫处置方法报告于该海港内或毗连地方之卫生当局。船长、轮船所属公司或经理处于检疫完毕后得要求检疫医官发给出口健康证明书,但须照章纳费。

凡是应该进行检疫检验的船只、人员、货物及用品,检疫医官必须使用书面命令指示该船船长接受检疫处置。凡是接到此种命令的船长,需要立即将船只带着船上人员和所有物品,行驶到海关检疫部门制定的地点停泊,以备检查。

船只在隔离期间没有检疫医官的命令,船上任何人员不能离开船只随意上岸,货品亦须留在船上不能卸货,如果安排船上的人员到指定地点隔离,需要到指定的检疫所居留。

如果检疫医官认为船上出现疫情,或者有疑似病例,但是海关检疫处置条件不能完全防止疫情的蔓延,就需要指示船长将船只驶往具有完备检疫隔离设备的港口进行检疫隔离。如果该船船长拒绝隔离或拒绝前往他港隔离,检疫医官必须让该船悬挂检疫信号,立即离开港口并且要远离其他船只,该船在起航前按照检疫要求装载燃料和其他必需的物资。可见,检疫、防疫措施不是强制性的，船长可以选择离港，这一现象说明当时各开埠港口是缺乏协作的，也说明政府不掌握主权就无法通过行政手段管理海关事务。

依规在隔离所隔离的人员不能随意离开隔离所，未经检疫医官允许而擅入隔离所范围者，得由检疫医官拘送检查官署处理。其死于隔离所之尸体依检疫所所长的指示进行妥善处理。凡在隔离所隔离之人，不得出该隔离所范围，检疫医官认为所隔离之人不患传染病时，得免予隔离而令其就地诊验。

凡是由疫区驶来之船只，其船上虽无应施检疫之传染病人，但未能决定该船无疫时，检疫医官得酌量情形施行下列处置：

一、不给交通许可证；

二、准该船继续航程免予施行隔离；

三、准旅客及其行李登岸；

四、准该船货物上岸。①

对于有疫情的船只上的人员需检疫后，判定无需隔离治疗为止，才能发给交通许可证，船上的物品包括行李一律要彻底消毒。凡是就地检验的人员如果出现病症，必须立刻通知检疫医官。隔离治疗均不是免费的，费用需有人承担，凡受隔离之船只或该船之船员、旅客须受隔离时，其船长、船公司或经理处应负担下列费用：

一、所有患病者在监视中者及曾接近传染病之健康者，其一切膳宿费、诊疗费及侍役费。

二、由检疫所运送人员至目的地之费用。

---

① 《海港检疫章程》，天津市档案馆编：《天津海关档案》四，天津古籍出版社，2013，第2790页。

三、所有船只或货物之清洁蒸熏消毒及其他处置应需费用。[1]

根据卫生部依检疫所所长之呈请，不是所有船只都实行以上检疫措施，对于下列船只于某种协商或限制之下得免施检疫之全部或一部分：

一、兵船。

二、航行于国内各海港间或航行于国内海港与国外临近海港之间之船只。

三、特别船只或某类船只。[2]

在设有检疫机构的港口发生疫情的时候，海关的检疫机构必须负责防止疫情蔓延，并通知各来港船只要实施预防措施。但不是所有来港船只一律检疫，也并非一直对来港船只进行检疫。章程规定由疫区驶来的轮船船长必须在靠岸前将船上的旅客具体情况送交检疫医官，清单上要列出旅客姓名、上岸后旅客的目的地和详细住址。如果来自疫区的船只没有实施过预防措施，或者不能提供确凿证据表示该船采取过有效的防止疫情传播的方法，检疫医官就有权对该船上的所有人员、货物实施有效的遏制疫情的方法，产生的费用由船主自行承担。凡是来自海外的船只，除非拥有特许状，否则都要进行检疫；来自疫区的船只和发生传染病的船

① 《海港检疫章程》，天津市档案馆编：《天津海关档案》四，天津古籍出版社，2013，第 2790-2791 页。

② 《海港检疫章程》，天津市档案馆编：《天津海关档案》四，天津古籍出版社，2013，第 2791 页。

只、船上发生死亡事件的船只需要进行检疫。

清末以来，新闻报业逐渐发展起来，报纸成为重要的发布和获取信息的渠道。天津海关利用报纸发布相关的检疫公告，希望及时向往来人员和船只传递疫情和检疫的消息。1932 年 6 月，天津发现霍乱疫情，且有可能是自上海传入。为了防止传播，天津海关及时采取了措施。有报道称："闻津海关港务厅，以上海亦曾发现虎疫，故由沪驶津船只，难免不载有传染病者，故决定自即日起，对由沪驶津轮船，一律遵照海港检疫章程，由检疫医官，实行检查，以重卫生。"①这次霍乱在大连、烟台等地也都发生。鉴于疫情事态较重，8 月天津塘大海港检疫所便再度发布公告，称："大连、营口、烟台等处发现霍乱流行疫症，亟应预防所有华洋船只由各该处驶来大沽者，应遵照海港检疫章程查验以防传染……"②霍乱流行具有明显的季节性，夏季过后便会逐步势弱。这次疫情到秋天时显然已不具多少威胁。根据这一事态，天津的塘大海港检疫所在 10 月 4 日宣布解除查验，公告说："烟台、上海霍乱流行疫症日渐消灭，所有由烟台、上海驶来大沽之船只一律免予查验。"③通过报纸传递疫情消息和公示海关的相应措施已经成为津海关防疫工作的常规步骤。到 20 世纪前期，通过报刊媒体及时报道疾病、防疫，以及海关发布相关措施已成惯例。1939 年天津发生霍乱疫情时，相关报道称："时交夏令，霍乱及各种时疫流行，远东各大口岸，防疫进行，甚为积极，尤其对于出入口船只施行检疫，更为严厉。据辅政司昨天发出通告：谓本港发生霍乱症后，天津海关当局……已通知本港为

① 《津海关港务布告第十三号》，《大公报》1932 年 6 月 13 日，07 版。

② 《上海虎疫已达高峰 幸死亡尚不多》，《大公报》1932 年 8 月 15 日，02 版。

③ 《塘大海港检疫所布告第二号》，《大公报》1932 年 10 月 5 日，07 版。

传染病埠，由港开抵上述各处之轮船，须入禁海检验云。又查本港检疫进行，甚为紧张，凡出入港海船只，尤须施行消毒及入禁海者。”[①]新闻报道和海关公告虽不是防疫规章的组成部分，但这类信息的及时发布很有利于海关防疫工作的展开，也可使疾病防控的观念更为社会理解。

废旧物资有时也在进口货物之列。虽是物品，但这样的进口货卫生条件差、致病风险高，故天津海关也将其列入检疫范畴。1935年9月27日，天津海关发布公告，宣布进口废旧物资只有经检疫才能进港。公告称：“塘大海港检疫所查旧麻袋、旧破布、旧棉花、废棉纱（即惠丝）、旧衣服、旧被褥、旧枕头、旧废毛品、旧废报纸及其他同类等物，由外国来至中国各港口者，应有发航港卫生机关签发之消毒证明书，方准进港，若无证明书者，禁止进口。须经各该海港检疫所消毒签发证明书后，始能进口，所有消毒费用由运货上人照章缴纳。”[②]

本章小结

中国历史上的病疫防治主要基于一些传统的中医措施，19世纪一些西方的医学手段方才逐渐传入。海关是引入和建立现代防疫体系的最初实践者。19世纪70年代海关开始建立医学调查制度，最初的目的是为了外籍侨民的健康，后来逐步发展为海关免疫

① 《出入口轮船严厉施行检疫 须予消毒者宪报昨发表 天津宣布本港为传染埠》，《大公报》1939年5月28日，06版。

② 《塘大海港检疫所布告第一号》，《大公报》1935年9月28日，07版。

检疫制度。天津海关除了遵从全国海关的相关规章,还制定了本地的一些章程。清末由于检疫权掌控于海关之手,天津海关还为制定防疫规则而与各国使馆协商。1911 年后,海关检疫管理逐步收归政府。同时,海关采用的卫生制度也成为天津公共卫生事务的开端,卫生观念逐步被当地人接受采用,这些对社会生活方式的改变都具有一定促进作用。在收回海关主权的过程中,一些防疫措施不能强制性执行,说明各开埠口岸之间是没有协作的,政府不能完全掌握国家主权,其行政管理缺乏权威性和有效性。

第七章

津海关贸易推进制度

中国早期参与世界博览会，当时的海关起到了关键性的作用。1864年，清政府联合英国等列强镇压了太平天国后，清政府解决了内患，与英国等国媾和解决了外患。之后清政府逐渐接受西方的外交理念并付诸实践，同时开始了自强运动，统治者希冀用自强可以恢复传统的统治秩序。在对外事务上，清政府竭尽全力保持与西方各国的友好关系，希望借此能够有时间和机会进行国家的重建和自强。历史上也将这段时期称为"同治中兴"。虽然此次改革复兴并不能从根本上挽救清政府的衰败，但是从技术、军事、教育等方面都借鉴了西方的先进之处，设置总理衙门专门负责外交事务。设立同文馆联合教习西文和中文，同时还有军事和工业上的早期现代化发展。另外，一个最典型的表现就是那个时期开始参与国际活动，即参与世界博览会。

第一节　天津海关与1873年维也纳博览会

一、世界博览会的起源与中国

天津海关无疑成为较早参与这一活动的机构，而且给这些活动起了一个很好听的名字——万国赛会,很多档案中也翻译为“赛奇会”。

世界性的贸易博览会起源于欧洲。中世纪举办的博览会(Fair),今天我们翻译是指市集或者叫博览会,这种贸易形式起源于中世纪,用于陈列艺术品、工艺品和各地独有的东西,也是为了展示自己的地方特色。这种展销会是一种商品的批发贸易的交易会,来自欧洲各地的商人集中于某地进行批发交易,这样的集市或交易会在一个地区通常每年举行一次或者两次。欧洲各地都有一些著名的定期交易会,如法国香槟省的各交易会或叫香槟市集。到中世纪晚期,这种批发贸易的交易会逐渐开始衰落,由于交易会上通常也会上演杂耍、马戏等节目,因此到了欧洲近现代这种集市形式逐渐变成每年定期出现的巡游娱乐会。

欧洲近现代最早开始重视博览会的是法国。法国在路易十四时期就制定了举办工业品展示的政策,鼓励产业和贸易发展。这在后来的历史上影响了法国的政治家,展览会的观念成为经济成分的一部分。[①] 这种做法与法国推行重商主义政策密切相关。但它的目的是鼓励本国的产业,博览会也非世界性的。

真正开创现代世界性博览会先例的是英国。英国在 18 世纪中期开始工业革命,经过不到 100 年的发展,到 19 世纪中期已经成为世界上唯一强大的工业国。1851 年举行的伦敦博览会可以算作是英国向世界展现其工业成就的舞台。该博览会从 1849 年开始筹备,最初时还在考虑“本博览会是否应该仅限于英国的产业”[②]。不

① Paul Greenhalgh, *Ephemeral Vistas: The Expositions Universelles, Great Exhibitions and World's Fairs*, 1851–1939, Manchester: Manchester University Press, 1988, p. 3.

② Jonathon Shears, ed., *The Great Exhibition*, 1851: *A Sourcebook*, Manchester: Manchester University Press, 2017, p. 17.

过，该博览会最终还是决定办成世界性的，并成为现代世界博览会的肇始者。参展方虽然很多都来自英国，但欧洲参展的也不乏其数，甚至还有不少来自非西方国家的展品。此后，现代的国际博览会开始兴起，特别是西方国家对于举办此类展会便显出了相当的热情。国际博览会兴起的主要原因是在于展示主办国的发展成就和推进商贸。但有时也有另一些更为冠冕堂皇的表面原因或名义。1876 年美国费城百年庆典展（the Philiadeiphia Centennial）是为了庆祝美国独立一百周年；1889 年巴黎博览会（Paris Universelle）是为了纪念法国大革命一百周年；1893 年的芝加哥博览会（Chicago Columbian）是为了纪念哥伦布发现美洲；1900 年巴黎博览会是为了展望新世纪；1904 年圣路易斯博览会是为了庆祝美国自法国购买路易斯安那；诸如此类。在欧洲国际博览会一般都由政府主办。而在美国，从 1893 年后，大多数博览会都是由一家私人发起的公司主办。投资者为举办博览会而投资，购买土地、处理与政府关系、建立会展委员会。①

1851 年伦敦水晶宫博览会将展品分为原材料、机械、工业制造品、雕塑艺术四大类，40 个分项。工业制造品的分项最多，达 19 项，包括各类纺织品、金属制品、瓷器等。② 这种展品分类法成为展品目类的样板，为后来各地世界博览会所参考。③

---

① Paul Greenhalgh, Ephemeral Vistas: *The Expositions Universelles*, *Great Exhibitions and World's Fairs*, 1851–1939, Manchester: Manchester University Press, 1988, pp. 12, 39.

② Jonathon Shears, ed., *The Great Exhibition*, 1851: *A Sourcebook*, Manchester: Manchester University Press, 2017, pp. 59–60.

③ Paul Greenhalgh, Ephemeral Vistas: *The Expositions Universelles*, *Great Exhibitions and World's Fairs*, 1851–1939, Manchester: Manchester University Press, 1988, p. 12.

1851 年伦敦博览会的官方展品目录中专有“中国”一项,乍一看中国也是参展方。那些中国展品的提供者是上海领事、东印度公司、施亚(Shea)船长、豪维特(Hewett)公司、阿斯托(Astell)公司等。也有一些英国的私人收藏家提供了他们的中国艺术藏品,如巴林兄弟(Baring brothers)、布莱恩(C. T. Braine)等。所展出的物品各式各样,有颜料、家具、靛蓝之类的原料、墨、瓷器、服饰等居家物品、雕刻等等。但参展目录中没有一家参展者是中国人或中国企业。[①] 因而,可以看出尽管目录中有中国一项,但实际上并没有中国展团。中国并不是参展方。展品目录仅能说明,在这次开创性的世界博览会上有来自中国的物品展出。近年国际学界的一些研究也持同样观点。冯克即认为,1851 年伦敦水晶宫博览会虽有中国展品,但实际上并未有中国代表团参展。参观者对中国非常不了解,不过对那些中国艺术品还是颇为赞赏。[②] 帕特森也提到,出现在 1851 年伦敦水晶宫的博览会上的只是中国的产品。[③]

中国第一次参见世界性的博览会是在 1873 年。这一年在清朝海关总税务司赫德的指令下,海关作为组织方第一次安排了中国参加国际展会——维也纳世界博览会。共有 14 个开埠港海关参加了这次展会,包括牛庄、天津、芝罘(烟台)、汉口、九江、镇江、上海、

---

① *Official Catalogue of the Great Exhibition of the Works of Industry of All Nations*, 1851 (corrected edition), London: Spicer Brothers, 1851, pp. 214-216.

② Francesca Vanke, “Degress of Otherness: The Ottoman Empire and China at the Great Exhibition of 1851”, in Jeffrey A. Auerbach and Peter H. Hoffenberg, eds., *Britain, the Empire and the World at the Great Exhibition of* 1851, Aldershot: Ashgate, 2008, pp. 195-196.

③ William Peterson, *Asian Self-Representation at World's Fairs*, Amsterdam: Amsterdam University Press, 2020, p. 80.

宁波、福州、淡水、高雄、厦门、汕头、广州。[①] 从 1873 年到 1905 年，中国在西方世界的博览会舞台上出色地呈现了自己物产。[②] 天津海关作为中国海关的一部分，首次参加了世界博览会。此后天津海关又多次参加在世界各地举办博览会，形成了相应组织参会程序和展品特色。

陈诗启指出，1905 年前展会都是由海关承办，1905 年之后，晚清政府成立的商部负责召集中国的商人参加国际博览会。[③] 之所以由海关出面组织参加博览会，笔者认为原因有三：一是清政府最初对于博览会的无知，一直以来清政府的朝贡体系，让其认为自己是天朝大国，其他都是奇技淫巧、雕虫小技，且中国商人还没有国际贸易的意识。清末南洋大臣的札谕“查各商物品均由海关代为运送。各国闭会后，运回本国，仍由海关代为存储，以免后此赴赛多所周折情事”[④]。清政府根本不懂得博览会和促进工商业的关系。1903 年 2 月 14 日，《大公报》曾有报道：“查泰西各国设博览会，原藉考察物产振兴商务，中国内地风气未开，赴会者甚属寥寥”。[⑤] 二是清政府在总理衙门成立后对于与西方其他国家的外交事务方面没有完全熟悉、适应。三是对于参会的费用，可以说是巨款，只有海关有稳定的财务来源，可以担负得起。1903 年 2 月 16 日，《大公报》——中国派赴日本大阪劝业博览会大臣户部右侍郎

---

① *Port Catalogues of the Chinese Customs' Collection at the Austro-Hungrian Universal Exhibition*, *Vienna*, 1873, Shanghai: Statistical Department of the Inspector General of Customs, 1873.

② Donna Brunero, *Britain's Imperial Cornerstone in China*: *The Chinese Maritime Customs Service* 1854-1949, London and New York: Routledge, 2006, p. 36.

③ 陈诗启:《中国近代海关史》,人民出版社,2002,第 131 页。

④ 武堉干:《近代博览会事业与中国》,《东方杂志》第 26 卷,1929,第十号,第 16 页。

⑤ 《大公报》1903 年 2 月 14 日,03 版本埠督辕纪事。

那桐、外务部左参议陈名侃，率同随员张允言等十八员，拟于三月间乘轮前往会所，闻此次那侍郎、陈参议各支公费银二千两，随员张允言等各支公费银一千两。[①] “《万朝报》云‘美桂圣路亦拟大开博览会，特照会日本……日本政府因亦赞同圣路博览会已经查勘，查该费预算二百五十万元，委员亦已派定。’”[②]从《大公报》的新闻报道中可见博览会的参会费用是很高昂的，这对于千疮百孔的晚清政府财政来说是个巨大的负担。19 世纪六七十年代，清政府对国际博览会既不了解也不重视，多次推诿和授意给总税务司赫德办理。由此形成了由海关负责国际博览会参展事务的惯例，其组织参会不少于 28 次。[③]

1905 年后，参会的承办任务转由清政府的农商部承担，原因亦有三：一是随着民族国家意识出现，国人开始认为国际事务不应由外国人包办。有针对博览会的评论称：“盖筹备赛会事宜，委之外人，非独不能发扬国光，有时且非当侮辱国体”[④]。这种想法体现了国际事务上的主权观念。二是认识到国际参展可能涉及国家和国民的尊严和体面。这种观念同样涉及现代国家理念的形成。过往海关参加国际博览会所搜集的产品中有些有损中国人形象。尽管那只是个别产品，且未必是海关方面为展现中国的不良之处而特意为之，但确实多次引起了一些国人的注意。有些人指出这样的展品有失中国人的体面。“日本大阪博览会人类馆将中国吸烟缠

① 《大公报》1903 年 2 月 16 日，02 版时事要闻。

② 《大公报》1902 年 7 月 3 日，03 版译件。

③ 詹庆华：《全球化视野：中国海关洋员与中西文化传播（1854—1950 年）》，中国海关出版社，2008，第 460 页。

④ 武堉干：《近代博览会事业与中国》《东方杂志》第 26 卷，1929，第十号，第 15 页。

足者列入野蛮之类。”[①]“圣路易赛会场有黄某以缠足女为奇货，罗而致以冀博西人之奇视而获多金也，顽固腼然，以此辱国辱种之状陈列于万国瞩目睽睽之……”[②]出使比利时的公使杨兆鋆[③]在奏章中说：“赛会关系商务，向由税务司领办，以西人置华货，所择未必精，陈所不应陈，每贻笑柄，嗣后应由商部奏派熟悉业务丞参，充当监督，会同驻扎该国使臣办理。”[④]实际上此种情况直到1915年依旧未有改善，屠坤华[⑤]参观该年巴拿马博览会，据其所述：“该处馆地虽广，然无装修。楼下左侧为‘中国地狱’，内设……不外鸦片、嗜赌、役女奴……诸种辱国之事”[⑥]。其实，在遍览各次参展的目录后会发现，这类展品的数量非常有限。三是国内商人对国际博览会的观念发生了转变。过去商人们不了解这种国际事务为何事，自然没有参加的愿望。但经过多次参展，一些商人看到了更广阔的商业机会，参展愿望大大增加。很多商人自筹费用，因为一些产品可以直接在会场销售，即使不能销售也能免去关税。这样可以直接抵消或补充一些费用。国内的商人逐渐意识到宣传产品的重要性，亦渴望进行国际贸易，得到发展。北洋烟草公司总董秦辉祖氏于初六日，乘坐日本立神丸邮船往东购买机器，并带学生……同赴博览会。[⑦] 商人态度的变化也可能对政府有所影响。

---

① 《大公报》1903年3月18日，02版时事要闻。

② 《美国赛会场赍遣缠足女始末记》，《大公报》1904年9月6日，02版。

③ 杨兆鋆，1902年至1905年是出使比利时的大臣。

④ 李爱丽：《晚清美籍税务司研究：以粤海关为中心》，天津古籍出版社，2005，第138页。

⑤ 屠坤华，近代留美博士，曾受邀参加1915年的巴拿马博览会，著有《万国博览会游记》。

⑥ 武堉干：《近代博览会事业与中国》《东方杂志》第26卷，1929，第十号，第15页。

⑦ 《大公报》1903年6月1日，02版本埠督辕纪事。

从参加 1873 年维也纳博览会开始，天津海关在 19 世纪后期到 20 世纪前期多次参加世界博览会，其中比较成功的有 1787 年法国巴黎博览会、1904 年美国路易斯安那博览会、1905 年比利时黎业斯博览会等。

二、天津海关与维也纳的万国赛会

关于 1873 年的维也纳世博会，有人认为是一个“雄心勃勃”的计划，因为从这一届的博览会冠名“全球的”而不是“国际的”可见一斑，人们普遍认为“国际的”更为谦逊一些。奥匈帝国立志要把这次世博会办得远胜于 1851 年伦敦世界博览会和 1867 年巴黎世博会。但其实它有另外一个更急切的动机，尽管这没什么人提及，也没有公开讨论过，那就是要恢复奥匈帝国及其首都已黯淡无光的声誉。维也纳历经多次厄运，遭受沉重打击：1859 年和 1866 年的军事惨败、割让伦巴第和威尼西亚两地、奥地利被排除出德意志邦联，以及匈牙利恢复宪政。曾经荷包丰满、踏遍世界的寻欢者不再蜂拥聚集在大都市，而沦为居家过日子的平头百姓；当地许多贵族则闭门谢客，隐居于小一点的省会或他们的乡村庄园。维也纳的庄严、喜庆和辉煌在过去 14 年间逐渐式微，而世界博览会看来是扭转颓势的一种手段。①

1871 年奥地利政府决定在 1873 年举办维也纳国际博览会。1871 年 9 月 17 日，在维也纳的帝国科学院宣布这一决定。② 博览

① ［英］查尔斯·德雷格著：《龙廷洋大臣：海关税务司包腊父子与近代中国（1863—1923）》，潘一宁、戴宁译，广西师范大学出版社，2018，第 241 页。

② *Reports on the Vienna Universal Exhibition of* 1873, *Part I*, London: George E. Eyre and William Spottiswoode, 1874, p. 8.

会要展示“自从1851年伦敦第一届国际博览会以来的各国的产业进步”。维也纳当时的人口是62万,专门为博览会在普拉特(Prater)帝国公园建立展会建筑,展品分为工农业品、航海用品、家居用品等等,共26类。计划展会举办日期是1873年5月1日到10月31日,观众需购票入场。①

实际在正式宣布举办展会之前,奥匈帝国已向世界各国发出参会邀请。1870年12月31日,总税务司赫德在北京已接到总理衙门指令,称“已得到奥匈帝国外交代办关于在维也纳举办国际展览会的照会”。由此,中国海关承担了组织维也纳博览会参会的工作。此后便形成了有海关承担国际博览会参会事项的惯例。在12月31日的海关通令中,赫德通告各地海关:“中华帝国海关税务司和总监已授命去通告中国商人等相关人等:他们可随意送他们所愿之物出展,并可免于开埠口岸关税。有意参展者将被要求向所要豁免关税之各口岸海关申明。”②但直到1872年中期,清政府对世界博览会既不了解也不重视,民间工商业人士对此亦无热情。海关的筹备工作实际是从此后才开始的。③ 1872年8月3日第4号通令中,赫德还表达了对筹办参会的担忧,他告知各地海关:“我不知道,有多少有意参展者已表明意愿。我害怕,在中国一方是漠不关心,在外国一方是做任何事情都很难。这尤其都会令此有价

① Robert H. Thurston, ed., *Reports of the Commissioners of the United States to the International Exhibition held at Vienna* 1873, *Vol. I*, Washington: Government Printing Office, 1876, pp. 58-76.

② China, Imperial Maritime Customs, IV. Service Series No. 7, *Inspector General's Circulars*, *First Series* 1861-1875, Shanghai: Statistical Department of the Inspector General of Customs, 1879, p. 325.

③ 沈惠芬:《走向世界——晚清中国海关与1873年维也纳世界博览会》,《福建师范大学学报(哲学社会科学版)》2004年第4期,第107页。

值之展览无法成行。"①在赫德的推动下，参会的组织工作方才展开。

总税务司赫德非常重视这次参展活动。为了做好组织工作，1872 年 10 月他任命包罗为总负责人，负责备展工作并要求各地海关充分合作。他在通令中告知："兹通告汝等，我已任命海关税务司包罗(E. C. Bowra)先生负责收集和运输样品及展品。我已指令包罗先生本人与汝等互通讯息，如果必要，他会亲莅你方港口。我现要求汝等与之互通信息……尽汝之全力辅佐之。"②还授令由汉南(Hannen)、德璀琳(Detring)，包罗(Bowra)等五人组成"中华帝国海关委员会，参加维也纳会展，行所需之事，"并"决定为此项公务定制制服。"③赫德为此系列制服的设计动了颇多脑筋，最终使之成为中国代表团的统一装束。1872 年赫德为准备维也纳参展而通令各口岸海关："相应的，我要求汝等于此事项上协作。我相信，汝等将竭尽全力，完整表现尔港商贸的状况，正如在外国船上之所为，并且，以令人生趣和智慧之法组织那些展品。"④可见，赫德对组织这次参展投入了相当的精力，希望能尽善尽美。展会前几个月，

---

① China, Imperial Maritime Customs, IV. Service Series No. 7, *Inspector General's Circulars*, *First Series* 1861–1875, Shanghai: Statistical Department of the Inspector General of Customs, 1879, p. 388.

② China, Imperial Maritime Customs, IV. Service Series No. 7, *Inspector General's Circulars*, *First Series* 1861–1875, Shanghai: Statistical Department of the Inspector General of Customs, 1879, p. 395.

③ John King Fairbank, Katherine Frost Bruner & Elizabeth MacLeod Matheson, eds., *The I. G. in Peking*: *Letters of Robert Hart Chinese Maritime Customs* 1868–1907, *Vol.* 1, Cambridge (Massachusetts) and London: Harvard University Press, 1975, p. 98.

④ Documents Illustrative of the Origin, Development and Activities of the Chinese Customs Service, Vol. I: *Inspector General's Circulars*, 1861–1892, Shanghai: Statistical Department of the Inspector General of Customs, 1937, p. 273.

他还想参展的各地海关强调:“此博览会将于 1873 年 5 月 1 日开幕,用于准备展品的时间几乎不过四个月。……汝等要在每个月末将准备和安排展品的进度汇报于我。”[①]包罗作为负责参展的委员,对于这一届的博览会极为用心,他一心促成中国参展。1870 年开始,包罗就注意到了这次展会。中国政府宣称凡是参展的展品均可免税。但是,当时的地方商人对此事均是处于漠不关心的状态。甚至说当时的政府安排由海关进行组织工作。包罗对此十分积极,到处去收集展品,发动自己的人脉和关系搜罗奇珍异宝。[②]

天津海关在前期准备阶段的税务司是汉南(C. Hannen),他的任期到 1872 年 10 月 18 日为止。汉南不仅是天津的税务司,而且还是赫德指定的参展委员会的五位成员之一(见前文)。从 1873 年 2 月 21 日到 8 月 2 日,天津海关的税务司是赫政(J. H. Hart)。[③]赫政的任期基本涵盖了维也纳博览会的最后准备阶段和展期。这两任税务司是天津备展的负责人和见证者,而具体的准备工作则是由白各林(J. Brackenridge 二等验货)负责。[④] 白各林(J. Brackenridge 二等验货)作为展品的收集者和制作账册的人,在赫德面前一一对照账册上的展品将它们呈现给赫德和包罗亲自过目后,运送上船,运往上海,通过上海的海关送往意大利的里雅斯特

---

① Documents Illustrative of the Origin, Development and Activities of the Chinese Customs Service, Vol. I: *Inspector General's Circulars*, 1861-1892, Shanghai: Statistical Department of the Inspector General of Customs, 1937, pp. 275-276.

② [英]查尔斯·德雷格:《龙廷洋大臣:海关税务司包腊父子与近代中国(1863—1923)》,潘一宁、戴宁译,广西师范大学出版社,2018,第 238 页。

③ *Customs Service: Officers in Charge, 1859-1921*, fourth issue, Shanghai: Statistical Department of the Inspector General of Customs, 1926.

④ *Port Catalogues of the Chinese Customs' Collection at the Austro-Hungrian Universal Exhibition, Vienna*, 1873, Shanghai: Statistical Department of the Inspector General of Customs, 1873, p. 7.

港口,然后再送往维也纳参展。[①]

中国的参展规模与当时的西方国家相比相当有限,故其国际影响不可高估。中国、日本、暹罗所占展览面积总计为 1350 平方米。这个面积仅占奥地利所占面积的约二十分之一,德国的十二分之一,法、英两国各占的大约九分之一,美国的一半。[②]从展位占地面积看,中国等三国之和只有这样的比例。其中中国的面积是否能超过 1350 平方米的一半,目前尚不可知。即使能够超过,在展会中的比重也可谓微不足道。最终,维也纳博览会共向大约 70000 家参展商颁发各类奖项 26002 个。其中奥地利获奖 5991 个,法国 3142 个,美国 442 个,中国则获奖 118 个。[③]

天津参展的物品涉及其中 16 类。展品收集和安排由白各林负责。展品中最大的一类是农产品,而实际上主要是中草药,包括白豆蔻、土茯苓、枸杞子、菊花、党参等,约 80 个品种。真正属于日用农产品的有米、茶叶、木耳等数种。工业品展出的几乎全是传统方式生产的制造产品,鲜有现代工业的产品。食品工业的展品有白糖、酒、葡萄干、鼻烟等,纺织工业的产品有牛毛、羊毛、毛毯、毡帽、草帽之类。机械类产品也都是旧式设备,包括轿车、小车等车辆。机械展品中最醒目的是激桶,即救火用的喷水设备。目录中还专门列出了天津本地的产品,分属粮食、衣帽、乐器、刀弓等各类。天

① 胡荣华:《回眸维也纳世博会》,天津档案馆官网,http://www.tjdag.gov.cn/tjdag/ztda/sbqy/8666900/index.html

② Robert H. Thurston, ed., *Reports of the Commissioners of the United States to the International Exhibition held at Vienna 1873*, Vol. I, Washington: Government Printing Office, 1876, pp. 58-76, 198.

③ Robert H. Thurston, ed., *Reports of the Commissioners of the United States to the International Exhibition held at Vienna 1873*, Vol. I, Washington: Government Printing Office, 1876, pp. 58-76, 198.

津的泥塑作品应是首次进入国际展会。展品中还有一套建筑模型——天津的海光寺。[①]

1874年11月27日,奥匈帝国政府告知总税务司赫德,向中国参展团的组织者颁发勋章,以表彰这次参展。12月21日,赫德为此甚为高兴,专门向各海关通报了此事。获得勋章者来自中国各地海关,包罗、德璀琳等负责参展的委员会成员也都获得了勋章。天津海关因参展而获得勋章的有海关税务司赫政获得弗朗西斯·约瑟夫骑士团之骑士十字勋章(Cross of Chevalier of the Order of Francis Joseph),二等验货白各林获得荣誉银十字勋章(The Silver Cross of Merit),海关税务司汉南获得铁王冠骑士团之骑士十字勋章(The Cross of Chevalier of the Order of the Iron Crown)。[②] 这些奖项的获奖者均为外籍洋员,竟无一人为国人,可见当时从中央到地方都不重视参与国际事务,因为意识不到主权国家的概念,也就无从谈到要争取国家主权。

虽然中国展团在维也纳展会的影响很微弱,但却从此开启了清廷海关组织参加国际博览会的大门。天津海关在此后作为中国展团的一部分参加了多次有重大影响的国际博览会。

---

① *Port Catalogues of the Chinese Customs' Collection at the Austro-Hungrian Universal Exhibition, Vienna, 1873*, Shanghai: Statistical Department of the Inspector General of Customs, 1873, pp. 18-37.

② China, Imperial Maritime Customs, IV. Service Series No. 7, *Inspector General's Circulars, First Series 1861-1875*, Shanghai: Statistical Department of the Inspector General of Customs, 1879, p. 593.

第二节　近代天津海关参与的其他世界博览会

自强运动期间，海关在其中扮演了重要角色，总税务司赫德和英国公使威妥玛不断地向中国政府建议要不断"进步"。1875 年 1 月 1 日，赫德向各海关通告了美国费城邀请中国参加 1876 年博览会的事宜，要求"准备海关的展品，展现中国商品更令人震惊的特色"。[①] 中国各地海关向费城博览会提供了丰富的展品。但天津海关显然并未积极准备，送展产品只有一些泥塑作品和一件马车样品。[②] 1878 年巴黎举行国际展览会，展品共分九大类，90 分项。天津海关也随中国海关一道出展了这次博览会，展品显然比费城博览会丰富了许多，大致包括：一些瓷器碟子、花瓶等；一张驼毛地毯；一些纺织品；假发、鞋之类的服饰用品；一系列泥塑人物；煤、玉石等矿物；被列入化工产品的中药原料，如雄黄、虎骨、胖大海、桃仁等约 90 种；机械工业产品，依然是小车之类传统交通工具；稻米、挂面、藕粉、核桃、柿饼、醋等膳食品。[③] 1873 年维也纳博览会时，总

---

① *China*, *Imperial Maritime Customs*, *IV. Service Series No. 7*, *Inspector General's Circulars*, *First Series 1861–1875*, Shanghai: Statistical Department of the Inspector General of Customs, 1879, p. 597.

② *Catalogue of the Chinese Imperial Maritime Customs Collection at the United States International Exhibition*, *Philadelphia*, *1876*, Shanghai: Statistical Department of the Inspector General of Customs, 1876, pp. 40, 90.

③ *Catalogue Spécial de la Collection Exposée au Palais du Champ de Mars*, *Exposition Universelle*, *Paris*, 1878, Shanghai: Bureau des Statistiques de la Direction Generale des Duanes, 1878.

税务司赫德曾亲自设计了中国代表团的统一服装。对这次巴黎博览会，赫德仍要求："我们将穿与维也纳展团一样的制服。"[①]可见，赫德对他当初设计的制服相当得意。赫德的外甥女记述他参加1878年巴黎博览会的情况："他在博览会开展之前刚刚到达巴黎，实际上恰能及时出席其宏大的开幕式。这是一个重大事件，但对于他来说却处境尴尬。离场时，他和他的秘书在人群中找不到他们马车了，无奈只得全程走回住处。找不着出租马车，穿着繁复和沉重的制服，还冒着迷路被嘲笑的风险。但运气还好，那些天里得了很多金绶带和奖章，他们无暇回想当时的窘态。"[②]对于赫德来说，制服和参展似乎都挺成功。

一、日本大阪博览会

1903年，津海关道唐绍仪写信给津海关税务司好博逊。江海关道来信说驻沪的日本总领事岩崎照会，日本计划在明治三十六年(1903)三月初一日起至七月三十一日止[③]在本国大阪市开设第五次内国劝业博览会，特别设立参考馆，把从国外采买的制造品陈列馆中。所以日本领事馆与海关联系要求提供相关物品。同时请求各国将此次博览会的消息传递给各工商人士，能将自己国家出

---

① John King Fairbank, Katherine Frost Bruner & Elizabeth MacLeod Matheson, eds., *The I. G. in Peking: Letters of Robert Hart Chinese Maritime Customs 1868-1907*, Vol. 1, Cambridge (Massachusetts) and London: Harvard University Press, 1975, p. 262.

② Juliet Bredon, *Sir Robert Hart: The Romance of a Great Career*, London: Hutchinson & Co., 1910, pp. 146-147.

③ 《大日本帝国第五回内国劝业博览会告白》，《大公报》1902年11月20日，03版。

产的制造品拿出来供他国展览,也适用于宣传自己国家的产品,来振兴工商业。为了吸引中国商人参与,该展会声称:“拟开博览会之际,所有会馆公司绅商人等务谋来观者之便利,或将游历须知各节编成汉文小册刊行颁发,或派人接待妥为照料,至于轮船、铁路运输等各公司概行低减价值以示优待之意”。[①]唐绍仪写信的目的就是要求天津海关税务司好博逊照此办理相关事宜,并附英文章程道,“除录报南洋通商大臣、江苏巡抚部院察照,并分移各关晓谕,暨函致新关税务司查照办理外,合将章程照译汉文抄粘移会,为此合贵道请烦查照,晓谕工商人等一体知照施行,计抄章程等因。准此。除分行晓谕外,相应抄录章程函致,即希贵税司查照办理为荷”[②]。

1903年大阪博览会全称为“第五届大阪内国劝业博览会”。在日本大阪举办,参展的外国展团包括美国、加拿大、澳大利亚、德国、中国等十四个。[③] 天津海关作为中国海关的一部分也组织参加了此次博览会。据当时的报道,大阪博览会展品分类包括林业、精细工艺品、农业、渔业、工业品、教育、动物等各类。[④]

---

① 《大日本帝国第五回内国劝业博览会告白》,《大公报》1902年11月20日,03版。

② 《津海关道唐绍仪为日本大阪市开设第五次劝业博览会等事札津海关税务司好博逊》,天津市档案馆、天津海关编译:《津海关秘档解译——天津近代历史记录》,中国海关出版社,2006,第293-294页。

③ Hyungju Hur, *Staging Modern Statehood: World Exhibitions and the Rhetoric of Publishing in late Qing China*, 1851-1910, Dissertation submitted for the degree of Philosophy in East Asian Languages and Cultures in the Graduate College of the University Illionos at Urbana-Champaign, 2012, pp. 47-49.

④ “The Industrial Exhibition at Osaka in 1903”, *Scientific American*, Vol. 88, No. 8, Feb., 21, 1903.

二、美国圣路易斯博览会

日本大阪博览会后，天津海关紧接着又组织参加了 1904 年美国圣路易斯举办的国际博览会。

1803 年美国从法国手中购买了路易斯安那，一百年后美国人决定以纪念此次购地的名义，举办一场国际博览会。这就是 1904 年的美国国际博览会的来历。这次展会规模宏大，会址占地面积达 1272 英亩（约合 7800 市亩）。[①] 1901 年 4 月 24 日，路易斯安那购买展会公司（the Louisiana Purchase Exposition Company）成立。[②] 此后经过几年的筹备，展会方才成功举行。路易斯安那展会是当时最大的展会，展会的建筑物部分占地超过 200 英亩。这一面积远超此前任何一届的博览会，是 1851 年伦敦水晶宫博览会的 12 倍之多，是 1900 年巴黎博览会的两倍。[③] 会址的其余 1000 多英亩均是绿地。可见，这次展会不仅规模大，而且堪称气势宏伟了。中国在路易斯安那国际展上有专门的展区，称为“中国村”（Chinese Village）。中国村中搭建了具有鲜明中国特色的戏台。对此，一些美国人评论：“从美国人的眼光来看，中国人对于戏剧有新奇的观念。

① Paul Greenhalgh, Ephemeral Vistas: *The Expositions Universelles, Great Exhibitions and World's Fairs*, 1851–1939, Manchester: Manchester University Press, 1988, p. 46.

② Charles M. Kurtz, *Saint Louis World's Fair: Commemorating the Acquisition of the Louisiana Territory*, St. Louis: The Gottschalk Printing Company, 1903, p. 33.

③ Charles M. Kurtz, *Saint Louis World's Fair: Commemorating the Acquisition of the Louisiana Territory*, St. Louis: The Gottschalk Printing Company, 1903, p. 20. Charles M. Kurtz 是该展会艺术部的助理主任。

他们的实际运用从这一精心建造的戏台可得一见。”①清廷溥伦亲王(Prince Pu Lun)作为展团钦差和副使黄开甲(Wong Kai-Kah)前往展会。

根据美国参议院1906年的报告,中国清政府为参加这次博览会而拨款75万两白银,用于支付各类参展费用。参展海关包括牛庄、天津、上海、广州、南京等22地。运抵圣路易斯(St. Louis)的所有展品大约有2000吨,其中800吨来自中国南方,1200吨来自北方。中国展区的标志性建筑被称为“中国亭台”(the Chinese Government Pavilion),参照北京溥伦亲王王府的建筑样式建造。仅这部分展品当时就价值75000美元。中国展区总面积约30000平方英尺,规模远超以往。②

1904年的美国“路易斯安那购买展”在圣路易斯举行。展品共设教育、工艺、工业机械、电器、交通、农业、矿业等15大项,144个分项。天津海关共参展了29个项目,其中令人印象深刻的有三类,是乐器、中药和泥塑。乐器类共展出了19种乐器,包括扬琴、古琴、胡琴、琵琶、三弦等。中药类多达107种,有阿胶、鹿角及各类草药,每种药材都附有说明。天津在127项民俗类展出了多组泥塑作品,其中包括由103个人物组成的迎亲队伍、真人尺寸的服饰、风俗人物等。尤其是服饰泥塑作品,展出方还为之配了长篇说明,讲解这些服饰的适用人群、功能等。展品中还有一些源自西方的现代物件,8幅水彩画;一些照片册,内容是关于北京、天津、塘沽的景物。

---

① *Sights, Scenes and Wonders at the World's Fair: Official Book of Views of the Louisiana Purchase Exposition*, St. Louis: Official Photographic Company, 1904, p. 125.

② *Final Report of the Louisiana Purchase Exposition Commission* 1906, Washington: Government Printing Office, 1906, pp. 190-192.

这从一个侧面反映出当时中西文化交流在天津的状况。①

三、比利时黎业斯博览会

1903 年 11 月 18 日，比利时邀请中国参加将于 1905 年举行的国际博览会，地点在比利时的黎业斯（现今一般译为“列日”）。1905 年，清政府商部、外务部委派当时驻比利时大使杨兆鋆作为参赛的监督，参与到这次博览会中。当时，共有 15 个地区参与了黎业斯博览会，其中就包括了天津。对于当年的中国展览场馆是按照中式风格进行建造的，这是获得赫德和杨兆鋆同意后实施的。展品还是多数以国内具有特色的传统产品为代表，例如古代瓷器、漆面扇、丝绸。当然还有不少有损国人形象的商品，鸦片吸食工具、吸鸦片的画像、小脚女人的木雕等等。②

奉北洋大臣、直隶总督袁世凯之命，津海关道唐绍仪致函税务司德璀琳，要求天津海关组织参展。从唐绍仪的公函中可以看到，这时清朝廷已经不仅对国际展会已相当重视，而且认识到参与此类国际事务对兴产利业大有裨益。信中说：“赛奇会在西方各国都受到重视，对于中国来讲则是新鲜事物，各地商民尚未熟悉此事，海关自当设法宣传劝说华商参加，作为振兴商业的举措。商民尚

① *China Catalogue of the Collection of Chinese Exhibits at Louisiana Purchase Exposition*, St. Louis, 1904, The Imperial Chinese Commission, Louisiana Purchase Exposition, 1904, pp. 15-49.

② 张炳君：《中国参展 1905 年黎业斯国际博览会的展品及其影响》，《广西民族大学学报（自然科学版）》2015 年第 4 期。

未尽悉赛会之益,自宜设法劝谕,俾令争先赴赛,以期商务逐渐起色。"①

为了方便中国商人了解此次展会,以及方便参展工作的组织,北洋大臣特地授命编订了《会商须知十二条》,为相关各方提供指导。《须知》介绍了黎业斯展会的规划会址、面积、交通状况;给出参会报名的要求、截止日期;要求参展物品必须按规定装箱、编号、造册;提醒参会者法语翻译非常必要,英语则不甚方便。对参展物品也给出了指导,特别鼓励如下物品参展:

> 中国精美驰名之品,如北京景泰蓝雕漆,江西磁器雕磁,江浙绒缎帕带,北京平金苏广彩绣,广东雕牙嵌钿,福建松漆什物,石叟铜器……北商贩皮货除羔皮不合外,宜带整只貂狐、黄獭、黑獭、灰鼠、银鼠,南商贩绸缎除宁绸湖绉不合外,宜带散花摹本缎、闪缎,颜色固以华丽为佳,尤以青为通用,总之贵者少置,廉者多备。②

因历次展会都允许参展物品出售,所以还告知所推荐的目类"进本既轻,获利自厚"。对于未能出售而返国货物,海关一律免税。

比利时的黎业斯(Liége,列日)展会上,天津海关送展的物品涉及29个类别。展品特点与以往历届展会的展品多有相似。《展品

① 《唐绍仪为比国举行赛珍会令各商赴会之先预知利便事函德璀琳》,天津市档案馆、天津海关编译:《津海关秘档解译——天津近代历史记录》,中国海关出版社,2006,第300页。

② 《唐绍仪为比国举行赛珍会令各商赴会先预知利便事函德璀琳》,天津市档案馆、天津海关编译:《津海关秘档解译——天津近代历史记录》,中国海关出版社,2006,第301页。

目录》中按照黎业斯展会的目录进行了分类,展品如下:

第 7 类 绘画、素描,8 件
第 12 类 摄影作品,北京相册、天津景观
第 14 类 地图,北京、天津地图
第 15 类 精细量具、钱币
第 17 类 乐器,二胡、扬琴、琵琶、三弦等 13 件
第 87 类 化学和药品工艺,阿胶、蟾酥、桑叶等 16 件
第 93 类 刀具
第 95 类 珠宝、首饰,银手镯等 24 件
第 100 类 杂品,竹哨、鸽子哨等 3 套
第 30 类 车辆,三十二杠灵柩
第 65 类 五金,木匠工具一套
第 75 类 非电力照明设备,各类灯笼
第 82 类 羊毛纺织品
第 80 类 棉纺织品
第 84 类 花边和刺绣
第 86 类 服装
第 20 类 各类机器,气泵
第 30 类 车辆,双轮马车等
第 31 类 马具
第 33 类 商业航行器具,用于海河航行的楼船等各类船只
第 35 类 乡村开发用品,一些农具
第 91 类 烟草
第 40 类 食物类农产品,高粱、大米等
第 61 类 酒类

第 41 类 非食物农产品,用于做麻绳的大麻纤维

第 48 类 各类种子

第 51 类 狩猎用品,弓箭等

第 13 类 书籍,《三国志》《聊斋》等

第 85 类 制衣业,各类人等的衣服

第 28 类 土木工程材料,唐山制造的水泥等

第 72 类 陶瓷。[①]

在此届博览会上,中国海关亦有中外职员参加展品评奖委员会,中国展品在手工艺品和农产品等方面均有获奖。[②]

1905 年的比利时黎业斯博览会是天津海关最后一次组织参展的国际博览会。从 1873 年的维也纳展会至此,天津海关组织参展的产品呈现出了本地特色。上述的 29 个细目可视为天津展品的代表。一些产品在历次参展中基本上都会出现,反映出天津海关在选择展品时有所倾向,希望能够展现出一些本地特色。较为固定的参展物品包括,中草药,在有些展会上各类中草药还会附有说明,解释其功用;各种中式乐器,体现了天津当时在乐器生产上的优势;泥塑作品几乎出现在每次博览会的目录中,主题大多体现本地的风土人情,后来成为天津的标志性特产。那个时代中国的展品基本上都是传统生产的产物,这与一个农业国的生产特征相一致。在这一点上,天津的展品并无例外。1904 年的美国圣路易斯

① *China*, *Imperial Maritime Customs*, *III. Miscellaneous Series No. 29*, *Catalogue of the Collection of Chinese Exhibits at the Liége Universal and International Exhibition* 1905, Shanghai: Statistical Department of the Inspector General of Customs, 1905, pp. 255-264.

② 张炳君:《中国参展 1905 年黎业斯国际博览会的展品及其影响》,《广西民族大学学报(自然科学版)》2015 年第 4 期,第 17-18 页。

展会和1905年比利时黎业斯博览会上，少量与现代工业有关的展品开始出现在天津海关的目录中，如一些矿产品、水泥等。这些变化反映出天津及周边地区工业化的发展特征。

1905年也作为一个转折点，此后结束了洋人担任税务司的海关进行组织参赛的历史，中国人开始筹办参加之后的国际赛会。

第三节　参加博览会的历史意义

通过博览会，中国逐步参与到了国际事务之中。董增刚[①]、谢辉[②]认为晚清时期，中国参与的博览会都是在赫德的操纵下进行的，他们的观点基本上是批判的态度，中国在此问题上是丧权辱国的。李爱丽正面论述了海关在积极推动参与博览会的作用，特别是之后中国政府资助参与此事也是以之前的流程为模版。[③] 沈惠芬利用了《海关密档》，认为当时清政府之所以将此事委托给英人控制的海关，一是由于清政府对于此事是完全陌生的；二是因为中国也无人能担此事。[④] 詹庆华在《全球化视野：中国海关洋员与中西文化传播》中通过海关组织参与博览会阐述了中西文化冲突、交融的过程，有着西方文化与中国传统文化交互传播与认同。其积极的作用是激发了民族商人的竞争意识，有利于中国本土工商业

---

① 董增刚：《晚清赴美赛会述略》，《北京社会科学》2000年第2期。

② 谢辉：《陈琪与近代中国博览会事业》，浙江大学，博士论文，2005年。

③ 李爱丽：《中国参加1878年暴力博览会述略》，《中国社会经济史研究》2003年第2期。

④ 沈惠芬：《走向世界——晚清中国海关与1873年维也纳世界博览会》，《福建师范大学学报（哲学社会科学版）》2004年第4期，第107页。

的进一步发展。[①]

同理,天津在晚清的津海关的推动下,参与各国的博览会对于天津城市个方面的发展都产生了影响。

一、促进工商业发展

中国参与博览会也经历了从炫耀到兴业,从兴业到兴邦的发展历程,随着民族工业的发展,从政府到商人认识到宣传商品的重要性。1903 年,唐绍仪在给津海关税务司德璀琳的信函中提及“查赛会一事泰西各国莫不提倡鼓舞,视为振兴商业切要之举,中国风气初开,商民尚未尽悉赛会之益”[②]。为振兴中国工商业,各省倡导华商积极参加国际赛奇会,“实力提倡并简派大臣前赴各国赛会,藉以开通商智为改良竞进之图”[③]。就此,促进政府采取了一系列的措施。

(一)免税

为了进一步刺激各省地方政府、商人积极参与此类活动,在税收上给予了优惠政策。宣统元年(1909)八月十七日,南洋筹设劝业会,两江总督奏请参赛物品免税一折,目的就是“振兴实业为国家富强要政”。1909 年 10 月 15 日,津海关道蔡绍基为南洋劝业会

---

① 詹庆华:《全球化视野:中国海关洋员与中西文化传播》,中国海关出版社,2008。

② 《唐绍仪为比国举行赛珍会令各商赴会先预知利便事函德璀琳》,天津市档案馆、天津海关编译:《津海关秘档解译——天津近代历史记录》,中国海关出版社,2006,第 300 页。

③ 《津海关道蔡绍基为南京设劝业会及各省赴赛物品免税事札义理迩》,天津市档案馆、天津海关编译:《津海关秘档解译——天津近代历史记录》,中国海关出版社,2006,第 302 页。

参赛物品过关纳税等事，致函津海关当时的税务司英人义理迩，其中提到“凡有运赛物品，均由各会监督，查明件数，限定运期，填发三联单，饬令运宁沿途经过关卡一律呈验盖戳放行，是各会监督负有担保责任……查南洋大臣以运赛物品，商人觅保具结为不便，拟由各会监督发单，担保系为便商起见，自可通融照办。惟须声明各会监督，既任担保，如中途有私运私售夹带拆卸各情弊，均仍照前定联单办法，就出口经过第一关所核，应纳税厘若干，由该监督代缴两倍银数，归入关册，以符定章”。①

1909 年 10 月 26 日，蔡绍基为直隶出品协会开办展览售品免税事写信给义理迩，现准“直隶出品协会开办展览进行会，现定于月初一日起至二十九日止，所有会场售品分别免纳税厘”②。

光绪二十九年(1903)闰五月初七日，津海关道唐绍仪为赴日本赛会赛品不能销售携带回津未报税事函德璀琳。天津府凌守禀称，日前赴日本赛会的绅商华石甫、乔吉廷等禀称，参会使用的景泰蓝一箱、绸缎三箱，因为到日本不能销售，携带回津漏未报税。现在津海关以未缴税为名扣押。唐绍仪请津海关将货物发还商人，同时附上了货单号码。信上说明商人石甫、乔吉廷两人的货物是由日本赛奇会上带回，没有洋货，或者是经由上海带回的洋货，不是漏报不缴税，附上货单一份：

景泰蓝货物一箱，大小十八件，有户部华布笺记号。绸缎

① 《蔡绍基为南洋劝业会参赛物品过关纳税等事函义理迩》，天津市档案馆、天津海关编译：《津海关秘档解译——天津近代历史记录》，中国海关出版社，2006，第 306 页。

② 《蔡绍基为直隶出品协会开办展览售品免税及设邮政事函义理迩》，天津市档案馆、天津海关编译：《津海关秘档解译——天津近代历史记录》，中国海关出版社，2006，第 307 页。

货物三箱大小八百零七件。有一箱写乔吉廷记号,二箱未写。函致即希贵税司查照,现经洋关扣留,乞代恳赏还。①

可见,地方政府对于参会的商品会给予税收优惠,从侧面也促进了民族商人积极参会,宣传商品,使自己进一步获得发展。

1928 年 10 月 12 日,津海关税务司好威乐为参加中华国货展览会写信给津海关监督祈彦孺,中华国货展览会北平特别市筹备分会事务部主任张鸿藻,“由北平市地方押运陈列展览及出品共四百二十四件,另填有出品目录书二十三纸,报装中国泰顺轮船运往上海,呈有国民政府工商部制定陈列展览及赴会出品和免税捐证书共四联,当将该物品验明免税放行”②。

国民政府以免税来鼓励民族商人参与国际事务,扩展国际贸易,希冀通过不同途径来实现国家富强。

(二)创办劝业会

“赛会对于实业界能扩张销路,竞争改良,对于国家能巩固国民生计基础,对于社会能增进人民幸福。”③

为促进工业发展,促进创新工艺,天津曾在 1906 年举办了“劝工展览会”。天津在 1903 年成立的直隶工艺总局(后改为直隶劝业道,劝是勉励,业是实力),决定举办商品赛会。1905 年,清末的

① 《津海关道唐绍仪为赴日本赛会赛品不能销售携带回津未报税事函德璀琳》,天津市档案馆、天津海关编译:《津海关秘档解译——天津近代历史记录》,中国海关出版社,2006,第 299 页。

② 《津海关税务司好威乐为参加中华国货展览会出品免税事函津海关监督祈彦孺等》,天津市档案馆、天津海关编译:《津海关秘档解译——天津近代历史记录》,中国海关出版社,2006,第 308-309 页。

③ 《创办南洋劝业会说略 第五章 结论》,《大公报》1909 年 5 月 15 日,06 版。

学部侍郎——严修在自己的家乡——天津的城隍庙，成立了教育品陈列室，“陈列理化仪器，博物标本多种，纵人观览”[①]。1906年直隶工艺总局下设的实习工场[②]举行第一次“劝工展览会”，举办此次“劝工展览会”的动力来自“理化之研究日精，社会之鼓荡日剧”[③]。参展产品均为实习工场所产，工场所产的基本是轻工业产品，分为纺织、彩印、木工、制燧（火柴）、制皂、刺绣、图画、窑业等12科，陈列产品按照产品性质分类，囊括了毛巾、被褥、黄白肥皂、各色布匹、日用瓷器等生活用品外，还展出了绣屏等工艺品。

关于此事展览会的时间，根据查阅相关文献和论文，天津档案馆说第一次劝工展览会于1906年11月22日在河北公园开幕，观众15万人次，交易额约30000元。[④] 俞力在其主编的《历史的回眸：中国参加世博会的故事1851—2008》中写道：1906年10月7日，天津实习工场第一次“劝工展览会”在窑洼举行。劝业会展期最初为5天，前3天是男游客入览，后2天是女游客入览，先后参观的人员约114万。12月5日，实习工场又在当时的河北公园（今中山公园）举办了第二次“劝工展览会”，展期延长为15天。[⑤] 上海社会科学院的乔兆红在《天津与中国近代博览会事业》中提出：1906

---

① 俞力主编：《历史的回眸：中国参加世博会的故事1851—2008》，东方出版社，2009，第53页。

② 直隶工艺总局为周学熙主持，后创办了实习工场、高等工业学堂、考工厂（商品陈列所）、劝业铁工厂等机构，其中实习工场“规模最大，收效最宏”。实习工场成立于1904年10月。引自陈凯：《清末直隶实习工场培养先进生产力的摇篮》，《职业教育研究》2011年第9期，第180页。

③ 陈凯：《清末直隶实习工场培养先进生产力的摇篮》，《职业教育研究》2011年第9期，第180页。

④ https://www.tjdag.gov.cn/zh_tjdag/jytj/lssdjt/details/1600322875666.html

⑤ 俞力主编：《历史的回眸：中国参加世博会的故事1851—2008》，东方出版社，2009，第53页。

年10月7—15日，天津劝业展览会首创于大经路河北公园内……为期九天，到会观览者15万余人，各工商家售入货价三万余金。[①] 陈凯在其《清末直隶实习工场：培养先进生产力的摇篮》中只写到了1906年10月实习工场举办了第一次“纵览会”，使“人人知工业为富强根本”。会期为五天，参观者五万数千人。[②] 河北工业大学在其校史介绍中也是这个提法。亦有人提出1906年8月先举办了“纵览会”，而后举办了劝业展览会。

天津广仁学堂的“劝工展览会”。天津广仁堂原为慈善机构，后周学熙在管理直隶工艺总局的基础上，改革天津广仁堂，创办女工厂。《筹办工艺情形文》中提及天津广仁堂为“女子工业”之唯一，“延订女工师，教授贫寒妇女，学习制玲珑西式花绠，并机器缝纫、描花、刺绣等项手艺，兼授修身、书算等课，俾具普通知识，有自赡身家之资格，现在制品颇有可观，西人每争购之”[③]。展出其生产的刺绣、缝纫品等产品，展期5天，而且规定只准女子参观，算是中国展览会史上独具特色的一例。1913年天津成立了直隶省巴拿马赛会出品协会事务局，按照相关规定，直隶省参会产品需要参加1914年6月4日至7月5日在河北工园举办的展览会，获得观众和评委的认可后才能正式参赛，官办产品通过评审后需要获得直隶省出品协会事务局发给的官厅出品通知书。“民国三年(1914)，广

① 乔兆红：《天津与中国近代博览会事业》，《历史教学问题》2017年第1期。转引自甘厚慈：《北洋公牍类纂》(17)，京城益森印刷公司，1907；虞和平：《周学熙集》，华中师范大学出版社，1999，第153页。

② 陈凯：《清末直隶实习工场：培养先进生产力的摇篮》，《职业教育研究》2011年第9期，第180页。

③ 陈凯：《开妇女运动之先河：清末直隶女子职业教育》，《职业教育研究》2011年第11期，第179页。转引自虞和平：《周学熙集》，华中师范大学出版社，1999，第173页。

仁堂获得《官厅出品通知书》上书：袍面20件（棉纱制），价值每件1.3元；绣屏4条（丝制），价值银洋54元；被面20条（棉纱制），价值每条银洋1.1元……”①

博览会的举办对于当地城市的格局变化都产生了深远影响。从20世纪初，晚清政府到国民政府纷纷鼓励地方政府兴办展会。如天津的劝业场，此名沿用至今，就因为天津曾经举办过“劝业展览会”，以展示民族工业的成果，劝业作为地名保留下来。

二、民族国家观念深入人心

民族主义的兴起，国人心中开始有“国家”“民族”的概念，《大公报》频频出现“国民”“民族”等字样。这一过程在博览会事务上尤其明显，1903年6月24日《申报》的一篇文章“夫开设博览会之意，非徒欲将已成之物表暴其孰优孰劣也，且欲以其法表明于世，故泰西各国皆以赛会为可兴商务、兴商业，视之甚为郑重，不惜费款之巨、运送之远，均愿派员同往赛会。惜乎中国未明此意，其富商之运物往赛者，不过藉以售厚值而已，不值当研究其精也，其官员之奉派赴会者，又不过借以恣游玩而已，亦不知有考察之责，也是故近年以来各国每有赛会之举，中国未尝不备物赴赛，未尝不派员往观及至归时，终未尝受丝毫之益”②。1903年对于博览会的认识是可以兴商务、振商业。社会舆情已开始对暴露社会丑陋面进行批判——“圣路易赛会场……辱国辱种之状陈列于万国瞩目睽

① 《广仁堂官方出品通知书》，天津档案馆官网，https：//www.tjdag.gov.cn/zh_tjidag/wangShangZT/ZhuanTiZT//zhuan-tizhanting/tigcs/expo321.html。

② 《申报》1903年6月24日。

睽之……"[①]1905年比利时的黎业斯博览会上,对于中国参展之物品有损国体,有损民族尊严之事,清政府已重视,之后,清政府不再委托海关参会改为自办,这是主要原因。

至1931年,法国巴黎的国际殖民地博览会,在国内掀起讨论热潮,《大公报》连续几天对此博览会进行评论。其中《中国国体与巴黎国际殖民地博览会》评论此博览会上展出中国的人力车一事——"不消说,这是损辱中国国体的事件,亚洲的人力车虽则盛行于我国各大商埠,但这是目前我们科学工业还没有发达,经济落后暂时现象,我们全国青年正在努力进取建设物质文明的繁荣,脱离这种'非人生活'的状态,我们不愿意他人暴露我们亚洲民族的弱点,尤其不许任何人贬损中华民国独立的尊严,在国际关系上中国与法国同处于对等的地位"[②]。"九一八"事变前,民族国家的观念已经深入人心。

三、中西文化的交流与融合

参加博览会的直接影响就是中西文化的交流。詹庆华的观点是参与国际性的万国赛会,实际就是向西方各国介绍中国传统文化的过程,也是让西方了解中国的契机。[③]

这些选品当时都是由海关洋员来选择进行展览的,他们认为这些代表了当时当地的风土人情,可以让西方人了解到当时的中

① 《美国赛会场赀遣缠足女始末记》,《大公报》1904年9月6日,02版。

② 《中国国体与巴黎国际殖民地博览会》,《大公报》1931年4月28日,04版。

③ 詹庆华:《全球化视野:中国海关洋员与中西文化传播(1854—1950)》,中国海关出版社,2008,第460页。

国社会变迁。

除了这些以外，还有中国传统书画文化最吸引当时外国人兴趣的。如1928年11月24日，好威乐为查验参加日本书画展览会的字画，给大学院古物保管委员会写信说明，“日本举行唐宋元明名画展览会，在北平借得华人书画一百二十五件运日陈列一案，前准外交部转接日领请予免税放行，经即电饬津海关监督遵照免税放行……日中举行唐宋元明书画展览会，在北平借得华人书画一百二十五件运日，十一月中旬全部运回，所有出口、进口统仰免税放行。此次日本大典纪念博览会派遣坂西利八郎等潜来北平，征求我国私津家所藏唐宋元明书画前往陈列”①。可见，当时与各国的文化交流是多方面的，而博览会是最直接的渠道。

本章小结

参与国际活动，海关起了重要作用。从自强运动到百日维新，再至辛亥革命后，从晚清至国民政府也希望借助参加世博会宣传推广中国的特色产品，以振兴工商业。天津海关是近代中国参与国际博览会较早的积极推动者，包腊父子两人一直积极联系近代中国海关参与国际博览会，天津海关对于参与国际博览会的展品在税收上都给予了免税等优惠。彼时的中国政府缺乏制度性的管理，这无疑成为施行西方文官制度的海关理所当然介入这些活动

① 《好威乐为查验参加日本书画展览会字画事函大学院古物保管委员会》，天津市档案馆、天津海关编译：《津海关秘档解译——天津近代历史记录》，中国海关出版社，2006，第309-310页。

的理由。不过在很长一段时间内,这些实践活动并未在全国形成很大的影响,或者说影响有限,无论是从国家还是主流舆论上都没有受到关注,在民族危机日益加深,国人对于西方文明了解日渐加深的历史背景下,积极参与国际活动逐渐被政治化,以此为契机,华商参与到国际贸易的竞争中。晚清是中国历史上大转型的时期,随着与西方各国交流的增加,参与国际活动从一定程度上建立了与西方各国交流的通道。海关出面组织参与博览会是其管理事务的扩张,詹庆华分析原因有二:一是清政府对于博览会对于中国贸易的推动作用并无清楚的认识;二是中国本身亦无此商务组织和管理人才,当时的中国市场也无扩展国际贸易的强烈需求。[①] 马敏对于近年来关于博览会研究的历史进行了系统总结,马敏认为博览会史是个多棱镜,折射出文明史、社会史、外交史、政治史、城市史等各方面的历史,也说明博览会在中国近代史上的影响是多方面的[②]。晚清天津海关积极推动参与世界性的博览会,积极作用有三:一是为地区商品拓展了市场;二是具有“开民智、阜财源”的效果[③];三是参与博览会亦促进了文化交流,近代国家的观念、主权、利权的观念让有识之士积极行动,拉近与西方各国的差距。津海关组织参与博览会为之后的中国组织类似活动提供了制度经验,而成功组织、参与各类博览会“必将鼓舞而兴,以强其国”[④]。

---

① 詹庆华:《全球化视野:中国海关洋员与中西文化传播(1854—1950)》,中国海关出版社,2008,第465页。

② 马敏:《中国近代博览会史研究的回顾与思考》,《历史研究》2010年第2期。

③ 《论中国宜开博览会》,《大公报》1904年12月14日,01版。

④ 《论中国宜开博览会》,《大公报》1904年12月14日,01版。

结　语

结　语

晚清至民国时期是近代天津重要的转型阶段,天津开埠是其发展的转折点,从第二次鸦片战争清政府失败开始,天津成为政府的“外交首都”——法国学者皮埃尔·辛加拉维鲁在《万国天津》中称“天津……成为中国的代理外交首都”①,作为北京的护城河,清政府将之后的不平等条约定在天津谈判、签约。而津海关在整个近代天津的历史中扮演者重要的角色,可以说津海关作为行政机构,其制度都是在平衡外国势力在华利益。而天津自此得益于交通枢纽的地位,也因航运贸易而获得了发达的经济。

一是中国近代海关是中国近代社会的特殊存在。晚清海关的成立理论上是隶属于总理衙门,但是实际掌权人却是洋人。总税务司、各口岸税务司职权一直由外籍人员掌控,至日本侵华后则变为日本人控制了中国海关。晚清阶段,海关名义上是隶属于中国政府,海关官员的任命也需要征得中国政府的同意,总税务司是要向总理衙门报告。各地的税务司也是要从属于海关监督。实际上,由洋人管理海关是得到中国政府的认可的。到了国民政府时期,总税务司署隶属于税务处,管理各地的税务司,外交部和财政部对于海关具有间接的管辖权。但实际上,税务处也仅是表面上具有管理权限,而各地的海关监督亦仅有理论上的指挥权。总税

① ［法］皮埃尔·辛加拉维鲁:《万国天津:全球化历史的另类视角》,商务印书馆,2021,第13页。

务司署以及各地的税务司都是独立的,海关监督受财政部的节制。无论是清政府还是国民政府,总税务司及各地税务司应是中国官吏,实际上却是总税司及各地的税务司掌握海关的行政权,海关监督与税务处只是具有监督地位而已。

二是海关制度是引进、西化的制度,是中国建设现代国家制度的一部分。第二次鸦片战争后,清政府屈服于列强,条约开埠,新成立的海关变成了以英国人为主导的"国际机构"。和之前开埠的上海等口岸一样,英国人控制下制定的管理制度、管理方法应用于津海关的行政管理中,海关率先进入现代化。正如马克思所说:"它按自己的面貌为自己创造出一个世界。"①津海关的人事管理制度在建关之初就直接将英国的文官制度拷贝过来,从人才选拔、考核到制定奖惩,这些制度对后来国民政府时期海关人事制度改革都产生了影响。船务和航务制度都是建立在西方国际航海管理经验之上的,在当时是先进的、高效的。这些制度一直延续多年,国民政府收回海关主权后,对于这些制度的修订也是在其原有的基础上进行个别条款的修改,并无全盘推翻重新制定。这些对于津海关管理的现代化都提供了重要基础,成为"现代化的机构"②。也如魏尔特所说:"早期条约催生了外籍税务司制度,使中国海关成为世界上的行政奇迹之一。"③之前的晚清官员腐败,国库空虚无法偿还赔款。清政府为了赔偿列强,而各国为了签订条约赔款能履行,于是"这些制度的创新首要条件还是当时的中国政府的认可,

① 《马克思恩格斯选集》第一卷,人民出版社,1972,第 255 页。

② John King Fairbank: Foreword, The I. G. in Peking: Letters of Robert Hart Chinese Martime Customs 1868-1907, Volume 1, The Belknap Press of Harvard University Press, p. xiv.

③ Stanley F. Wright, M. A., LL. D: Preface, Hart and The Chinese Customs, 1950, The Queens University Belfast, p. xiii.

因为制度创新与改革的利益取向相关"①自此,外籍税务司管理海关的制度在开埠口岸推广开来。

三是津海关制度,除了全国开埠口岸海关的统一制度外,诸多都是根据本口岸的具体情势制定的,具有不同于其他口岸的特征。天津是北方率先开埠通商的口岸,天津也先于其他城市被纳入世界经济体系中,越来越多的外国轮船来到天津口岸,天津原有的地理、政治、经济、社会条件并不适应这一变化。其一,海河航道曲折多弯,加上清政府不能及时疏浚,河道淤塞。最初的海河并不适于大量、大吨位轮船的大速度航行。加上中国民船穿插其中,航行的潜在危险颇多。天津船务、航务管理制度就是针对这些情况制定的。限制内河航道速度,限制大吨位轮船进入海河,夜间行船要规范化管理等。其二,西方的先进海关管理经验应用于天津理船章程、引水章程、沉船打捞章程,以及防疫制度。当时的西方各国已经完成了工业革命,或正在进行工业革命,技术和相关制度上有优势,而中国在这些方面则显著落后。因此,在相关制度建设上,天津海关采用了直接引进和借鉴的方式。如,引水人才的培养,至20世纪30年代,华人引水员都是极度缺乏的;对于传染病的防疫,西方现代医疗技术的应用率先从海关防疫开始。之后北方各口岸的制度很多以天津为范本,甚至秦皇岛等关直接划入津海关管理区域范围内。津海关可以说"是西方制度文化在中国传播的例证"②。

四是从晚清到民国,津海关规章的执行具有不平衡性和复杂性。津海关有制度先于现代国家行政制度出现,如防疫制度,天津

① 詹庆华:《全球化视野:中国海关洋员与中西文化传播(1854—1950年)》,中国海关出版社,2008,第293页。

② 詹庆华:《全球化视野:中国海关洋员与中西文化传播(1854—1950年)》,中国海关出版社,2008,第292页。

作为口岸,海关最先出现疫病防控制度。但也有些亦未能被全面地贯彻,如引水制度。引水权直接涉及国家主权和国家安全,津海关引水员从晚清到民国,一直由洋人担任,即使国民政府时期已经将引水权收回,这一情况无实质性改变。此制度推行状况具有明显的不平衡性,实施的效果也未有实际成效。船务、航务管理制度变迁的不平衡性和复杂性更突出,首先船务、航务的管理中,外籍轮船往往具有特权,而中国民船则往往不能与洋船处于同一地位享有相同的待遇,这一待遇在海关制度的演变中并无太多改变。其次,中国船主无法理解海关船务、航务管理的管理理念,如夜间悬灯制度。由于夜间行船事故不断,海关制定此规章,但中国船主认为之前清政府向无此规,若遇船只需鸣锣即可,无法理解也意识不到轮船航行的潜在威胁。所以发生船只相撞后的诉讼中,由于外籍轮船往往享有领事裁判权,中国船主并不能占据优势,经常是争取赔偿失败或纠纷不了了之。最后,从清政府到北洋政府,再至国民政府,津海关制度是先于器物来到,海关带来了天津现代化,近代工业在天津发展起来,同时西方思想文化也登陆天津,器物、制度、文化互相交织着使天津发展成为华北地区的经济文化的重镇。

五是主权回归中津海关的制度适应性调整。中国的海关经历了三个阶段,第一阶段是南京条约后至 1860 年。这个阶段中 1854 年,英法美的税务监督委员会成立。第二个阶段是 1860 年到 1911 年,这个阶段中,津海关依《北京条约》成立。第三个阶段是 1911-1931 年。1922 华盛顿会议后,中国政府要求修改签订的不平等条约。特别是 1928 年,国民政府争取海关主权,关税自主。1931 年后,日本侵华,同时攫取了对中国海关的控制权。国民政府收归主权后并未推翻原有的各项制度,有些延续了之前的制度,或只做了些许调整，如行船管理制度；有些进行了较多的修改，如海关的防疫制度，加入了新的防疫措施，比如消杀手段等。但也有修改后并未实际落实的制度，如引水制度。随着民族意识高涨，国民政府意识到收回引水权是收回国家主权的表现，但是由于专业人才的缺乏，引水一直是洋员承担。于是国民政府公开招考引水员，但也只有一名华员报名。这一状况一直到 1949 年后才彻底改变。

中国近代海关是通过引入西方海关制度而建立起来的。天津海关作为中国海关的一部分，其制度建设也符合当时海关制度的基本特征。但天津海关在制度上又有诸多独特性，这源于天津海关地理上、周边经济社会等方面的特征。这些独特性说明，当时中国各地海关在一些具体规章上存在着各自为政的状况。但进入 20 世纪，随着中国人现代国家和主权观念形成，海关自主的要求和变革逐步出现。各地海关制度上的一些特性开始消失，在各专门制度上也趋于全国一致性特点。天津海关制度也向这个方向转变。

参考文献

一、中文文献

(一)档案及档案汇编

1. 交通铁道部交通史编纂委员会. 交通史航政编[G]. [出版地不详],1931.

2. 黄月波,于能模,鲍釐人编. 中外条约汇编[G]. [出版地不详]:商务印书馆,1935.

3. 王铁崖编. 中外旧约章汇编[G]. 北京:生活·读书·新知三联书店,1957.

4. 中华书局编辑部编. 筹办夷务始末(咸丰朝、同治朝)[A]. 北京:中华书局,1979.

5. 太平天国历史博物馆编. 吴煦档案选编[A]. 南京:江苏人民出版社,1983.

6. 天津市档案馆. 三口通商大臣致津海关税务司札文选编[A]. 天津:天津人民出版社,1992.

7. 李育民. 近代中国的条约制度[G]. 长沙:湖南师范大学出版社,1995.

8. 朱荣基. 近代中国海关及其档案[A]. 深圳:海天出版

社,1996.

9. 旧海关刊载中国近代史料数据库[DB/OL],第一期,通令数据库。http://cir. customskb. com/BookRead. aspx? id = 34498&lan =2

10. 中国第二历史档案馆、中国海关总署办公厅. 中国旧海关史料 1859—1948[A]. 北京:京华出版社,2001.

11. 海关总署《旧中国海关总税务司署通令选编》编译委员会. 旧中国海关总税务司署通令选编,(第一卷至第三卷)[A]. 北京:中国海关出版社,2003.

12. 天津市档案馆. 天津海关档案[A]. 天津:天津古籍出版社,2013.

13. 郭卫东编. 中外旧约章补编:清朝. [A]北京:中华书局,2018.

(二)地方志

1. 梁廷枏等纂. 粤海关志. 近代中国史料丛刊续编.(第十九辑)[M],台湾:文海出版社,1975.

2. 天津地方志编修委员会编纂. 天津通志·财税志[M]. 天津:天津社会科学院出版社,1996.

3. 天津地方志编修委员会编纂. 天津通志·港口志[M]. 天津:天津社会科学院出版社,1999.

4. 天津地方志编修委员会编纂. 天津通志·附志·租借志[M]. 天津:天津社会科学院出版社,1999.

5. 任与孝主编;《宁波海关志》编纂委员会编. 宁波海关志[M]. 杭州:浙江科学技术出版社,2000.

6. 天津地方志编修委员会编纂. 天津通志·邮电志[M]. 天津:天津社会科学院出版社,2002.

7. 滨海新区地方志编修委员会编纂. 天津市滨海新区志[M]. 天津:天津社会科学院出版社,2018.

(三)资料汇编

1. 天津市档案馆、天津海关编译. 津海关秘档解译——天津近代历史记录[G]. 北京:中国海关出版社,2006.

2. 严中平. 中国近代经济史统计资料选辑[G]. 北京:中国社会科学出版社,2012.

3. 中国社会科学院近代史研究所《近代史资料》编辑部.《近代史资料》总 139 号[G]. 北京:中国社会科学出版社,2019.

4. 中国社会科学院近代史研究所《近代史资料》编辑部.《近代史资料》总 140 号[G]. 北京:中国社会科学出版社,2019.

5. 吴松弟. 中国近代经济地理与旧海关资料研究集[G]. 桂林:广西师范大学出版社,2019.

(四)报刊

1. 大公报[N].

2. 东方杂志[J].

3. 申报[N].

4. 交通公报[N].

5. 江西省政府公报[N].

(五)专著

1. 重编日用百科全书[M]. 商务印书馆,1934.

2. 行政院新闻局. 塘沽新港[M]. [出版地不详],1947.

3. 鲍觉民. 塘沽新港[M]. 上海:新知识出版社,1956.

4. 陈诗启. 中国近代海关史问题初探[M]. 北京,中国展望出版社,1987.

5. 顾明义. 中国近代外交史略[M]. 长春:吉林文史出版社,1987.

6. 蔡渭洲. 中国海关简史[M]. 北京:中国展望出版社,1989.

7. 葛松. 李泰国和中英关系,1854—1864[G]. 中国海关史研究中心,译. 邝兆江,校. 福建:厦门大学出版社,1991.

8. 张洪祥. 近代中国通商口岸与租界[M]. 天津:天津人民出版社,1993.

9. 戴一峰. 近代中国海关与中国财政[M]. 厦门:厦门大学出版社,1993.

10. 徐永志. 开埠通商与津冀社会变迁[M]. 北京:中央民族大学出版社,2000.

11. 陈诗启. 中国近代海关史[M]. 北京:人民出版社,2002.

12. 陈诗启. 从明代官手工业到中国近代海关史研究[M]. 厦门:厦门大学出版社,2004.

13. 罗荣渠. 现代化新论:世界与中国的现代化进程[M]. 北京:商务印书馆,2004.

14. 中国海关学会. 赫德与旧中国海关论文选[M]. 北京:中国海关出版社,2004.

15. 李爱丽. 晚清美籍税务司研究:以粤海关为中心[M]. 天津:天津古籍出版社,2005.

16. 姚梅琳. 中国海关史话[M]. 北京:中国海关出版社,2005.

17. 文松. 近代中国海关洋员:以五任总税务司为主[M]. 北京:中国海关出版社,2006.

18. 李学智. 民国史论稿[M]. 天津:天津社会科学院出版社,2007.

19. 白雪燕. 中国海关概论[M]. 北京:中国海关出版社,2008.

20. 俞力. 历史的回眸:中国参加世博会的故事 1851—2008[M]. 北京:东方出版社,2009.

21. 佳宏伟. 区域社会与口岸贸易:以天津为中心(1867—1931)[M]. 天津:天津古籍出版社,2010.

22. 胡丕阳、乐承耀. 浙海关与近代宁波[M]. 北京:人民出版社,2011.

23. 中国社会科学院近代史研究所中华民国史研究室,李新. 中华民国史[M]. 中华书局,2011.

24. 张利民,周俊旗,许檀等. 近代环渤海地区经济与社会研究[M]. 天津:天津社会科学院出版社,2011.

25. 连心豪. 近代中国的走私与海关缉私[M]. 厦门:厦门大学出版社,2011.

26. 隋元芬. 西洋器物传入中国史话[M]. 北京:社会科学文献出版社,2011.

27. 杜语. 开埠史话[M]. 北京:社会科学文献出版社,2011.

28. 陈旭麓. 近代中国社会的新陈代谢[M]. 北京:中国人民大学出版社,2012.

29. 杨德森. 中国海关制度沿革[M]. 山西人民出版社,2014.

30. 姚永超、王晓刚. 中国海关史十六讲[M]. 上海:复旦大学出版社,2014.

31. 陈旭麓. 中国近代史十五讲:典藏本[M]. 北京:中华书局,2015.

32. 卓遵宏,姜良芹,刘文宾,刘慧宇. 中华民国专题史(第六卷):南京国民政府十年经济建设[C]. 南京:南京大学出版社,2015.

33. 余新忠. 清代卫生防疫制度及其近代演化[M]. 北京:北京

师范大学出版社,2016.

34. 杜君立. 现代的历程[M]. 上海:上海三联出版社,2016.

35. 宋佩玉. 近代上海外商银行研究(1847—1949)[M]. 上海:上海远东出版社,2016.

36. 王耀. 水道画卷:清代京杭大运河舆图研究[CM]. 北京:中国社会科学出版社,2016.

37. 桑兵. 历史的本色:晚清民国的政治、社会与文化[M]. 桂林:广西师范大学出版社,2016.

38. 王澧华,吴颖. 近代海关洋员汉语教材研究[M]. 桂林:广西师范大学出版社,2016.

39. 蒋廷黻. 中国近代史[M]. 南京:江苏人民出版社,2017.

40. 吴松弟. 海关文献与近代中国研究学术论文集[G]. 桂林:广西师范大学出版社,2018.

41. 朱庆葆. 民国研究 2018 年 · 春季号:总第 33 辑[M]. 北京:社会科学文献出版社,2018.

42. 罗志田. 中国的近代:大国的历史转身[M]. 北京:商务印书馆,2019.

43. 钱穆. 中国经济史[M]. 北京:北京联合出版公司,2019.

44. 陈旭麓. 近代史思辨录[M]. 上海:上海人民出版社,2019.

45. 吴景平. 近代中国的金融风潮[M]. 北京:东方出版社,2019.

46. 张耀华. 中国近代海关英汉大词典[G]. 上海:上海人民出版社,2019.

47. 庄秋水等. 通往北京的道路[M]. 沈阳:北方联合出版传媒(集团)股份有限公司,2020.

48. [英]莱特(S. F. Wright)著. 中国关税沿革史[M]. 姚曾廙,

译. 北京:生活·读书·新知三联书店,1958.

49. [英]查尔斯·德雷格. 龙廷洋大臣:海关税务司包腊父子与近代中国(1863—1923)[M]. 潘一宁,戴宁,译. 桂林:广西师范大学出版社,2013.

50. [英]麦克法兰. 现代世界的诞生[M]. 刘北成,评议. 上海:上海人民出版社,2013.

51. [英]布赖恩·莱弗里. 海洋帝国:英国海军如何改变现代世界[M]. 施诚,张珉璐,译. 北京:中信出版社,2016.

52. [英]詹姆斯·费尔格里夫. 地理与世界霸权[M]. 胡坚,译. 杭州:浙江人民出版社,2016.

53. [英]方德万. 潮来潮去:海关与中国现代性的全球起源[M]. 姚永超,蔡维屏,译. 山西:山西人民出版社,2017.

54. [英]艾瑞克·霍布斯鲍姆. 革命的年代:1848—1875[M]. 王章辉等,译. 北京:中信出版社,2017.

55. [英]艾瑞克·霍布斯鲍姆. 资本的年代:1848—1875[M]. 张晓华,译. 北京:中信出版社,2017.

56. [英]艾瑞克·霍布斯鲍姆. 帝国的年代:1875—1914[M]. 贾士蘅,译. 北京:中信出版社,2017.

57. [英]玛丽·蒂芬. 中国岁月:赫德爵士和他的红颜知己[M]. 戴宁,潘一宁,译. 桂林:广西师范大学出版社,2017.

58. [英]玛丽·伊万丝. 现代社会的形成:1500 年以来的社会变迁[M]. 向俊,译. 北京:中信出版社,2017.

59. [英]本·威尔逊. 黄金时代:英国与现代世界的诞生[M]. 聂永光,译. 北京:社会科学文献出版社,2018.

60. [英]安东尼·吉登斯. 资本主义与现代社会理论:对马克思、涂尔干和韦伯著作的分析[M]. 郭忠华,潘华凌,译. 上海:上海译文出版社,2018.

61. [英]邓钢. 中国传统经济:结构均衡和资本主义停滞[M]. 茹玉骢,徐雪英,译. 杭州:浙江大学出版社,2020.

62. [法]皮埃尔·辛加拉维鲁. 万国天津:全球化历史的另类视角[M]. 郭可,译. 北京:商务印书馆,2021.

63. [美]费惟恺. 中国早期工业化:盛宣怀(1844—1916)和官督商办企业[M]. 虞和平,译. 北京:中国社会科学出版社,1990.

64. [美]吉尔伯特·罗兹曼. 中国的现代化[M]. 国家社会科学基金"比较现代化"课题组,译. 江苏:江苏人民出版社,2003.

65. [美]理查德·J. 司马富,约翰·K. 费正清,凯瑟林·F. 布鲁纳. 赫德与中国早期现代化[M]. 陈绛,译. 北京:中国海关出版社,2005.

66. [美]徐中约. 中国近代史:1600—2000,中国的奋斗[M]. 计秋枫等,译. 北京:世界图书出版公司,2013.

67. [美]孔飞力. 中国现代国家的起源[M]. 陈兼,陈之宏,译. 北京:生活·读书·新知三联书店,2013.

68. [美]柯文. 在传统与现代性之间:王韬与晚清改革[M]. 雷颐,罗检秋,译. 北京:中信出版社,2016.

69. [美]罗威廉. 最后的中华帝国:大清[M]. 李仁渊,张远译,译. 北京:中信出版社,2016.

70. [美]彭慕兰. 腹地的构建:华北内地的国家、社会和经济(1853—1937)[M]. 马骏亚,译. 上海:上海人民出版社,2017.

71. [美]柯林. 在中国发现历史:中国中心观在美国的兴起[M]. 林同奇,译. 北京:社会科学文献出版社,2017.

72. [美]丽贝卡·D. 科斯塔. 守夜人的钟声:我们时代的危机和出路[M]. 李亦敏,译. 北京:中信出版社,2017.

73. [美]沃尔特·拉塞尔·米德. 上帝与黄金:英国、美国与现代世界的形成[M]. 涂怡超、罗怡清,译. 北京:社会科学文献出版社,2017.

74. [美]格雷格·格兰丁. 必然帝国:新世界的奴役、自由与骗局[M]. 陈晓霜,叶宪允,译. 北京:社会科学文献出版社,2018.

75. [美]范岱克. 广州贸易:中国沿海的生活与事业(1700—1845)[M]. 江滢河,黄超,译. 北京:社会科学文献出版社,2018.

76. [美]斯蒂芬·哈尔西:追寻富强:中国现代国家的构建,1850—1949[M]. 赵莹译. 北京:中信出版集团,2018.

77. [美]威廉·麦克尼尔. 瘟疫与人[M]. 余新忠,毕会成,译. 北京:中信出版社,2018.

78. [美]彭慕兰,史蒂文·托皮克:贸易打造的世界:1400 年至今的社会、文化与世界经济[M]. 黄中宪,吴莉苇,译. 上海:上海人民出版社,2018.

79. [美]包华石. 西中有东:前工业时代的中英政治与视觉[M]. 上海:上海人民出版社,2019.

80. [美]马娅·亚桑诺夫. 帝国边缘:英国在东方的征服与收藏:1750—1850 年(上下)[M]. 朱邦芊,译. 北京:社会科学文献出版社,2019.

81. [美]易劳逸. 宗族、土地与祖先:近世中国四百年社会经济的常与变[M]. 苑杰,译. 重庆:重庆出版社,2019.

82. [日]滨下武志. 中国近代经济史研究:清末海关财政于通商口岸市场圈(上、下)[M]. 高淑娟,孙彬,译. 江苏:江苏人民出版社,2008.

83. [日]加藤佑三. 东亚近代史[M]. 蒋丰,译. 北京:东方出版社,2015.

84. [日]三谷博. 黑船来航[M]. 张宪生,谢跃,译. 北京:社会科学文献出版社,2017.

85. [日]增井经夫. 大清帝国[M]. 程文明,译. 北京:社会科学文献出版社,2017.

86. [日]宫崎市定. 亚洲史概说[M]. 谢辰,译. 北京:民主与建设出版社,2017.

87. [日]冈田英弘,神田信夫,松村润. 紫禁城的荣光:明清全史[M]. 王帅,译. 北京:社会科学文献出版社,2017.

88. [日]三古太一郎. 日本的"近代"是什么:问题史的考察[M]. 曹永洁,译. 北京:社会科学文献出版社,2019.

89. [日]宫崎正胜. 从航海图到世界史:海上道路改变历史[M]. 朱悦玮,译. 北京:中信出版社,2019.

90. [日]王柯. 从"天下"国家到民族国家:历史中国的认知与实践[M]. 上海:上海人民出版社,2020.

91. [德]于尔根·奥斯特哈默. 中国革命:1925 年 5 月 30 日[M]. 强朝晖译,北京:社会科学文献出版社,2017.

92. [德]A. 德内马克. 19 世纪大转型[M]. 吴延民,译. 北京:中信出版社,2019.

93. [荷]克拉勃. 近代国家观念[M]. 王检,译. 长春:吉林出版集团有限责任公司,2009.

94. [澳]布鲁奈尔. 英帝国在华利益之基石:近代中国海关(1854—1949 年)[M]. 黄胜强,丁晔,冯赟,译. 北京:中国海关出版社,2011.

95. [土]丹尼·罗德里克. 贸易的真相:如何构建理性的世界经济[M]. 卓贤,译. 北京:中信出版社 2018.

96. [瑞士]谭凯. 肇造区夏:宋代中国与东亚国际秩序的建立

[M]. 殷守甫,译. 北京:社会科学文献出版社,2020.

（六）论文

1. 梁元升. 清末的天津道与津海关道[J]. 台北:近代史研究集刊,1996(25).

2. 戴一峰. 中国近代海关史研究述评[J]. 厦门大学学报(哲学社会科学版),1996(03).

3. 董增刚. 晚清赴美赛会述略[J]. 北京社会科学,2000(02).

4. 戴一峰. 晚清中央与地方财政关系,以近代海关为中心[J]. 中国经济史研究,2000(04).

5. 祁美琴. 晚清常关考述[J]. 清史研究,2002(04).

6. 詹庆华. 中国近代海关贸易报关述论[J]. 中国社会经济史研究,2003(02).

7. 李爱丽. 中国参加1878年暴力博览会述略[J]. 中国社会经济史研究,2003(02).

8. 张利民. 近代华北港口城镇发展与经济重心的东移[J]. 河北学刊,2004(06).

9. 佳宏伟. 近20年来近代中国海关史研究述评[J]. 近代史研究,2005(06).

10. 沈惠芬. 走向世界——晚清中国海关与1873年维也纳世界博览会[J]. 福建师范大学学报(哲学社会科学版),2004(04).

11. 文松. 近代海关内部分工结构及衍变述略[J]. 北京联合大学学报(人文社会科学版),2005(02).

12. 樊如森. 华北西北经济现代化与天津开埠[J]. 浙江学刊,2006(05).

13. 唐巧天. 中国近代外贸埠际转运史上的上海与天津(1866—1919)[J]. 史林,2006(01).

14. 马敏. 中国近代博览会史研究的回顾与思考[J]. 历史研究,2010(02).

15. 任智勇. 晚清海关二元体制沿革考[J]. 中国社会科学院近代史研究所青年学术论坛(2010卷).

16. 佳宏伟. 区域分析与口岸贸易——以天津为中心[D]. 厦门大学,2007.

17. 樊如森. 从上海与北方关系的演变看环渤海经济崛起[J]. 史学月刊,2007(06).

18. 罗靖. 近代中国与世博会[D]. 湖南师范大学,2009.

19. 林力. 近代天津海关制度变迁及其经济学分析[J]. 现代财经,2009(03).

20. 高福美. 清代沿海贸易与天津商业的发展[D]. 南开大学,2010.

21. 林力. 利益集团的合作博弈与津海关关税政策演变[J]. 南开大学学报(哲学社会科学版),2010(03).

22. 吴松弟. 中国旧海关出版物评述——以美国哈佛燕京图书馆收藏为中心[J]. 史学月刊,2011(12).

23. 王长松. 近代海河河道治理与天津港口空间转移的过程研究[D]. 北京大学,2011.

24. 陈凯. 清末直隶实习工场:培养先进生产力的摇篮[J]. 职业教育研究,2011(09).

25. 娄万锁. 中国海关改革的政治学分析——国家自主性理论的视角[D]. 复旦大学,2012.

26. 谭春玲. 晚清津海关道研究[D]. 华中师范大学,2012.

27. 詹庆华. 中国近代海关医员与西医在华传播初探(一)——以中国就海关出版物为视角[J]. 上海海关学院学报,2012(02).

28. 詹庆华. 全球招聘:中国近代海关洋员群体的组成特征分析[J]. 上海海关学院学报,2013,34(04).

29. 吴松弟,杨敬敏. 近代中国开埠通商的时空考察[J]. 史林,2013(03).

30. 陈元清. 近代天津对外贸易发展及其结构的演进分析(1861—1936)[J]. 经济师,2014(10).

31. 姚永超. 中国海关海图的时空特征研究[J]. 历史地理,2014(2).

32. 耿科研. 空间、制度与社会:近代天津英租界研究(1860—1945)[D]. 南开大学,2014.

33. 吴松弟. 近代中国进出口贸易和主要贸易港的变迁[J]. 史学集刊,2015(03).

34. 张炳君. 中国参展 1905 年黎业斯国际博览会的展品及其影响[J]. 广西民族大学学报(自然科学版),2015(04).

35. 陈元清,苏睿先. 天津开埠后近代华北乡村手工业生产的调整(1861—1936)[J]. 兰州学刊,2015(05).

36. 傅亮. 近十年来中国近代海关史研究综述[J]. 海关与经贸研究,2015(02).

37. 谢辉. 陈琪与近代中国博览会事业[D]. 浙江大学,2015.

38. 姚永超. 中国近代海关的航海知识生产及其谱系研究[J]. 国家航海,2016(03).

39. 郑成林、赵海涛. 近代中国海关史百年研究回顾与反思[J]. 近代史学刊[M]. 北京:社会科学文献出版社,2018.

40. 谢松. 从粤海关“一口通商”到洋关终结的历史“画像”(一)——关于洋关历史变迁若干问题的思考[J]. 海关与经贸研究,2018(05).

41. 刘利民. 近代中国收回海关代办航政管理权探论[J]. 史学月刊,2019(05).

42. 肖代龙. 中国近代海关文献整理述评[J]. 海关与经贸研究,2019(02).

43. 谢松. 近代史中海关监督的角色演化(二)——窥探近代特殊历史背景下的权力博弈与制度变迁[J]. 海关与经贸研究,2019(05).

44. 王莹. 中国旧海关史料载近代外贸史研究中的应用[J]. 南通大学学报,2019,35(05).

45. 中国旧海关内部出版物的形成、结构与学术价值[J]. 史林,2020(06).

46. 滨下武志. 中国海关史研究的三个循环[J]. 史林,2020(06).

47. 侯彦伯. 1949 年以来国内海关资料研究的困境与解决途径[J]. 中国社会经济史研究,2020(03).

48. 郑敏. 从近代世界博览会看海关洋员在中国文化对外传播中的意义与影响[J]. 鼓浪屿研究,2020(02).

49. 关博. 近代海关检疫略史[J]. 文物天地,2020(08).

50. 黄志敏.《天津海关贸易年报》中的近代蒙古地区对外贸易发展变迁[J]. 云南民族大学学报(哲学社会科学版),2020(04).

51. 李岩. 中国近代关税自主权研究[D]. 华东政法大学,2020.

52. 谭嘉伟. 晚清时期广州口岸的子口税制初探[J]. 中国社会经济史研究,2020(04).

53. 李培德. 香港地区的中国海关史研究:议题、成果和资料[J]. 史林,2020(06).

54. 程君. 近代长江流域行轮内港时空变迁研究(1898—1929

年)——基于《<内河行轮章程>项下华洋轮船行驶内港名录》的复原[J].历史地理研究,2020(04).

55. 戴一峰.承前启后:中国近代海关研究70年(1949—2019)[J].中国社会经济史研究,2020(01).

56. 谢松.中国近代常关职能演进述略——内外力作用下一个机构变迁的脉络与逻辑[J].海关与经贸研究,2021(01).

二、外文文献

(一)档案及档案汇编

1. PRO/30/22/49 Search and Confidential[A]. The National Archives(英国国民档案馆).

2. PRO/30/22/49/11 Search and Confidential[A]. The National Archives.

3. FO/676/59－1930 Relating to Lennox, Simpson, Tientsin Customs[A]. The National Archives.

4. FO/678/1612 Taku Tug&Light Co. LTD. [A]. The National Archives.

5. FO/682/1992/4 1859年额尔金照会[A]. The National Archives.

6. FO/1080/180 各国条款, Printed by Customs of Tientsin, 1876[A]. The National Archives.

7. FO/1080/153 津海关道致李鸿章信函[A]. The National Archives.

8. Further Correspondence with Mr. Bruce 1859[A]. Her Majesty´s Envoy Extraordinary and Minister Plenipotentiary in China, Presented

to both House Parliament by Command of Her Majesty 1860. London: Printed by Harrison and Sons.

9. Further Correspondence with Mr. Bruce 1859 – 60 [A]. Her Majesty´s Envoy Extraordinary and Minister Plenipotentiary in China, Presented to both House Parliament by Command of Her Majesty 1860. London: Printed by Harrison and Sons.

10. Further Correspondence with Mr. Bruce 1860[A]. Her Majesty´s Envoy Extraordinary and Minister Plenipotentiary in China, Presented to both House Parliament by Command of Her Majesty 1860. London: Printed by Harrison and Sons.

11. Further Correspondence with Mr. Bruce December 1859 – March 60[A]. Her Majesty´s Envoy Extraordinary and Minister Plenipotentiary in China, Presented to both House Parliament by Command of Her Majesty 1860. London: Printed by Harrison and Sons.

12. Correspondence withdrawal Anglo-Chinese Fleet the Dismissal of Mr. Lay[A]. No. 2, 1864. Presented to the House of Lords by Command of Her Majesty, London: Printed by Harrison and Sons.

13. Reports on the Vienna Universal Exhibition of 1873 Part I [A]. London: Printed by George E. Eyre and William Spottiswoode, 1874.

14. Henry Cole, C. B., The Annual International Exhibitions of the Years 1871, 1872, 1873 and 1874[A]. London: Printed by George E. Eyre and William Spottiswoode, 1875.

15. Robert H. Thurston, A. M., C. E., Reports of the Commissioners of the United States to the International Exhibition Held at Vien– na, 1873, Volume I–III[A]. Washington: Government Printing Of-

fice,1876.

16. Catalogue of the Chinese Collection of Exhibits for the New Orleans Exposition,1876[A]. Published by order of the Inspector General of Customs,Shanghai:Statistical Department of the Inspector General of Customs,1876.

17. Catalogue of the Chinese Imperial Martime Customs Collection at the United States International Exhinbition, Philadelphia,1876[A]. Shanghai:Statistical Department of the Inspectorate Gneral of Customs.

18. North China Herald[N]. 1881.

19. Catalogue of the Chinese Collection of Exhibits for the New Orleans Exposition,1884-5. China Imperial Maritime Customs Miscellaneous Series: No. 14[A]. Published by order of the Inspector General of Customs, Shanghai:Statistical Department of the Inspector General of Customs,1884.

20. F. Hirth,PH. D. :Hsin Kuan Wen-Chien-Lu Text Book of Documentary Chinese,with a Vocabulary, for the Special Use of the Chinese Customs Service[A]. London:P. S. King&Son, Canada Building,King Street, Westminster,S. W. ,1885.

21. Diplomatic and Consular Reports[A]. China Report for the Year 1889 on the Trade of Tientsin. No. 725 Annual Series,Presented to both House of Parliament by Command of His Majesty,June 1890. London:Printed by Harrison and Sons

22. J. W. H. Ferguson. A Glossary of the Principal Chinese Expressions Occurring in Postal Documents[A]. Published by order of the Inspector General of Customs,Shanghai:Statistical Department of the Inspector General of Customs,1906.

23. Revised Import Tariff for the Trade of China. Published by order of the Inspector General of Customs for the use of the Customs in Applying the Treaty Tariff[A]. Shanghai:Statistical Department of the Inspector General of Customs,1911.

24. Diplomatic and Consular Reports[A]. China Report for the Year 1912 on the Trade of Tientsin. No. 5192 Annual Series,Presented to both House of Parliament by Command of His Majesty,September, 1913. London:Printed by Harrison and Sons.

25. War: 1914 – 1918, Record of Service given and Honours attained by Members of the Chinese Customs Service[A]. Published by order of the Inspector General of Customs,Shanghai:Statistical Department of the Inspector General of Customs.

26. Letters From a Chinese Maqistrate[A]. The Library of the University of California Los Angeles,1920.

27. Margaret Armstrong Hitch: The port of Tientsin[A]. The University of Chincago,1924.

28. China The Maritime Customs V. –office Series:Customs Papers No. 44[A]. Customs Service:Officers in Charge,1859–1921. Shanghai: Statistical Department of the Inspectorate General of Customs,1926.

29. Memorandum. A Brief Outline of the Hai Ho Conservancy Showing the Experimental,the Present Policy,the Future Possibilities [A]. Queen´s University Belfast,1931.

30. China The Maritime Customs V. –office Series:Customs Papers No. 44[A]. Customs Service:Officers in Charge,1921–1935. Shanghai: Statistical Department of the Inspectorate General of

Customs,1936.

31. Documents illustrative of the Origin,Development,and Activities of the Chinese Customs Service. Vol. I:Inspector General´s Circulars,1842-1901[A]. Shanghai:Statistical Department of the Inspector General of Customs. 1937.

32. Documents illustrative of the Origin,Development,and Activities of the Chinese Customs Service. Vol. VI:Despatches,Letters,Memoranda,etc. ,1861-1892[A]. Shanghai:Statistical Department of the Inspector General of Customs. 1938.

33. Central Intelligence Agency Information Repaort[A]. The Inspectorate General of the Chinese Martime Customs, Peiping.

(二)报纸、期刊及资料汇编

1. The China Treaty[N]. John Bull and Britannia(London England),Saturday,October 02,1858.

2. The China Treaty[N]. John Bull and Britannia(London England),Monday,October 04,1858.

3. The War in China[N]. John Bull and Britannia(London England),Saturday,November 17,1860.

4. British Trade with China,The Times(London,England),Monday, Feb 29, 1892; pg. 10; Issue 33573. Gale Document Number: CS168220253[N]. The National Archives.

5. The Chinese Crisis Heart and Home Thursday, September 6, 1900 Issue 486. (newspaper) [N]. The National Archives.

6. The Chinese Crisis Heart and Home Thursday,August 23,1900 Issue 484. (newspaper) [N]. The National Archives.

7. The Chinese Salt Gabelle[N]. The Times(London,England),

Thursday, Jan 16, 1913; pg. 5; Issue 40110. Gale Document Number:CS86442032.

8. The Special Tariff Conference[N],Reprinted from The Peking& Tient-sin Times,Tientsin Press,May 1925.

9. A Varied Career, The Times (London, England), Friday, Oct 03,1930;pg. 11;Issue 45634. Gale Document Number:CS185410371 [N]. The National Archives.

10. Customs Position at Tientsin,The Times(London,England), Tuesday,Apr 15,1930;pg. 15;Issue 45488. Gale Document Number: CS253698703 [N]. The National Archives.

11. The Tientsin Customs[N]. The Times(London,England),Friday, May 09; pg. 16;; Issue 45508. Gale Document Number:CS269034153.

12. The Tientsin Customs[N]. The Times(London,England) Saturday, Oct 04, 1930; pg. 9; Issue 45635, Gale Document Number:CS151200580.

13. The Customs at Tientsin[N]. The Times(London,England), Thursday, Jun 17, 1930; pg. 14; Issue 45541, Gale Document Number:CS236921553.

14. Tientsin Customs Dispute [N]. The Times (London, England), Thursday, Jun 24, 1930; pg. 13; Issue 45547 Gale Document Number:CS218440408.

15. Tientsin Customs Revenue [N]. The Times (London, England),Thursday, May 01, 1930; pg. 15; Issue 45501. Gale Document Number:CS254354081.

(三)专著

1. Surgeon-General C. A. Gordon, M. D. , C. B. , Report of the Medical Officers to the Chinese Imperial Maritime Customs Service, from 1871 to 1882[A], London: Bailliere, Tindall, and Cox, 20, King William Street, Strand, 1884.

2. Robert Hart. These from the land Sinim. Essay on the China Question[M]. London: Chapman and Hall, 1901.

3. J. Edking, D. D. The Revenue and Taxation of the Chinese Empire[M]. Shanghai: Printed at the Presbyterian Mission Press, 1903.

4. Stanly F. Wright. China′s Struggle for Tariff Autonomy: 1843-1938 [M]. Shanghai: Kelly and Walsh.

5. George H. Blakeslee. Recent Developments in China[M], New York: G. E. Stechert and Company, 1913.

6. Chin Chu. The Tariff Problem in China. New York[M]. Columbia University, Longmans, Green&Co. , , Agents. London: P. S. King&son, , LTD. , 1916.

7. Philip Joseph. Foregn Diplomacy in China, 1894-1900: A Study in Political and Economic Relation with China[M]. Unmin Brother, LTD. , Working, 1928.

8. Hosea Ballou Morse: The Trade and Administration of China [M]. London: Longmans, Green&Co. , 1931.

9. Stanley F. Wright, M. A. LL. D: History of the Chinese Martime Customs Service[M], 1933.

10. Stanly F. Wright. The Origin and Development of the Chinese Customs Service, 1843 - 1911, An Historical Outline [M]. Shanghai: 1936.

11. Stanly F. Wright. Hart and The Chinese Customs[M]. Belfast:WM. Mullan&Son(Publisher)LTD,1950.

12. Rhoads Murphey. Shanghai,Key to Modern China[M]. Massachusetts:Harvard University Press,1953.

13. Frank H. H. King(editor)&Prescott Clarke. A Research Guide to China-Coast Newspaper, 1822-1911[M] Published by the East Asian Research Center Harvard University. Distributed by Harvard University Press,1965.

14. Dilip Basu. Nineteenth-Century China:Five Imperialism Perspectives[M]. The University of Michigan Press,1972.

15. The Andrew James Nathan,Modern China,1840-1972:An Introduction to Sources and Research Aids[M],Michigan:University of Michigan Press,1973.

16. Britten Dean. China and Great Britain the Diplomacy of Commercial Relations 1860-1864[M]. Harvard University Press,Cambridge,Mass.,1974.

17. J. K. Fairbank,K. F. Bruner,Elizabeth M. Matheson. The I. G. In Peking:Letter of Robert Hart Chinese Maritime Customs 1868-1907(I&II)[M]. Massachusetts:The Belknap Press of Harvard University Press,1975.

18. K. F. Bruner,J. K. Fairbank,Richard J. Smith. Entering China's Service:Robert Hard's Journals,1854-1863[M]. Cambridge(Massachusetts)and London:published by Council on East Asian Studies,Harvard University and distributed by the Harvard University Press,1986.

19. Reformer of the Chinese Maritime Customs[M],Interviews Conducted by Blaine C. Gaustad and Rhoda Chang,Regional Oral His-

tory Office, The Bancroft Library, University of California, 1987.

20. Loren Brandt. Commercialization and Agricultural Development: Central and Eastern China 1879–1937[M]. Cambridge University Press, 1989.

21. Hsu Immanuel CY, Immanuel Chung–yueh Hsü, Immanuel Chung–yueh Hsèu, Immanuel Zhongyue Xu. The Rise of Modern China [M]. Oxford: Oxford University Press, 1990.

22. Richard J. Smith, John K. Fairbank, K. F. Bruner. Robert Hart and China's Early Modernization: His Journals: 1863–1866[M]. Cambridge (Massachusetts) and London: Harvard University Press, 1991.

23. John King Fairbank, Martha Henderson Coolidge, Richard J. Smith: H. B. Morse Customs Commissioner and Historian of China [M]. The University Press of Kentucky, 1995.

24. B. E. Foster Hall. The Chinese Maritime Customs: An International Service, 1854–1950[G]. United Kingdom The Chinese Maritime Customs Project Occasional Papers No. 5, Bristol: Printed and Published by University Bristol.

25. Gang Deng. Chinese Maritime Activities and Socioecnomic Develop–ment, c. 2100B. C. – 1900A. D. [M]. London: Greenwood Press, 1997.

26. Eiichi Motono. Conflic and Cooperation in Sino–British Business, 1860–1911: The Impact of the Pro–British Commercial Network in Shanghai[M]. London: Macmillan Press LTD., 2000.

27. Timothy Brook and Bob Tadashi Wakabayashi. Opium Regimes: China, Britain, and Japan, 1839–1952[M]. Berkeley and Los

Angeles, California, University of California Press, 2000.

28. Robert Bickers, Catherine Ladds. Robert Hart Documents relating to , 1. The Establishment of Meteorological Stations in China; and 2. Proposals for Cooperation in the Publication of Meteorological Observations and Exchange of Weather News by Telegraph along the Pacific Coast of Asia, 1874[M]. Occasional Papers No. 3, Bristol: Printed and Published by University Bristol, 2008.

29. Checklist to the Exhibition "Picturing China 1870 – 1950" [M]. Occasional Papers No. 2, Bristol: Printed and Published by University Bristol, May 2008.

30. Between Two Worlds: Remembering Sir Robert Hart. Sir Robert Hart Commemorative Event[M]. 22nd February 2013. Occasional Papers No. 4, Bristol: Printed and Published by University Bristol.

31. Catherine Ladds. Empire Careers: Working for the Chinese Customs Service[M]. Manchester: Manchester University Press, 2013.

32. Thai Philip. China's War on Smuggling: Law, Economic Life, and the Making of the Modern State, 1842–1965[M]. Columbia University Press, 2018.

33. John L. Rawlinson: China's Struggle for Naval Development, 1839–1895 [M]. Harvard University Press Cambridege, Massachusetts, 1967.

34. Robert Nield: China's Foreign Places: The Foreign Presence in China in the Treaty Port Era, 1840–1943[M]. HKU press, 2015.

35. Yuping Ni. Customs Duties in the Qing Dynasty, ca 1644 – 1911[M]. Brill, 2017.

36. Hosea Ballou Morse, LL. D. : The International Relations of the

Chinese Empire, Vol. II: The Period of Submission 1861–1893[M]. Library University of California Riverside.

37. Hosea Ballou Morse, LL. D.: The International Relations of the Chinese Empire, Vol. III: The Period of Subjection 1894–1911[M]. Library Brigham Young University Provo, Utah.

38. Alexander Michie: The Englishman in China: during the Victorian Era[M]. William Blackwood and Sons Edinburgh and London Mdcccc.

(四)论文

1. Wei Pingchen: The Development of the Chinese Maritime Customs under the Ching Dynasty, 1644 – 1911 [D]. Boston University, 1915.

2. Clarence S. K. Chow. Revision of the Chinese Treaty Tariff in 1922[J]. Chinese Soc. &Pol. Sci. Rev. 1, 1923.

3. Margaret A. Hitch: The Port of Tientsin and Its Problems[J]. Geo-graphical Review, Jul. 1935, Vol. 25, No. 3.

4. The Deputy Inspector of Chinese Customs[J]. The British Medical Journal, Vol. 1, 1937.

5. Nicholas R. Clifford. Sir Frederick Maze and the Chinese Maritime Customs, 1937–1941[J]. The Journal of Modern History Volume 37, Number 1 Mar., 1965.

6. Chi–ming Hou. Some Reflection on the Economic History of Modern China (1840–1949) [J]. The Journal of Economic History Vol. 23, No. 4, 1963. Cambridge University Press.

7. Nicholas R. Clifford: Sir Frederick Maze and the Chinese Martime Customs, 1937–1941[J], The Journal of Modern History, Mar.

1965,Vol. 37,No. 1.

8. Jerry L. S. Wang. The Profitability of Anglo-Chinese Trade, 1861-1913[J]. Business History Vol. 35,No. 3,1993.

9. Frang,Joanna L. The House that Customs Built:How Foreigners Found Their Place in the Chinese Maritime Customs Service[J/OL]. Https://scholarship. tricolib. brynmawr. edu/handle/10066/13173,2001.

10. Richard S. Horowitz. Politics,Power and the Chinese Maritime Customs:The Qing Restoration and the Ascent of Robert Hart[J]. Modern Asian Studies Vol. 40, No. 3 (Jul. 2006). Cambridge University Press.

11. Hans Van de Ven. Robert Hart and the Chinese Maritime Customs Service[J]. Modern Asian Studies. Vol. 40,Issue 3,July 2006, Published online by Cambridge University Press.

12. Robert Bickers. Purloined Letters: History and the Chinese Maritime Customs Service[J]. Modern Asian Studies Vol. 40, No. 3, Jul. 2006. Cambridge University Press.

13. Catherine Ladds:Empire Careers:The Foreign Staff of the Chinese Customs Service,1954-1949[D]. A dissertation submitted to the University of Bristol in accordance with the requirements of the degree of Ph. D. in the Faculty of Arts,2007.

14. Robert Bickers. Revisiting the Chinese Maritime Customs Service,1854-1950[J]. The Journal of Imperial and Commonwealth History,Volume 36,2008-Issue 2.

15. Richard S. Horowitz. The Ambiguities of an Imperial Institution: Crisis and Transition in the Chinese Maritime Customs, 1899-

1911[J]. The Journal of Imperial and Commonwealth History, Volume 36, 2008-Issue 2.

16. Catherine Ladds. 'Youthful, Likely Men, Able to Read, Write and Count': Joining the Foreign Staff of the Chinese Customs Service, 1854-1927[J]. The Journal of Imperial and Commonwealth History, Volume 36, 2008-Issue 2.

17. Weipin Tsai. The Inspector General's Last Prize: The Chinese Native Customs Service, 1901-31[J]. The Journal of Imperial and Commonwealth History, Volume 36, 2008-Issue 2.

18. Weipin Tsai: The Inspector General's Last Prize: The Chinese Native Customs Service, 1901-1931[J]. The Journal of Imperial and Common-wealth History Vol. 36, No. 2, June 2008.

19. Maurizio Marinelli. Making Concessions in Tianjin: Heterotopia and Italian Colonialism in Mainland China[J]. Urban History Vol. 36, No. 3 2009.

20. Suffian Mansor: Tientsin and its hinterland in Anglo-Chinese Relations, 1925-1937[D]. A dissertation submitted to the University of Bristol in accordance with the requirements of the degree of Doctor of Philosophy, 2009.

21. Christina Baird: The contributions from Japan and China displayed at the Vienna Weltausstellung in 1873[J]. Journal of the History of Collections vol. 23, No. 1, 2011.

22. Hyungju Hur: Staging Modern Statehood: World Exhibitions and the Rhetoric of Publishing in Late Qing China, 1851-1910[D]. submitted to the University of Illinois in accordance with the requirements of the degree of Ph. D., 2012.

23. Robert Bickers: Infrastructural Globalization: Lighting the China Coast, 1860s–1930s[J]. The Historical Journal, June 2013, Vol. 56, No. 2.

24. Henk Vynckier and ChiHyun Chang. "Imperium in Imperio": Robert Hart, The Chinese Maritime Customs Service, and Its (Self–) Representation [J]. Biography, Vol. 37, No. 1, Life Writing&Corparate Personhood(2014), University of Hawai'I Press. (Jstor)

25. Ai Wang, City of the River: The Hai River and The Construction of Tianjin, 1897–1948[D]. Washington State University Departmen of History, 2014.

26. Wolfgang Keller and Carol Shiue. Capital Markets and Colonial Institutions in China[J]. 2014. allucgroup. ucdavis. edu.

27. Weipin Tsai. The Qing Empire's Last Flowering: The Expansion of China's Post Office at the Turn of the Twentieth century[J]. Modern Asian Studies Vol. 49, No. 3, 2015.

28. Ni Yuping: Customs Duties in the Qing Dynasty, ca. 1644–1911[J]. Global Ecnomic History Series Vol. 13, 2016.

29. Wolfgang. Keller, Javier Andres Santiago, Carol H. Shiue. Foreigner Knocking on the Door: Trade in China During the Treaty Port Era[J]. NBER Working Paper No. w21886, 2016.

30. Ai Wang. The Search for a Permanent Channel: Environmental Trans–formation of the Dagu Bar, 1897–1928[J]. Journal of Urban History, 2020.

31. Wolfgang Keller and Carol Shiue. China's Foreign Trade and Investment, 1800–1950[J]. Discussion Paper Series, 2020.

32. Luigi Nuzzo. The Birth of a Colonial City: Tianjin 1860–1895,

from Serge Dauchy etc. Colonial Adventures: Commercial Law and Practice in the Making[J]. Brill/Nijhoff,2020.

33. Li, Kan On the Road to A Modern City: New Transportation Technology and Urban Transformation of Tianjin, 1860-1937[D]. Thesis or Dissertation, University of Minnesota Ph. D. Dissertation, 2020.

34. Miriam Kaminishi, Andrew Davide Smith. Western Debates About Chinese Entrepreneurship in the Treaty Port Period, 1842-1911 [J]. Enterprise& Society, Cambridge University Press, Vol. 21, No. 1, 2020.

35. Kent Deng, LSE, Ultra-low Tax Regime in Imperial China, 1368-1911 [J]. Economic History Working Papers No. 324, February 2021.